U0113444

掌尚文化

Culture is Future

尚文化·掌天下

　　本书得到西南财经大学成渝经济区发展研究院以及重庆工商大学成渝经济区城市群产业发展协同创新中心的资助，也是重庆市教委科学技术研究项目（KJQN202100810）的阶段性成果。

*D*evelopment Report on
Chengdu-Chongqing Metropolitans

五大增长极
助力高质量发展

成渝地区双城经济圈
发展研究报告

杨继瑞　主　编

黄　潇　副主编

经济管理出版社
ECONOMY & MANAGEMENT PUBLISHING HOUSE

图书在版编目（CIP）数据

成渝地区双城经济圈发展研究报告/杨继瑞主编；黄潇副主编.
—北京：经济管理出版社，2022.6
ISBN 978-7-5096-8506-8

Ⅰ.①成…　Ⅱ.①杨…②黄…　Ⅲ.①区域经济发展—研究
报告—成都②区域经济发展—研究报告—重庆　Ⅳ.①F127.711
②F127.719

中国版本图书馆 CIP 数据核字（2022）第 099594 号

组稿编辑：宋　娜
责任编辑：宋　娜
责任印制：黄章平
责任校对：张晓燕

出版发行：经济管理出版社
　　　　　（北京市海淀区北蜂窝 8 号中雅大厦 A 座 11 层　100038）
网　　　址：www. E-mp. com. cn
电　　话：（010）51915602
印　　刷：唐山昊达印刷有限公司
经　　销：新华书店
开　　本：720mm×1000mm/16
印　　张：14.5
字　　数：277 千字
版　　次：2022 年 9 月第 1 版　　2022 年 9 月第 1 次印刷
书　　号：ISBN 978-7-5096-8506-8
定　　价：98.00 元

目　录

第三篇　成渝地区双城经济圈的专题研究及建议

第一篇

成渝地区双城经济圈的历史与发展

第一章　成渝地区双城经济圈的历史沿革及发展定位

一、历史沿革

（一）建设成渝地区双城经济圈是我国区域发展的历史缩影

成渝地区地处长江上游，农业开发历史悠久，是我国重要的发展区域和粮食主产区。回顾历史，成渝地区历来是中国大地上发展的重要一极。唐"安史之乱"之后，长江流域随着社会生产力的不断发展，百姓安居乐业，物质产出极为丰富，社会繁荣安定，"扬一益二"之说充分体现了成都平原所处的经济地位和社会地位；北宋时期，成都诞生了信用货币交子，早于西方1000年；南宋时，四川人口就曾达到1000多万，成为当时整个王朝重要的倚重；清初"湖广填四川"后，四川依然保持了较高的政治经济地位，清朝沿袭明代的做法仍然在四川专设总督，可见对其发展位置的高度重视；抗日战争时期，成渝地区因物产丰富、人口众多而成为全国抗日战争的大后方，为前方战事提供源源不断的人力、物力，为夺取抗日战争的最后胜利发挥了非常重要的作用。

20世纪60年代初期，国际形势出现新的动荡，我国周边形势日趋紧张。1964年，党中央做出了开展三线建设、加强备战的重大战略部署。在三线建设战略的强力推动下，成渝地区逐步成为了我国重要的工业基地，建设的工业门类涵盖了经济社会生活的诸多方面，形成了以机械制造、汽车、摩托车、电子信息、天然气和盐化工、航空航天、轻纺食品等为主导的较为齐全的工业门类体系。我们可以看到，三线建设在特定的历史发展阶段推动了我国城市的现代化进程，实现了我国城市区域空间布局结构和功能的全局性重构，成渝地区由此成为了我国（不包括港澳台地区）工业化和城市化发展的先导区域，在全国经济社会发展中的地位和作用显著提升。三线建设是中国国防工业和经济建设布局的一次重大战略调整，是推进我国现代化进程的重要步骤，大大增强了我国的国防能力，并推进了我国经济社会的现代化发展进程，对于改善我国国民经济布局、推动中西部欠发达地区的经济社会发展等方面都具有重要意义。

改革开放以来，我国在宏观发展战略中将成渝地区作为整个经济发展的重要一极进行布局，制定和出台了一系列鼓励和支持成渝地区高速发展、先行先试的重大政策。比如，四川成为我国农村改革的重要策源地、重庆成为国有企业改革的先锋，这些重大政策在成渝两地创造了很多发展奇迹，取得了丰富的改革成果。成渝地区日益成为我国经济发展的主阵地、政策改革的试验区。

1995 年 9 月，党的十四届五中全会指出，要更加重视支持中西部地区经济的发展，逐步加大解决地区差距继续扩大趋势的力度。

1999 年，根据邓小平同志"两个大局"的战略构想和当时我国发展面临的形势和任务，党的十五届四中全会做出实施西部大开发的重大战略决策。

2006 年，《西部大开发"十一五"规划》出台，明确提出建设成渝经济区。

2007 年，中央在成渝两市设立全国统筹城乡综合配套改革试验区。

2011 年，国务院批复、国家发展和改革委员会（以下简称国家发展改革委）印发《成渝经济区区域规划》，明确要求把成渝经济区建设成为西部地区重要的经济中心。

2016 年，国家发展改革委、住房和城乡建设部联合印发的《成渝城市群发展规划》明确，到 2020 年成渝城市群要基本建成经济充满活力、生活品质优良、生态环境优美的国家级城市群；2030 年成渝城市群实现由国家级城市群向世界级城市群的历史性跨越。

2020 年 1 月 3 日，习近平总书记在中央财经委员会第六次会议上提出，要大力推动成渝地区双城经济圈建设，标志着成渝地区双城经济圈建设上升为国家战略。2020 年 10 月 16 日，中共中央政治局召开会议，审议《成渝地区双城经济圈建设规划纲要》。

从成渝经济区的"区"到成渝城市群的"群"，再到成渝地区双城经济圈的"圈"，这不仅是名称上的变化，还有内涵及空间重点上的提升。

（二）建设成渝地区双城经济圈的战略意义

1. 推动西南传统"安全腹地"的现代化转型升级

三线建设是 20 世纪 60 年代中后期至 70 年代中期我国为应对国际局势恶化、

防御可能到来的外部侵略战争打击所进行的一次重大国民经济建设布局调整，规模历史罕见。川渝地区作为国家战略大后方，在三线建设时期地位凸显，这与中央决策支持、地理资源区位优势以及工业基础设施完善密不可分。

一是党中央对于西南地区三线建设高度重视。党中央的高度重视是四川确立为三线建设主战场的重要支撑。党中央在资源调度、制度倾斜等方面给予大力支持，促进成渝地区在三线建设时期建立起后方战略基地，成为国家稳固的战略大后方、可靠的"安全腹地"。

二是地理资源区位优势明显。从国内地理观察，川渝地区地处中国内陆腹地，与我国东北重工业地区和东部沿海地区相隔万里，且崇山峻岭众多，地势崎岖，地貌复杂多变，形成了天然的地理屏障。同时，自然资源丰富。川渝地区气候温热，常年雨水较多，适合农作物生长，更有"天府之国"的美誉，农林牧资源丰富，为建设农林牧业基地、发展具有地方特色的轻工业打下坚实的资源基础；川渝地区横断山脉较多，成矿条件良好，矿产资源丰富，并且都是大型或特大型矿床，以攀西地区的大型钒钛磁铁矿为典型代表，其他非金属资源特别是煤炭资源的储量也稳居全国前列；川渝地区地形以山地为主，地势落差较大，水利条件良好，适宜筑坝建站，使川渝地区能源自给自足成为可能。

三是工业基础设施完善。早在抗日战争时期，国民政府就对西南地区进行整体开发，自然资源已初步探明并开始小范围开采，城镇建设初具规模。中华人民共和国成立后，"一五"计划和"二五"计划明确以四川为支点，在西南地区开展多项大型骨干项目，川渝地区工业基础设施进一步得到完善。同时，四川省交通路网建设不断提升，"三横五纵"铁路规划将川渝地区涵盖其中，为人员往来、物资运输提供快捷便利的保障。

当前，世界正处在百年未有之大变局中，面对着日益严峻的国家安全形势，成渝地区更应立足长远，依托所处战略大后方"安全腹地"的区位优势，加快构建价值链自主的现代化经济体系，在构建"双循环"新发展格局中发挥独特作用，为我国经济可持续发展贡献力量。

2. 形成中国经济的重要增长极与新动力源

（1）胡焕庸线①穿过四川省，经济地理区位优势明显。

胡焕庸线穿过四川省，并且成渝地区双城经济圈大部分的国土空间分布在胡

————————

① 胡焕庸线（Hu Line，或 Heihe-Tengchong Line，或 Aihui-Tengchong Line），即中国地理学家胡焕庸（1901—1998）在1935年提出的划分我国人口密度的对比线，最初称"瑷珲—腾冲—线"，后因地名变迁，先后改称"爱辉—腾冲—线""黑河—腾冲—线"。参见百度百科：https://baike.baidu.com/item/%E8%83%A1%E7%84%95%E5%BA%B8%E7%BA%BF/9370486? fr=aladdin。

焕庸线以东地区，经济地理区位优势明显。首先，胡焕庸线以东地区按照以成都、重庆主城都市区两大中心城市为"双核"，以众多次级城市为支撑的发展模式，加快农业人口向城镇的大规模迁移，强化人口集聚效应，打造成为以人为核心的新型城镇化主要承载地，形成区域竞争新优势。同时，注重县城在新型城镇化建设中的关键作用，作为城乡协同发展的重要载体和关键纽带，推进以县城为载体的新型城镇化建设。一方面，县城作为相当一部分农业人口的原生居住地，具有天然发展优势，就地城镇化既节约了建设成本，也有效利用了国土资源；另一方面，与大中城市毗邻的县城，可以分担大中城市的承载压力，为形成中心城市与城市群、优化城镇化空间布局做出贡献。其次，立足川渝地区国土利用的实际情况，对胡焕庸线东西两侧地区实施差异化的发展战略。甘孜藏族自治州、阿坝藏族羌族自治州、凉山彝族自治州作为胡焕庸线以西地区，占四川省总面积的61%、总人口的7.7%、经济总量（2019年）的5.2%。从长远看，这三州是成渝地区双城经济圈潜在的"发展后备军"。这三州在按照生态保护、均衡发展思路支持就地嵌入式依附开发利用国土空间的同时，突破"胡焕庸线"，与胡焕庸线以东地区深度融合，促进人口向资源环境承载力较好的城市群、都市圈集中，突出"成都平原都市圈"的极核带动作用，加快区域性中心城市建设。强化成渝地区双城经济圈建设任务，以胡焕庸线东西两侧地区的协同发展促进经济圈要素配置。

（2）国家战略机遇多重叠加，发展动力持续强劲。

成渝地区虽然地处我国内陆腹地，与东部沿海发达地区和东北重工业地区相隔万里，但是在中华人民共和国成立后成为诸多国家级重大改革战略的发源地和实践地，建立起我国重要的后方基地，使国家得以长期稳定进行经济建设，多次发挥了"改革排头兵"的带头作用。近年来，成渝地区先后承担了西部大开发、统筹城乡综合配套改革试验区、自贸试验区等国家重大改革项目，形成了以改革促发展、以发展推改革的良性循环。在构建"双循环"新发展格局下，党中央国务院高度重视成渝地区双城经济圈的建设和发展，成渝地区在新一轮产业区域布局调整中再一次成为了改革的前沿阵地，成为多项国家发展重大战略的交汇点。第一，成渝地区作为新一轮西部大开发的重要承载地，是承接东部产业转移和辐射西部腹地发展的交汇点；第二，成渝地区作为"一带一路"的重要节点，是中欧班列的西部始发点和西部最为繁忙的国际航空枢纽；第三，成渝地区作为长江经济带的重要组成部分，是联动长江中下游经济发展的关键纽带。成渝地区通过建设"全国影响力的重要经济中心、科技创新中心、改革开放新高地、高品质生活宜居地"，为国家经济发展带来澎湃动力，形成立足西部、辐射全国的重要增长极与新动力源。

3. 建设"海陆空"多位一体的改革开放新高地

（1）依托西部地区战略腹地，打造西部陆海新通道。

成渝地区双城经济圈围绕"陆海统筹、双向互济，贯通南北、强化辐射"的总体建设原则，依托西部地区战略腹地，构建西部陆海新通道。2019 年 8 月，国家发展改革委印发《西部陆海新通道总体规划》，作为我国西部地区综合交通规划的顶层设计文件，为构建成渝地区中心交通枢纽格局提供了政策引领。该规划明确了西部地区尤其是成渝地区在国家整体交通构架中的战略定位，即建设成为以东南亚国际市场和长江经济带为抓手的推进西部大开发形成新格局的战略通道、以丝绸之路经济带和 21 世纪海上丝绸之路为核心的陆海联动通道以及以多维度物流网络为载体的综合运输通道。空间布局上，分别形成以重庆、成都为起点，途经贵阳、南宁、怀化、柳州以及泸州、百色，最终到达北部湾出海口的三条通路；同时，成渝地区双城经济圈还要以成都、重庆为国际性交通枢纽城市，建设国际铁路枢纽和场站，构建区域综合交通枢纽。通道建设上，铁路方面重点发展以中欧班列（渝新欧）为重点的国际货运班列，促进国际道路运输便利化；水路方面建设东西畅通、南北辐射、有效覆盖、立体互联的现代化综合交通走廊。总体来看，成渝地区双城经济圈将以提升对外连通水平为引领，强化门户枢纽功能，构建独具特色的西部陆海综合交通运输体系。

（2）抢抓航空产业引擎带动，建设亚欧大陆重要航空枢纽。

航空产业作为现代化综合交通体系的关键一环，也是加快成渝地区双城经济圈建设、实现区域互联互通的重要组成部分。从产业发展角度来看，天府国际机场的投入使用，标志着成渝地区航空产业进入新发展阶段。成渝地区将以成都天府国际机场、双流国际机场与重庆江北国际机场为主要载体，打造川渝临空共建经济带。继续深化临空经济供给侧结构性改革，以三大机场为中心，发展具有高附加值的航空以及关联产业，服务成渝，放眼世界，全面建设国家示范级的航空港经济圈。从国家战略角度来看，成渝地区双城经济圈作为新一轮西部大开发的重要承载地和"一带一路"的重要节点，意在通过发展航空产业，构建西部空港新枢纽，打造空中丝绸之路，以提高内联外通水平为导向，完善国际航空通道网络布局，推进"三场一体"运营，打造亚欧大陆航空枢纽、洲际航空中转中心和货运中心，扩大包括第五航权在内的国际航权开放，积极融入"双循环"新发展格局。成渝双城应充分发挥作为国际门户枢纽、西部地区极核以及国家中心城市的重要作用，积极融入世界，打造成为内陆改革开放前沿阵地和畅通国内国际双循环的国际区域供应链枢纽。

成渝地区双城经济圈应以提升现代互联互通水平为抓手，建设以国际机场和国际铁路港为核心、"海陆空"三位一体的综合交通枢纽，进一步强化人员往来交流能力，提升货物与服务集散功能，构建联通国内外、多渠道立体开放的口岸体系，建设"立足西部、辐射全国、影响全球"的蓬勃发展新高地。

4. 构建"山水林田湖草"与城市有机融合的生态保护示范样板区

（1）长江上游重要的生态屏障区，承载维护长江经济带生态大局使命。

成渝地区是长江上游重要的生态屏障区和水源涵养地，对长江中下游地区生态安全和生存保障起到了举足轻重的作用，对维护国家生态安全至关重要。具体来看，首先，四川省地处长江和黄河上游，贡献了长江27%的水量，当前又进一步划出川西北生态示范区，示范区包含阿坝藏族羌族自治州和甘孜藏族自治州，区域面积23.26万平方千米，占全省的47.9%。[①] 其次，三峡库区地处四川盆地与长江中下游平原的接合部，是我国重要的淡水资源战略储备库，淡水资源总量约300亿立方米，维系着全国35%的淡水资源，直接为长江中下游3亿多人提供饮水保障。重庆市下辖两大城镇群，分别为渝东北三峡库区城镇群和渝东南武陵山区城镇群。渝东北三峡库区城镇群地处三峡库区水土保持重点生态功能区和秦巴生物多样性生态功能区，渝东南武陵山区城镇群地处乌江、沅江水系生态廊道和武陵山、大娄山山系生态屏障，属于武陵山生物多样性与水土保持生态功能区的重要组成部分，两者皆为长江上游重要生态屏障的核心功能区和重要组成部分。

推动成渝地区双城经济圈建设，支持建设沿江生态廊道、加强三峡库区水土流失综合治理，一方面有助于成渝地区补齐生物种群减少、水土流失等生态短板；另一方面可统筹推进"山水林田湖草"系统保护，紧抓"山""水""林"三大关键词，进一步促进成渝地区生态优先、绿色发展，构建长江流域重要绿色廊道，形成优势区域重点发展、生态功能区重点保护的新格局，使成渝地区更好地维护长江经济带生态大局，承载建设长江上游生态屏障的重大使命。

（2）长江上游生态建设的主战场，打造具有"三生"特色新型城市群。

成渝地区处于长江上游，是维护国家生态安全的主战场。当前，成渝地区已形成以成都、重庆主城都市区两大中心城市为"双核"、以众多次级城市为支撑的城市群，经济总量、常住人口规模均占西部地区的36%左右，以不到全国2%的土地集中了全国7%的人口、贡献了全国6.4%的经济总量。推动成渝地区双城经济圈建设，将使西部地区生态功能区人口进一步向城市群集中，城镇化进程加快。由于人口等要素的空间集聚，"城镇"这一空间场景客观上被赋予了更多内涵。以往的城镇化发展为追求工业社会的极致效率，往往以牺牲生态环境为代价，而成渝地区双城经济圈建设，将深入贯彻落实以人为核心的新型城镇化，处

---

① 参见《川西北生态示范区"十三五"发展规划（2018年修订）》。

理好"国土空间布局""区域协调发展""新型城镇化"三者之间的关系，确保成渝地区在发展经济的同时，贯彻绿色开发理念，修复保留自然生态，将绿水青山交还城镇，实现"山水林田湖"和谐共生的城乡美好图景。同时，成渝地区双城经济圈建设注重宜居生活街区、工业规模生产、绿化生态景观的有机结合，使"生活空间""生产空间""生态空间"三者和谐统一，将一改以前低密度、松散型的城镇化扩张模式，构建高密度、紧凑型的集约化用地布局，推进破碎化国土资源的集约化利用，可为"城镇开发边界、永久基本农田保护红线、生态保护红线"三根控制线腾出空间，促进国土空间格局的优化改善，提高土地使用效率。成渝地区双城经济圈将打造具有"生活、生产、生态"特色的新型城市群，成为凸显集约化用地的新范例和重点保护生态功能区的新样板。

总的来说，战略意义的变化赋予了成渝地区从"区"到"群"到"圈"各个阶段特殊的发展定位和发展目标，结合战略意义对成渝地区的发展定位和目标进行解读十分必要。

二、发展定位

（一）规划目标

中央高度重视成渝地区双城经济圈建设，并多次召开专题研究。2020年1月3日，习近平总书记主持召开中央财经委员会第六次会议，首次将建设成渝地区双城经济圈上升为国家战略。会议指出，推动成渝地区双城经济圈建设，有利于在西部形成高质量发展的重要增长极，打造内陆开放战略高地，使成渝地区成为具有全国影响力的重要经济中心、科技创新中心、改革开放新高地、高品质生活宜居地，助推高质量发展。2020年10月16日，习近平总书记主持中共中央政治局会议审议《成渝地区双城经济圈建设规划纲要》，在此次会议上再次明确了要将成渝地区双城经济圈建设成为具有全国影响力的重要经济中心、科技创新中心、改革开放新高地、高品质生活宜居地，正式确立了"打造带动全国高质量发展的重要增长极和新的动力源"的成渝地区双城经济圈建设总目标。

打造带动全国高质量发展的重要增长极和新的动力源这一建设总目标有着非常丰富的内涵。"重要增长极"主要指在发展过程和发展成果上，成渝地区作为区域发展的一域是国家发展大局的重要组成部分，区域影响力不断增强，已在西部地区形成经济社会高质量发展的高地，以一域的发展成果带动全局的发展质量提升；"新的动力源"主要指成渝地区要创新发展方式，不断提升生产力发展水平，以成渝地区新的经济增长模式为本地区和全国经济的发展带来更多创新活力和发展动能。成渝地区作为重要增长极和新的动力源互为作用、互相影响，两者有机地统一于带动全国高质量发展的根本要求中。

（二）功能解读

相比 2020 年 1 月中央财经委员会第六次会议提出的"在西部形成高质量发展的重要增长极"，"打造带动全国高质量发展的重要增长极和新的动力源"的成渝地区双城经济圈建设总目标，从"在西部形成"到"带动全国"，并且增加"新的动力源"等表述，对成渝地区双城经济圈的战略定位有新的提升。

战略定位引领成渝地区双城经济圈未来发展方向，"一极一源两中心两地"是党中央赋予成渝地区双城经济圈建设的目标定位，即要突出重庆、成都的协同带动功能，以点带面连片发展，立足自身优势和区域特色，落实协调发展理念，使成渝地区成为具有全国影响力的重要经济中心、科技创新中心、改革开放新高地、高品质生活宜居地，打造带动全国高质量发展的重要增长极和新的动力源。[①]

1. 建设具有全国影响力的重要经济中心

成渝地区在西部地区属于战略地位最为重要、经济发展水平最高、发展潜力最大的区域，其具备在短时间内上升到在全国具有影响力的重要经济中心地位的基础条件。因此，习近平总书记在中央财经委员会第六次会议上赋予成渝地区"具有全国影响力的重要经济中心"这一战略定位。这一战略举措更有利于推动成渝地区的一体化发展，促进西部地区经济的崛起，进一步激发西部地区经济发展潜能。

"重要经济中心"是在中国西部打造高质量增长极的具体表现和基础。强大的经济影响力是助力国家经济高质量发展的基础条件，没有经济实力的支撑，经济的高质量发展将无从提起。改革开放以来，我国经济持续高速发展，创造了世界奇迹。但是近年来，我国经济的发展遭遇了来自国际和国内双重的严峻挑战。国际环境方面，世界经济复苏缓慢，国际贸易摩擦愈演愈烈，贸易保护主义和单边主义盛行。世界银行数据显示，自 2011 年以来全球经济增速已经连续 8 年低于 4%，到 2019 年世界经济增速更是达到了近十年来的最低值，仅为 2.4%。在这种情况下，我国改革开放前期依靠较低的劳动成本的比较优势推动经济快速发展的模式不再具备优势，这对我国经济造成了不容忽视的打击，与此同时，新冠肺炎疫情暴发对全球经济产生的剧烈冲击更是加重了世界经济发展的不确定性和

---

① 参见新华网：《中共中央政治局召开会议　审议〈成渝地区双城经济圈建设规划纲要〉中共中央总书记习近平主持会议》，http://www.xinhuanet.com//politics/2020-10/16/c_1126620405.htm。

不稳定性。

国内环境方面，我国经济快速发展的同时伴随着资源的高消耗与高排放，造成了诸如人口红利下降、自然资源存量降低以及环境压力加剧等一系列后果，我国发展不平衡不充分的矛盾日益突出，东西部地区之间的发展仍然存在差距。一方面，东、西部地区经济发展的差异使西部地区成为制约我国社会经济持续高效发展的主要因素；另一方面，西部地区广阔的市场和优良的资源禀赋为我国经济高质量发展提供了较大的回旋空间。在西部地区打造具有全国影响力的重要经济中心为构建与国家重要经济区功能互补的区域经济布局提供了新的战略支撑，也将有力助推新时代国家经济高质量发展。

长期以来，成渝地区作为我国西部地区经济发展的"领头羊"，处于西部地区经济发展的核心经济增长地域，在我国西部地区社会经济发展中具有举足轻重、不可替代的作用。成渝地区被中央赋予全新的战略定位，其肩负着在发挥西部经济龙头的作用、带动西部地区经济发展的同时助力国家经济高质量发展的重大使命。"重要经济中心"的战略定位是国际国内形势对中国经济发展的新要求，更是推动国家经济高质量发展的关键举措。

2. 建设具有全国影响力的科技创新中心

进入新时代，经济发展的动力发生了转变。提升硬实力、软实力，关键还是要靠科技创新能力，科技创新能力是建设重要经济中心的第一动力。没有科技创新，就无法实现经济的持续高效增长，经济增长和结构优化就缺乏核心动力。具有全国影响力的重要经济中心与科技创新中心的建设不是相互独立的，科技创新中心为突破经济中心建设瓶颈提供了有力的技术支持。

重庆是我国四大直辖市之一，成都是西部经济大省——四川省的省会城市，是国家高新技术基地，是全国职务科技成果所有权改革实践的发源地。成渝地区拥有丰富的创新资源和雄厚的科技基础。成渝地区在历史上是老牌工业基地，其工业基础雄厚。在"一五""二五"计划的有力推动下，成渝地区的工业化进程发展迅猛，成都和重庆的工业体系实现由弱到强的转变，分别形成了相对齐全的现代工业体系和国防工业生产体系。过去 20 年，成渝地区除实现了经济的持续稳步快速增长外，产业的转型升级也在持续推进。成渝地区实现了从传统工业向电子信息和汽车制造双轮驱动的成功转型，成为了中国西部的汽车中心和领先的电子信息制造基地。成渝地区拥有枝繁叶茂的科教资源，创新平台基础良好。

重庆和成都这两座中心城市的科研机构和高等院校在西部地区同样占有重要的战略地位。一方面，成渝地区拥有中国核动力研究院、西南电子技术研究所、西南通信研究所等一批国家级科研机构，根据相关数据统计，成渝地区还拥有 2 个国家级开发开放平台、22 个国家重点实验室以及 26 个国家级工程技术研究中心，科技资源较为密集；另一方面，成都和重庆高校院所众多，拥有 10 所"双一流"建设高校，教育资源也较为突出。① 成渝地区具备开展前沿科学研究的基础。丰富的创新资源和雄厚的科技基础使成渝地区双城经济圈具备成为具有全国影响力的科技创新中心的突出优势。

一方面，党的十八大报告提出创新驱动发展战略，强调科技创新在国家发展全局中的核心地位，并陆续在全国进行建设科技创新中心的布局。赋予"成渝地区双城经济圈具有全国影响力的科技创新中心"的定位，是党和政府立足当前、放眼未来的战略规划，是完善国家科技创新布局、加快建设创新型国家的重要举措。另一方面，成渝地区拥有丰富的创新资源和雄厚的科技基础，其科技创新优势突出，为科技创新中心的建设提供了现实支撑，成渝双城在科技创新领域的齐心协力，势必会增强成渝双城的极核作用，充分发挥科技创新的比较优势，增强科技创新的集聚效应和辐射能力，提高科技创新的整体效益，促进成渝科技创新融合发展，达到"1+1>2"的效果。建设具有全国影响力的科技创新中心的重点和难点都在于"协同"，重庆市科技局与四川省科技厅签署的《进一步深化川渝科技创新合作　增强协同创新发展能力　共建具有全国影响力的科技创新中心框架协议》，以及作为国家级高新区的成都高新区与重庆高新区签署的《重庆高新区成都高新区"双区联动"共建具有全国影响力的科技创新中心战略合作协议》都为打破成渝地区各自为政、资源抢夺的局面，打破资源要素壁垒，加速科技创新资源的整合，提供了强有力的政策基础。科技创新中心的战略定位，有利于成渝地区整合科技资源优势、激发城市发展的内生动力，推动成渝科技创新资源共建、共享、共商良好局面的形成。

建设具有全国影响力的科技创新中心，契合经济发展新动能与国家安全战略的双重要求。在中国经济发生转变的时期，经济发展的新动能亟须转变。"科技兴则民族兴，科技强则国家强。"② "在激烈的国际竞争中，惟创新者进，惟创新者强，惟创新者胜。"③ 习近平总书记的这些论断，再次强调了科技创新在经济社会发展中发挥的重要作用。科技创新中心的建设，将有效促进成渝地区加快实现高质量发展重要增长极的步伐，带动整个西部地区的迅速发展。从国家战略的高度上来推动成渝地区的科技创新能力的上升，将促进成渝地区发展形态的转型

---

① 参见《区域协同创新打造科创中心》，https：//baiJiahao. baidu. com/s？id=1721337704178138532&wfr=spider&for=pc；《将成渝地区双城经济圈打造成辐射东南亚、南亚的区域经济中心》，https：//baiJia-hao. baidu. com/s？id=1677868987277159205&wfr=spider&for=pc。

② 参见新华网：《全国科技创新大会　两院院士大会　中国科协第九次全国代表大会在京召开》，ht-tp：//www. xinhuanet. com//politics/2016-05/30/c_ 1118956522. htm。

③ 参见人民网：《习近平在欧美同学会成立 100 周年庆祝大会上发表重要讲话》，http：//politics. people. com. cn/n/2013/1021/c1024-23277198. html。

升级，形成经济发展新动能，加快成渝地区、西部地区甚至全国经济从数量型到质量型的转变。

建设具有全国影响力的科技创新中心，是应对科学技术快速变革以及国际政治经济环境复杂变化的必经之路。一方面，以科技创新能力为动力促使经济高质量发展，是形成经济发展新动能、全力构建新发展格局、破解当前我国经济发展中突出矛盾和问题的关键；另一方面，科技创新中心的建设，有利于成渝地区着力于研究和突破基础科学问题以及关键核心技术中的重大问题，为实施国家安全战略提供技术保证，使我国维护国家安全的能力得到提升。

3. 建设新时期我国改革开放新高地

受区位优势的影响，我国改革开放的浪潮率先在东部沿海地区掀起，并催生了长江三角洲地区、粤港澳大湾区、京津冀地区这三大对外开放的高地，为我国东部和南部的发展做出了重大贡献。成渝地区由于地处西部内陆地区，既不沿海，也不沿边，改革开放起步较晚。然而，随着西部大开发、长江经济带和"一带一路"建设的深化推进，成渝地区原本的空间劣势反而转变为了优势，成了发展西南内陆经济的必要枢纽。成渝地区在国家众多战略中具有的独特区位优势不断彰显，其是我国东西南北的重要联结点，是落实国家战略的必要纽带，是沟通南亚与东南亚的重要通道，是国家南向和西向开放的门户，是西部陆海新通道建设的战略起点，具有不可替代的区位优势，因此必须加速构建深化开放大通道，实现经济高质量发展。赋予成渝地区"改革开放新高地"的战略定位，可以通过成渝地区把中国的沿海开放、沿江开放和沿边开放连接起来，有利于进一步推动中国全方位对外开放格局的形成。

近年来，成渝地区通过基础设施对外互联互通，已逐步构建全面开放的新格局：向西，通过中欧班列等加强与中亚和欧洲的联系，开拓中亚、欧洲、非洲市场；向南，通过西部陆海新通道触达东南亚市场；向西南，通过孟中印缅经济走廊进入印度洋，开拓南亚市场。但是，成渝地区现有的对外开放通道还不够全面，中心枢纽潜能还未完全释放。此次将成渝地区双城经济圈提高到国家战略的高度，将有利于成渝地区加速构建全方位对外开放的大通道。一方面，有助于构建便捷畅通的国际开放通道，包括向西经川藏线再向南到尼泊尔、印度等南亚地区的开放通道，向西南经云南到缅甸皎漂港的出海通道，向东南直达粤港澳大湾区的出海大通道，向西北的蓉欧快线以及渝新欧多式联运通道，向东依托长江黄金水道及沿江铁路和高速公路的出海大通道，与"一带一路"、长江经济带和西部陆海新通道形成无缝对接。另一方面，有助于将成渝地区双城经济圈的产品、产业以及产业园区深度融入全球价值链和供应链，顺应经济全球化、国际产业梯度转移以及产业结构升级规律，做大做强外向型产业经济。

4. 建设我国西部地区高品质生活宜居地

从资源环境承载能力来看，成渝地区居"胡焕庸线"东南方向，在地理位置上连贯东西、沟通南北，处第一阶梯和第二阶梯的枢纽要地，为第二阶梯上自然资源和综合承载力都极佳的"战略性区域"。亚热带季风气候结合滇藏边界过渡区的独特地理环境，造就了成渝地区"各类动植物基因库"的美誉，天然气、土地、水能等自然资源居于全国前列，作为全国三大林区、五大牧区之一的成渝地区也是长江黄河上游的重要水源涵养地和补给地，资源环境承载力可见一斑。

从人口聚集潜力来看，成渝地区作为西部人口规模最大、发展条件最好的区域，人口规模近亿（约占西部地区总人口的1/3），也是西部地区最大的人口流入地区。这不仅得益于成渝地区处于全国"两横三纵"的城市化战略格局地带，也是全国重要的城镇化区域，密集分布的城镇、良好的产业基础、较为发达的交通网络、完善的综合配套都让这里成为我国重要的人口、城镇、产业集聚区。随着成渝地区双城经济圈建设上升为国家战略，成渝地区空间布局进一步优化，成渝地区人口集聚的支撑条件将进一步提升，人口集聚潜力巨大。

从文化包容性来看，作为中华古老文明巴蜀文化的起源地之一，成渝地区是中国乃至世界的珍贵历史文化宝库，有闻名世界的三星堆遗址、金沙遗址、都江堰等，也有在亚洲地区影响深远的道教佛教文化，自秦汉时期就交汇融合的巴文化和蜀文化一体融进中华文明的共同体，也为成渝地区奠定了开放包容、友善文明的人文精神。

从公共服务水平来看，成渝地区目前有3所高校纳入世界一流大学建设范围、7所高校进入世界一流学科建设高校名单，各级医疗卫生机构数目位居西部第一、全国前列，有闻名全国的四川大学华西医院、成都中医药大学附属医院等，人均床位数位居西部第一、全国领先。成渝地区汇聚众多优质科技教育医疗资源，能为成渝地区打造高品质生活宜居地奠定良好的民生基础。

从城镇化水平来看，成都、重庆这两大国家中心城市发展势头强劲，2019年成都和重庆生产总值分别排全国城市第5位和第8位，是经济总量全国十强中排名最靠前的西部城市，我国常住新增人口排名前10的城市中，成渝地区占两席（成都、重庆），这足以说明成渝地区对人口的吸引力。加之成渝地区新型城镇化建设成效显著，现代城市建设初具规模，未来人口吸纳能力较强。此外，从成渝地区经济本身来看，其经济体量在西部地区首屈一指，近年来川渝地区GDP增速高于全国增速，有能力成为带动全国高质量发展的重要增长极和新动力源。

从交通基础设施来看，成渝地区已建成成渝高铁、遂渝铁路等6条铁路通道，成安渝、成渝等11条高速公路通道，形成长江、嘉陵江、渠江、涪江4条水运通道。2018年川渝两地旅客吞吐量超过1亿人次，作为始发站的中欧班列的累计开行量占全国近50%。与此同时，城际铁路骨架基本形成，成都、重庆已形成1.5小时交通圈，与周边城市已形成1小时通勤圈。随着成渝地区交通网络不断加密，连接主要城市的高铁、高速、航道、机场建设持续加快，川渝两地交流频繁，人口合理流动态势良好。

第二章 成渝地区双城经济圈的
发展现状

为了实现统揽性目标和支撑性定位，有必要梳理成渝地区双城经济圈经济社会发展现状，本章将从经济发展状况、产业发展、城镇建设、交通设施、人口结构、教育水平、文化特色、科技创新、生态环境、社会治理十个方面梳理成渝地区双城经济圈发展现状。由于成渝地区双城经济圈所在地区除完整建制市外还包括一些地级市的部分区县，考虑指标可得性、连续性，最终选取成渝地区省级层面数据作为统计加总基础，即四川省及重庆市总计指标加以说明，并将其与同样选取省级层面数据的长三角地区、京津冀地区、珠三角地区进行对比分析，以反映成渝地区双城经济圈的发展状况。本章使用的数据若无特殊说明均来自 Wind 数据库。

一、经济发展状况

从经济发展状况来看，本章选取国内生产总值、GDP 增速、人均 GDP 等指标对比分析长三角地区、京津冀地区、珠三角地区与成渝地区（以下将它们合称为四大区域）经济发展的差异。

成渝地区经济综合实力显著增强。2019 年成渝地区 GDP 规模突破 7 万亿元，占全国 GDP 总量的 7.12%，2020 年成渝地区 GDP 规模达到 7.3 万亿元，占全国 GDP 总量的 7.24%（见表 2-1、表 2-2）。从 GDP 规模看，成渝地区与长三角地区、京津冀地区、珠三角地区存在较大差异，但是在全国所占比重逐年稳步增加，2018~2020 年比重分别为 7.02%、7.12%、7.24%，GDP 在全国所占比重保持 0.10% 的增速，领先于其他地区。

表 2-1　2016~2020 年四大区域生产总值及国内生产总值

单位：亿元

年份 \ 区域	成渝地区	长三角地区	京津冀地区	珠三角地区	全国
2016	50675.13	177225.91	75624.97	80854.91	746395.06
2017	56404.95	195289.01	80580.45	89705.23	832035.95
2018	64490.90	221233.27	78963.53	99945.22	919281.13
2019	70221.59	237252.56	84580.08	107671.07	986515.20
2020	73601.55	244713.53	86393.17	110760.94	1015986.20

注：全国不包括港澳台数据，以下各图表均同。

表 2-2　2016~2020 年四大区域生产总值占国内生产总值的比例

单位：%

年份 \ 区域	成渝地区	长三角地区	京津冀地区	珠三角地区
2016	6.79	23.74	10.13	10.83
2017	6.78	23.47	9.68	10.78
2018	7.02	24.07	8.59	10.87
2019	7.12	24.05	8.57	10.91
2020	7.24	24.09	8.50	10.90

　　成渝地区人口优势明显。作为西部人口最为稠密的地区，成渝地区常住人口[①]逐年增加，2016 年为 11310.00 万人，占全国常住人口的 8.18%；2017 年为 11377.16 万人，占全国常住人口的 8.18%；2018 年为 11442.79 万人，占全国常住人口的 8.20%；2019 年达到 11499.00 万人，占全国常住人口的 8.21%（见表 2-3、表 2-4）。根据全国第七次人口普查结果，四川省全国排名第五，总人口 8367 万人；重庆市总人口 3205 万人。在四大区域各省市中[②]，四川省常住人口仅次于广东省、江苏省，位列第三。

---

　　① 成渝地区常住人口统计数据由四川省常住人口与重庆市常住人口加总获得。长三角地区常住人口统计数据由上海市、江苏省、浙江省、安徽省常住人口加总获得。京津冀地区常住人口统计数据由北京市、天津市、河北省常住人口加总获得。珠三角地区常住人口为广东省常住人口。

　　② 根据第七次全国人口普查数据结果，2020 年四大区域所覆盖省市常住人口分别为：广东省 12601.25 万人、江苏省 8474.80 万人、四川省 8367.49 万人、河北省 7461.02 万人、浙江省 6456.76 万人、安徽省 6102.72 万人、重庆市 3205.42 万人、上海市 2487.09 万人、北京市 2189.31 万人、天津市 1386.60 万人。

表2-3　2016~2020年四大区域及全国常住人口①

单位：万人

年份 \ 区域	成渝地区	长三角地区	京津冀地区	珠三角地区	全国
2016	11310.00	22204.70	11204.90	10999.00	138271.00
2017	11377.16	22359.43	11247.09	11169.00	139008.00
2018	11442.79	22535.08	11270.10	11346.00	139538.00
2019	11499.00	22714.00	11308.00	11521.00	140005.00
2020	11572.90	23521.37	11036.93	12601.25	141178.00

表2-4　2016~2020年四大区域常住人口占全国总人口比例

单位：%

年份 \ 区域	成渝地区	长三角地区	京津冀地区	珠三角地区
2016	8.18	16.06	8.10	7.95
2017	8.18	16.08	8.09	8.03
2018	8.20	16.15	8.08	8.13
2019	8.21	16.22	8.08	8.23
2020	8.20	16.66	7.82	8.93

　　成渝地区GDP增速稳定。2016~2019年，四川省GDP同比增长分别为7.80%、8.10%、8.00%、7.50%，重庆市GDP同比增长分别为10.70%、9.30%、6.00%、6.30%，均高于全国水平。新冠肺炎疫情暴发以来，各省市经济受到不同程度的影响。面对突如其来的冲击，2020年四川省、重庆市GDP同比增长分别为3.80%、3.90%，均高于全国水平，领先四大区域其他省份（见表2-5、图2-1）。

---

　　① 2020年常住人口数据来自全国第七次人口普查结果：广东省参见 https：//tjgb. hongheiku. com/10308. html；河北省参见 https：//www. sohu. com/a/467342297_ 162645；天津市参见 https：//www. thepaper. cn/newsDetail_ forward_ 12785701；北京市参见 http：//www. beijing. gov. cn/gongkai/shuju/sjjd/202105/t20210519_ 2392881. html；安徽省参见 https：//tjgb. hongheiku. com/10450. html；浙江省参见 https：//www. thepaper. cn/newsDetail_ forward_ 12691285；江苏省参见 http：//www. jiangsu. gov. cn/art/2021/5/18/art_ 34151_ 9817815. html；上海市参见 https：//m. thepaper. cn/baijiahao_ 12711744；重庆市参见 http：//tjj. cq. gov. cn/zwgk_ 233/fdzdgknr/tjxx/sjjd_ 55469/202105/t20210513_ 9277470. html；四川省参见 https：//cbgc. scol. com. cn/home/1406751。

表 2-5　2016~2020 年四大区域十省市及全国 GDP 同比增长

单位:%

年份 地区	2016	2017	2018	2019	2020
四川省	7.80	8.10	8.00	7.50	3.80
重庆市	10.70	9.30	6.00	6.30	3.90
上海市	6.90	6.90	6.80	6.00	1.70
江苏省	7.80	7.15	6.70	6.10	3.70
浙江省	7.55	7.76	7.10	6.80	3.60
安徽省	8.69	8.46	8.00	7.50	3.90
北京市	6.79	6.74	6.70	6.10	1.20
天津市	9.10	3.64	3.60	4.80	1.50
河北省	6.80	6.60	6.50	6.80	3.90
广东省	7.50	7.54	6.80	6.20	2.30
全国	6.70	6.90	6.60	6.10	2.30

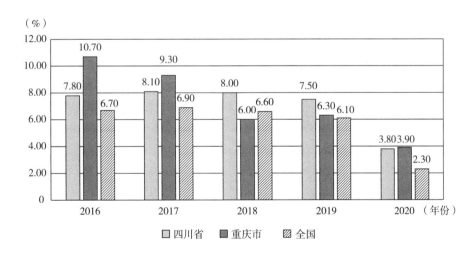

图 2-1　2016~2020 年四川省、重庆市、全国 GDP 增速

成渝地区人均 GDP 差距较大。2016~2019 年四川省人均 GDP 分别为
40003.00 元、44651.32 元、48883.17 元、55774.00 元,均低于全国水平;
2016~2019 年重庆市人均 GDP 分别为 58502.00 元、63442.00 元、65932.72 元、

75828.00元。从十省市①人均GDP的排序来看，四川省排第9位，重庆市排第7位（见表2-6、表2-7）。

表2-6　2016~2019年四大区域十省市和全国人均GDP

单位：元

地区＼年份	2016	2017	2018	2019
四川省	40003.00	44651.32	48883.17	55774.00
重庆市	58502.00	63442.00	65932.72	75828.00
上海市	116455.14	126670.02	148577.10	157147.12
江苏省	96747.44	106945.51	115775.71	123459.13
浙江省	84528.37	91511.86	101103.36	106584.17
安徽省	39392.54	43195.63	53784.08	58300.31
北京市	118133.05	129059.47	153681.18	164212.07
天津市	114503.14	119144.12	85681.71	90296.29
河北省	42932.33	45237.36	43003.33	46238.83
广东省	73511.15	80316.26	88088.51	93456.36
全国	54138.97	60014.35	66005.70	70891.78

表2-7　2016~2019年四大区域十省市人均GDP排序

地区＼年份	2016	2017	2018	2019
四川省	9	9	9	9
重庆市	7	7	7	7
上海市	2	2	2	2
江苏省	4	4	3	3
浙江省	5	5	4	4
安徽省	10	10	8	8
北京市	1	1	1	1
天津市	3	3	6	6
河北省	8	8	10	10
广东省	6	6	5	5

① 十省市分别是成渝地区、长三角地区、京津冀地区、珠三角地区覆盖的省市，即四川省、重庆市、上海市、江苏省、浙江省、安徽省、北京市、天津市、河北省、广东省。

二、产业发展

协同打造成渝现代高效特色农业带。成渝地区气候温热，常年雨水较多，适合农作物生长，农林牧资源丰富，建设农林牧业基地有助于成渝地区提高农业质量效益和竞争力，协同共建成渝现代高效特色农业带，促进农村一二三产业融合发展。根据统计数据（见表2-8、图2-2），2016～2020年四川省第一产业占比分别为11.93%、11.53%、10.30%、10.30%、11.40%，相比四大区域其他省市具有领先优势。2016～2020年重庆市第一产业占比分别为7.35%、6.57%、6.77%、6.60%、7.21%，分别高于四大区域十省市历年平均水平①5.68%、5.10%、4.84%、4.84%、5.17%。

表2-8　2016～2020年四大区域十省市第一产业占比

单位:%

地区＼年份	2016	2017	2018	2019	2020
四川省	11.93	11.53	10.30	10.30	11.40
重庆市	7.35	6.57	6.77	6.60	7.21
上海市	0.39	0.36	0.29	0.30	0.27
江苏省	5.27	4.71	4.44	4.31	4.42
浙江省	4.16	3.74	3.40	3.40	3.30
安徽省	10.52	9.56	7.80	7.90	8.23
北京市	0.51	0.43	0.36	0.30	0.40
天津市	1.23	0.91	0.92	1.30	1.49
河北省	10.89	9.20	10.27	10.00	10.72
广东省	4.57	4.03	3.84	4.00	4.30

---

①　历年平均水平是根据四川、重庆、上海、江苏、浙江、安徽、北京、天津、河北、广东十省市逐年第一产业占比计算获得。

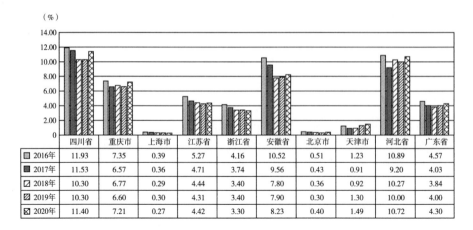

图 2-2 2016～2020 年四大区域十省市第一产业占比柱状图

成渝地区厚植经济腹地优势，发挥工业现代化后发优势。成渝地区工业基础雄厚、工业基础设施进一步得到完善。根据统计数据（见表 2-9、图 2-3），2016～2020 年四川省第二产业占比分别为 40.84%、38.75%、37.40%、37.30%、36.20%，与历年平均水平的差距逐步缩小，2019 年四川省第二产业占比 37.30%，比当年平均水平 36.33%①高出 0.97。2016～2020 年重庆市第二产业占比分别为 44.52%、44.19%、40.90%、40.20%、39.96%，均高于历年平均水平。

表 2-9 2016～2020 年四大区域十省市第二产业占比

单位:%

年份 地区	2016	2017	2018	2019	2020
四川省	40.84	38.75	37.40	37.30	36.20
重庆市	44.52	44.19	40.90	40.20	39.96
上海市	29.83	30.46	28.77	27.00	26.59
江苏省	44.73	45.02	45.20	44.43	43.06
浙江省	44.86	42.95	43.60	42.60	40.90
安徽省	48.43	47.52	41.40	41.30	40.52

---

① 2019 年四川、重庆、上海、江苏、浙江、安徽、北京、天津、河北、广东十省市第二产业占比分别为：37.30%、40.20%、27.00%、44.43%、42.60%、41.30%、16.20%、35.20%、38.70%、40.40%，在此基础上计算获得 2019 年十省市第二产业占比的平均水平为 36.33%。

续表

年份 地区	2016	2017	2018	2019	2020
北京市	19.26	19.01	16.54	16.20	15.80
天津市	42.33	40.94	40.46	35.20	34.11
河北省	47.57	46.58	39.71	38.70	37.55
广东省	43.42	42.37	41.42	40.40	39.20

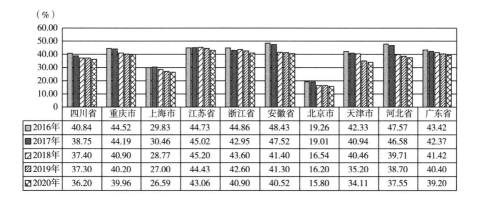

图 2-3　2016~2020 年四大区域十省市第二产业占比柱状图

成渝地区第三产业持续稳步发展。从表 2-10、图 2-4 可以看出，2016~2020 年四川省第三产业占比分别为 47.23%、49.73%、52.30%、52.40%、52.40%；2016~2020 年重庆市第三产业占比分别为 48.13%、49.24%、52.33%、53.20%、52.82%。成渝地区第三产业逐年稳步发展，但是与上海、江苏、浙江、北京、天津、广东等省市仍存在差距。

表 2-10　2016~2020 年四大区域十省市第三产业占比

单位：%

年份 地区	2016	2017	2018	2019	2020
四川省	47.23	49.73	52.30	52.40	52.40
重庆市	48.13	49.24	52.33	53.20	52.82
上海市	69.78	69.18	70.94	72.70	73.15
江苏省	50.00	50.27	50.36	51.25	52.53

续表

年份 地区	2016	2017	2018	2019	2020
浙江省	50.99	53.32	53.00	54.00	55.80
安徽省	41.05	42.92	50.80	50.80	51.25
北京市	80.23	80.56	83.09	83.50	83.80
天津市	56.44	58.15	58.62	63.50	64.40
河北省	41.54	44.21	50.01	51.30	51.73
广东省	52.01	53.60	54.74	55.50	56.50

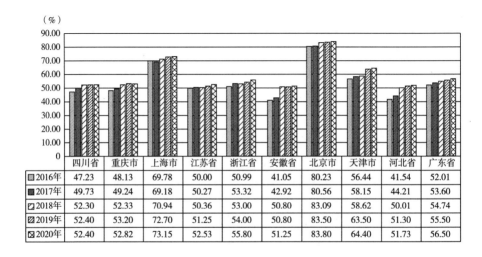

（%）	四川省	重庆市	上海市	江苏省	浙江省	安徽省	北京市	天津市	河北省	广东省
2016年	47.23	48.13	69.78	50.00	50.99	41.05	80.23	56.44	41.54	52.01
2017年	49.73	49.24	69.18	50.27	53.32	42.92	80.56	58.15	44.21	53.60
2018年	52.30	52.33	70.94	50.36	53.00	50.80	83.09	58.62	50.01	54.74
2019年	52.40	53.20	72.70	51.25	54.00	50.80	83.50	63.50	51.30	55.50
2020年	52.40	52.82	73.15	52.53	55.80	51.25	83.80	64.40	51.73	56.50

图 2-4 2016~2020 年四大区域十省市第三产业占比柱状图

三、城镇建设

城镇化方面，考虑从常住人口、生态环境、公共服务等方面对比分析长三角地区、京津冀地区、珠三角地区与成渝地区的发展差异。

成渝地区城镇化建设成效好，人口加快集聚。从表 2-11 可以看出，2016~2020 年四川省常住人口城镇化率分别为 49.21%、50.79%、52.29%、53.79%、56.73%；2016~2020 年重庆市常住人口城镇化率分别为 62.60%、64.08%、65.50%、66.80%、69.46%。成都、重庆这两大国家中心城市发展势头强劲，在

2019 年我国常住新增人口排名前 10 的城市中，成渝地区占两席（成都、重庆），说明成渝地区对人口的吸引力较强。加之成渝地区新型城镇化建设成效显著，现代城市建设初具规模，未来人口集聚能力较强。

表 2-11　2016~2020 年四大区域十省市及全国常住人口城镇化率

单位:%

年份 地区	2016	2017	2018	2019	2020
四川省	49.21	50.79	52.29	53.79	56.73
重庆市	62.60	64.08	65.50	66.80	69.46
上海市	87.90	87.70	88.10	88.30	89.30
江苏省	67.72	68.80	69.61	70.61	73.44
浙江省	67.00	68.00	68.90	70.00	72.17
安徽省	51.99	53.50	54.69	55.81	58.33
北京市	86.50	86.50	86.50	86.60	87.50
天津市	82.93	82.93	83.15	83.48	84.70
河北省	53.32	55.01	56.43	57.62	60.07
广东省	69.20	69.85	70.70	71.40	74.15
全国	57.35	58.52	59.58	60.60	74.81

成渝地区社会公共服务水平较高，奠定了良好的民生基础。成渝地区各级医疗卫生机构数目位居西部第一、全国前列，有闻名全国的四川大学华西医院、成都中医药大学附属医院等。从表 2-12 可以看出，2016~2019 年四川省每万人拥有卫生技术人员分别为 60.00 人、63.88 人、67.44 人、71.93 人；2016~2019 年重庆市每万人拥有卫生技术人员分别为 58.84 人、62.30 人、67.46 人、71.91 人。

表 2-12　2016~2020 年四大区域十省市及全国每万人拥有卫生技术人员（社会服务）

单位：人

年份 地区	2016	2017	2018	2019	2020
四川省	60.00	63.88	67.44	71.93	75.65
重庆市	58.84	62.30	67.46	71.91	74.09
上海市	73.64	77.29	80.72	84.22	91.03
江苏省	64.63	68.21	73.29	78.48	78.47

续表

年份 地区	2016	2017	2018	2019	2020
浙江省	77.40	81.26	84.75	88.92	84.87
安徽省	47.41	50.12	52.75	56.74	67.51
北京市	107.67	113.32	118.81	125.89	138.86
天津市	60.79	64.85	67.05	70.33	82.22
河北省	52.62	56.55	61.03	64.55	69.43
广东省	60.48	63.34	66.56	68.80	66.03
全国	61.14	64.66	68.29	72.53	75.51

成渝地区践行新发展理念，深入推进以人为核心的新型城镇化。2020年1月3日，习近平总书记在推动成渝地区双城经济圈建设的讲话中又赋予成都建设践行新发展理念的公园城市示范区的光荣使命，为成都指明了探索中国特色新型城镇化道路，开创未来城市可持续发展新模式的前进方向。习近平总书记的重要指示，既对成都全域建设公园城市做出了肯定，又为成都公园城市建设在全国的示范提出了新的要求，也为成都在推动成渝地区双城经济圈建设中提供了发展方向。从表2-13可以看出，2016～2019年四川省人均城市道路面积分别为13.73平方米、13.72平方米、14.63平方米、16.38平方米；2016～2019年重庆市人均城市道路面积分别为12.23平方米、12.67平方米、13.52平方米、14.38平方米。从表2-14可以看出，2016～2019年四川省城市人均公园绿地面积分别为12.47平方米、12.48平方米、12.97平方米、14.03平方米；2016～2019年重庆市城市人均公园绿地面积分别为16.86平方米、17.05平方米、17.14平方米、16.61平方米。成渝地区打造高品质生活宜居地，不仅考虑了经济需要，也兼顾了生态需要和生活需要。

表2-13　2016～2019年四大区域十省市及全国人均城市道路面积

单位：平方米

年份 地区	2016	2017	2018	2019
四川省	13.73	13.72	14.63	16.38
重庆市	12.23	12.67	13.52	14.38
上海市	4.37	4.51	4.58	4.72
江苏省	25.37	25.62	25.20	25.41

续表

年份 地区	2016	2017	2018	2019
浙江省	17.73	17.28	18.05	19.02
安徽省	21.82	22.19	22.95	23.69
北京市	7.62	7.44	7.57	7.68
天津市	15.39	17.41	11.67	12.98
河北省	18.91	18.88	19.76	19.95
广东省	13.05	12.86	13.39	13.60
全国	15.80	16.05	16.70	17.36

表 2-14　2016~2019 年四大区域十省市及全国城市人均公园绿地面积

单位：平方米

年份 地区	2016	2017	2018	2019
四川省	12.47	12.48	12.97	14.03
重庆市	16.86	17.05	17.14	16.61
上海市	7.83	8.19	8.49	8.73
江苏省	14.79	14.95	14.66	14.98
浙江省	13.17	13.32	13.73	14.03
安徽省	14.02	14.32	14.67	14.80
北京市	16.01	16.20	16.30	16.40
天津市	10.59	14.15	9.38	9.21
河北省	14.31	14.52	14.23	14.29
广东省	17.87	18.24	18.34	18.13
全国	13.7	14.01	14.11	14.36

　　成渝地区地方财政支出保障新型城镇化建设。从地方财政支出看城镇化水平，根据表 2-15、表 2-16 数据可得，2016~2019 年成渝地区一般公共服务地方财政支出分别为 9695682.00 万元、11004140.00 万元、12200270.00 万元、13049076.00 万元；全国占比分别为 7.79%、8.12%、7.87%、7.68%，地方财政支出高于京津冀地区。从人均一般公共服务地方财政支出来看，2016~2019 年四川省人均一般公共服务地方财政支出分别为 826.41 元、955.55 元、1075.41 元、1141.04 元；2016~2019 年重庆市人均一般公共服务地方财政支出分别为

940.91 元、998.70 元、1041.42 元、1118.08 元。四川、重庆仅次于上海、江苏、浙江、广东,高于安徽、北京、天津、河北(见表 2-17)。

表 2-15 2016~2019 年四大区域及全国一般公共服务地方财政支出

单位:万元

区域 \ 年份	2016	2017	2018	2019
成渝地区	9695682.00	11004140.00	12200270.00	13049076.00
长三角地区	22873658.00	25615820.00	28727151.00	31537959.00
京津冀地区	7278368.00	8942237.00	9364561.00	9872684.00
珠三角地区	11473500.00	13622314.00	15553510.00	18621099.00
全国	124484800.00	135595700.00	155086900.00	169808200.00

表 2-16 2016~2019 年四大区域一般公共服务地方财政支出占全国的比例

单位:%

区域 \ 年份	2016	2017	2018	2019
成渝地区	7.79	8.12	7.87	7.68
长三角地区	18.37	18.89	18.52	18.57
京津冀地区	5.85	6.59	6.04	5.81
珠三角地区	9.22	10.05	10.03	10.97

表 2-17 2016~2020 年四大区域十省市及全国人均一般公共服务地方财政支出

单位:元

地区 \ 年份	2016	2017	2018	2019	2020
四川省	826.41	955.55	1075.41	1141.04	1137.27
重庆市	940.91	998.70	1041.42	1118.08	1030.55
上海市	1248.50	1326.12	1514.99	1503.71	1491.70
江苏省	1151.31	1273.78	1396.22	1500.60	1439.89
浙江省	1181.11	1352.04	1525.76	1726.43	1608.18
安徽省	652.19	724.69	800.38	891.85	846.86
北京市	532.09	885.45	700.45	624.47	631.48
天津市	386.75	442.14	469.15	384.94	377.62

续表

年份 地区	2016	2017	2018	2019	2020
河北省	738.70	842.05	942.79	1044.03	1067.32
广东省	1043.14	1219.65	1370.84	1616.27	1505.82
全国	900.30	975.45	1111.43	1212.87	—

四、交通设施

交通设施方面，考虑用水路客运量、铁路客运量、公路客运量以及水路货运量、铁路货运量、公路货运量对比分析长三角地区、京津冀地区、珠三角地区与成渝地区的发展差异。

成渝地区水路客运量、铁路客运量、公路客运量稳居前列。四川省水路客运量、铁路客运量、公路客运量 2016 年分别为 2573.47 万人、11456.35 万人、109716.00 万人，2017 年为 2364.00 万人、12631.00 万人、94098.00 万人，2018 年为 1991.09 万人、15115.68 万人、81462.00 万人，2019 年为 1929.77 万人、17351.63 万人、72387.00 万人；重庆市水路客运量、铁路客运量、公路客运量 2016 年分别为 749.95 万人、4910.95 万人、55594.00 万人，2017 年为 866.00 万人、6349.00 万人、53307.00 万人，2018 年为 730.64 万人、7706.80 万人、52150.00 万人，2019 年为 756.34 万人、8406.88 万人、50990.00 万人（见表 2-18、表 2-19、表 2-20）。与长三角地区、京津冀地区、珠三角地区相比，成渝地区在客运量方面有一定优势。一方面，四川省、重庆市作为长期的劳动力输出大省，每年外出人数以及过节返乡人数均居全国前列；另一方面，成渝地区也是全国重要的旅游集散地，每年旅客络绎不绝，这都造就了川渝地区客运量的稳定增长。

表 2-18 2016~2019 年四大区域十省市及全国水路客运量

单位：万人

年份 地区	2016	2017	2018	2019
四川省	2573.47	2364.00	1991.09	1929.77
重庆市	749.95	866.00	730.64	756.34
上海市	404.18	448.00	426.95	440.51

续表

年份 地区	2016	2017	2018	2019
江苏省	2272.07	2431.00	2383.39	2083.80
浙江省	3949.87	4284.00	4497.17	4785.07
安徽省	213.00	253.00	240.00	222.06
北京市	—	—	—	—
天津市	92.73	110.00	115.51	140.74
河北省	—	—	—	—
广东省	2648.23	2733.00	2774.92	2614.40
全国	27234.40	28300.00	28000.00	27267.00

表2-19 2016～2019年四大区域十省市及全国铁路客运量

单位：万人

年份 地区	2016	2017	2018	2019
四川省	11456.35	12631.00	15115.68	17351.63
重庆市	4910.95	6349.00	7706.80	8406.88
上海市	10609.37	11617.00	12266.67	12833.85
江苏省	17814.22	19786.00	21203.57	23739.34
浙江省	18035.16	20114.00	21869.98	24308.90
安徽省	10369.64	11487.00	12336.87	13409.62
北京市	13478.84	13931.00	14357.50	14825.20
天津市	4543.50	4792.00	5075.31	5332.31
河北省	10771.07	11527.00	12210.58	13013.37
广东省	25602.99	28766.00	34120.78	38699.42
全国	281405.23	308379.00	337000.00	366002.00

表2-20 2016～2019年四大区域十省市及全国公路客运量

单位：万人

年份 地区	2016	2017	2018	2019
四川省	109716.00	94098.00	81462.00	72387.00
重庆市	55594.00	53307.00	52150.00	50990.00
上海市	3402.00	3420.00	3151.00	3168.00

续表

年份 地区	2016	2017	2018	2019
江苏省	113493.88	104566.00	97025.00	94475.00
浙江省	83033.00	80099.00	72013.00	72799.00
安徽省	70523.00	57365.00	50769.71	45643.16
北京市	48040.35	44940.00	44577.20	48151.37
天津市	13741.00	12538.00	12259.50	12205.87
河北省	39925.11	38494.00	35132.56	31718.70
广东省	102094.21	105919.00	105248.76	101012.14
全国	1542758.67	1456784.00	1365000.00	1301173.00

　　成渝地区水路货运量、铁路货运量、公路货运量稳居前列。四川省水路货运量、铁路货运量、公路货运量 2016 年分别为 8130.60 万吨、6793.67 万吨、146046.00 万吨，2017 年为 7750.00 万吨、6982.00 万吨、158190.00 万吨，2018年为 6862.25 万吨、7199.09 万吨、173324.00 万吨，2019 年为 6896.46 万吨、7718.32 万吨、162668.45 万吨；重庆市水路货运量、铁路货运量、公路货运量 2016 年分别为 16648.49 万吨、1927.63 万吨、89390.00 万吨，2017 年为 18506.00 万吨、2012.00 万吨、95019.00 万吨，2018 年为 19459.55 万吨、1967.48 万吨、107064.00 万吨，2019 年为 21093.77 万吨、1911.35 万吨、89965.31 万吨（见表 2-21、表 2-22、表 2-23）。与长三角地区、京津冀地区、珠三角地区相比，成渝地区在货运量方面有一定优势，首先得益于川渝地区是西南重要的交通枢纽，其次川渝地区还是全国重要的油气、非油气资源主要出口地区，承担了重要的能源供给责任。在新发展格局下，成渝地区应抢抓机遇，建设以成都和重庆为中心的国际性综合交通枢纽，涵盖四网融合、互联互通的轨道网络，层次分明、覆盖广泛的道路网络，通江达海、联动协同的水运网络，引领内陆、辐射全球的航空网络，为改革开放的不断深入贡献自身力量。

表 2-21　2016~2019 年四大区域十省市及全国水路货运量

单位：万吨

年份 地区	2016	2017	2018	2019
四川省	8130.60	7750.00	6862.25	6896.46
重庆市	16648.49	18506.00	19459.55	21093.77

续表

年份 地区	2016	2017	2018	2019
上海市	48786.73	56619.00	66905.87	69980.96
江苏省	79314.00	85668.00	87735.00	90670.00
浙江省	77646.32	86513.00	98219.50	106877.89
安徽省	110776.00	114015.00	114877.14	124981.78
北京市	—	—	—	—
天津市	9273.00	—	—	—
河北省	2784.00	—	—	—
广东省	85632.56	94871.00	102352.85	108371.35
全国	638237.78	667846.00	702684.00	747225.00

表 2-22　2016~2019 年四大区域十省市及全国铁路货运量

单位：万吨

年份 地区	2016	2017	2018	2019
四川省	6793.67	6982.00	7199.09	7718.32
重庆市	1927.63	2012.00	1967.48	1911.35
上海市	482.22	488.00	482.27	487.27
江苏省	5590.50	5949.00	6170.96	7501.48
浙江省	3912.54	4071.00	4330.26	4450.24
安徽省	9264.87	8940.00	8066.33	7997.21
北京市	761.98	736.00	595.67	483.63
天津市	8150.07	8736.00	9248.57	9888.18
河北省	16313.17	17100.00	19637.33	26823.21
广东省	8380.31	8606.00	9292.64	10282.45
全国	333186.19	368865.00	402631.00	438904.00

表 2-23　2016~2019 年四大区域十省市及全国公路货运量

单位：万吨

年份 地区	2016	2017	2018	2019
四川省	146046.00	158190.00	173324.00	162668.45
重庆市	89390.00	95019.00	107064.00	89965.31

续表

年份 地区	2016	2017	2018	2019
上海市	39055.00	39743.00	39595.00	50655.76
江苏省	117166.00	128915.00	139251.00	164577.94
浙江省	133999.00	151920.00	166533.00	177683.00
安徽省	244526.00	280471.00	283817.06	235269.33
北京市	19972.00	19374.00	20277.61	22324.76
天津市	32841.00	34720.00	34711.14	31250.19
河北省	189822.12	207340.00	226333.57	211461.31
广东省	272826.07	288904.00	304743.31	239743.70
全国	3341259.35	3686858.00	3956871.00	3435480.00

五、人口结构

　　人口结构方面，考虑从年末常住人口、人口自然增长率以及0~14岁、15~64岁、65岁及以上人口的抽样占比对比分析长三角地区、京津冀地区、珠三角地区与成渝地区的发展差异。

　　成渝地区年末常住人口、人口自然增长率稳居前列。四川省和重庆市年末常住人口、人口自然增长率2016年分别为8262.00万人、3.49‰和3048.00万人、4.53‰，2019年变化为8375.00万人、3.61‰和3124.00万人、2.91‰（见表2-24、表2-25）。与长三角地区、京津冀地区、珠三角地区相比，成渝地区在人口方面有一定优势，川渝地区作为长期的劳动力外流区，在新发展阶段，要抢抓人口基数优势，将人口要素转化为人力资本要素，在新发展格局下破浪前行。

表2-24　2016~2020年四大区域十省市及全国年末常住人口

单位：万人

年份 地区	2016	2017	2018	2019	2020
四川省	8262.00	8302.00	8341.00	8375.00	8367.49
重庆市	3048.00	3075.16	3101.79	3124.00	3205.42

续表

年份 地区	2016	2017	2018	2019	2020
上海市	2419.70	2418.33	2423.78	2428.00	2487.09
江苏省	7999.00	8029.30	8050.70	8070.00	8474.80
浙江省	5590.00	5657.00	5737.00	5850.00	6456.76
安徽省	6196.00	6254.80	6323.60	6366.00	6102.72
北京市	2172.90	2170.70	2154.20	2154.00	2189.31
天津市	1562.00	1556.87	1559.60	1562.00	1386.60
河北省	7470.00	7519.52	7556.30	7592.00	7461.02
广东省	10999.00	11169.00	11346.00	11521.00	12601.25
全国	138271.00	139008.00	139538.00	140005.00	141178.00

表 2-25　2016~2019 年四大区域十省市及全国人口自然增长率

单位:‰

年份 地区	2016	2017	2018	2019
四川省	3.49	4.23	4.04	3.61
重庆市	4.53	3.91	3.48	2.91
上海市	4.00	2.80	1.80	1.50
江苏省	2.73	2.68	2.29	2.08
浙江省	5.70	6.36	5.44	4.99
安徽省	7.06	8.17	6.45	5.99
北京市	4.12	3.76	2.66	2.63
天津市	1.83	2.60	1.25	1.43
河北省	6.06	6.60	4.88	4.71
广东省	7.44	9.16	8.24	8.08
全国	5.86	5.32	3.81	3.34

　　成渝地区人口结构基本稳定。四川省、重庆市 0~14 岁、15~64 岁、65 岁及以上人口的抽样占比数分别从 2016 年的 0.16:0.70:0.14、0.15:0.71:0.14 调整为 2019 年的 0.16:0.68:0.16、0.17:0.68:0.15（见表 2-26、表 2-27、表 2-28）。与长三角地区、京津冀地区、珠三角地区相比，成渝地区在人口结构方面较为合理，老龄化现象并未凸显。

表 2-26　2016~2020 年四大区域十省市及全国 0~14 岁人口抽样占比

年份 地区	2016	2017	2018	2019	2020
四川省	0.16	0.16	0.16	0.16	0.16
重庆市	0.15	0.16	0.17	0.17	0.16
上海市	0.10	0.10	0.10	0.10	0.10
江苏省	0.14	0.13	0.14	0.14	0.15
浙江省	0.13	0.12	0.14	0.13	0.13
安徽省	0.18	0.19	0.19	0.19	0.19
北京市	0.11	0.11	0.10	0.10	0.12
天津市	0.11	0.11	0.10	0.10	0.13
河北省	0.18	0.18	0.18	0.19	0.20
广东省	0.17	0.17	0.17	0.16	0.19
全国	0.17	0.17	0.17	0.17	0.18

表 2-27　2016~2020 年四大区域十省市及全国 15~64 岁人口抽样占比

年份 地区	2016	2017	2018	2019	2020
四川省	0.70	0.70	0.69	0.68	0.67
重庆市	0.71	0.69	0.69	0.68	0.67
上海市	0.77	0.76	0.75	0.74	0.74
江苏省	0.73	0.73	0.72	0.71	0.69
浙江省	0.75	0.75	0.73	0.73	0.74
安徽省	0.71	0.68	0.68	0.67	0.66
北京市	0.77	0.77	0.78	0.78	0.75
天津市	0.78	0.77	0.79	0.78	0.72
河北省	0.71	0.70	0.69	0.68	0.66
广东省	0.76	0.75	0.75	0.75	0.72
全国	0.67	0.66	0.65	0.65	0.68

表 2-28　2016~2020 年四大区域十省市及全国 65 岁及以上人口抽样占比

地区 ＼ 年份	2016	2017	2018	2019	2020
四川省	0.14	0.14	0.15	0.16	0.17
重庆市	0.14	0.14	0.14	0.15	0.17
上海市	0.13	0.14	0.15	0.16	0.16
江苏省	0.14	0.14	0.14	0.15	0.16
浙江省	0.12	0.12	0.13	0.14	0.13
安徽省	0.11	0.13	0.13	0.14	0.15
北京市	0.12	0.12	0.11	0.11	0.13
天津市	0.11	0.11	0.11	0.12	0.15
河北省	0.11	0.12	0.13	0.13	0.14
广东省	0.08	0.08	0.08	0.09	0.09
全国	0.11	0.11	0.12	0.13	0.14

六、教育水平

成渝地区普通高校、研究生毕业生众多。四川省和重庆市的普通高校数、研究生毕业生数 2016 年分别为 109 所、2.50 万人和 65 所、1.54 万人，2019 年变化为 126 所、2.90 万人和 65 所、1.67 万人（见表 2-29、表 2-30）。与长三角地区、京津冀地区、珠三角地区相比，成渝地区在高等教育方面有一定优势，这得益于川渝两地悠久的教育基底以及国家对西部地区教育的扶持。

表 2-29　2016~2019 年四大区域十省市及全国普通高校数

单位：所

地区 ＼ 年份	2016	2017	2018	2019
四川省	109	109	119	126
重庆市	65	65	65	65
上海市	64	64	64	64
江苏省	166	167	167	167

续表

年份 地区	2016	2017	2018	2019
浙江省	107	107	108	108
安徽省	119	119	119	120
北京市	91	92	92	93
天津市	55	57	56	56
河北省	120	121	122	122
广东省	147	151	152	154
全国	576	578	580	593

表 2-30　2016～2019 年四大区域十省市及全国研究生毕业生数

单位：万人

年份 地区	2016	2017	2018	2019
四川省	2.50	2.60	2.70	2.90
重庆市	1.54	1.55	1.65	1.67
上海市	3.97	4.10	4.31	4.52
江苏省	4.40	4.60	4.74	5.00
浙江省	1.78	1.87	2.07	2.09
安徽省	1.60	1.70	1.77	1.80
北京市	8.30	8.50	8.70	9.20
天津市	1.70	1.62	1.72	1.85
河北省	1.30	1.30	1.40	1.39
广东省	2.72	2.71	2.89	3.02
全国	56.39	57.80	60.44	63.97

七、文化特色

　　文化特色方面，考虑用公共图书馆数量及举办展览数量对比分析长三角地区、京津冀地区、珠三角地区与成渝地区的发展差异。

　　成渝地区公共图书馆数量名列前茅。四川省、重庆市公共图书馆数量 2016

年为203个、43个，2020年为207个、43个（见表2-31）。与长三角地区、京津冀地区、珠三角地区相比，成渝地区双城经济圈尤其是四川省在公共图书馆数量方面优势明显，这得益于川渝两地的人口基数较大且对于公共文化较为重视。

表2-31　2016~2020年四大区域十省市及全国公共图书馆数量

单位：个

年份 地区	2016	2017	2018	2019	2020
四川省	203	204	204	206	207
重庆市	43	43	43	43	43
上海市	24	24	23	23	23
江苏省	114	115	116	117	117
浙江省	102	101	103	103	105
安徽省	123	124	126	127	127
北京市	24	23	23	23	24
天津市	31	32	29	29	28
河北省	172	173	173	173	177
广东省	142	143	143	146	144
全国	3153	3166	3176	3196	3203

成渝地区举办展览次数稳中有升。四川省、重庆市举办展览次数2016年分别为582次、230次，2018年为570次、345次（见表2-32）。与长三角地区、京津冀地区、珠三角地区相比，成渝地区在举办展览次数方面处于中上水平，这与成渝地区双城经济圈要打造西部改革开放新高地的定位相匹配。

表2-32　2016~2018年四大区域十省市及全国举办展览数量

单位：次

年份 地区	2016	2017	2018
四川省	582	544	570
重庆市	230	252	345
上海市	431	371	450
江苏省	1129	1151	1233
浙江省	1354	1393	1469
安徽省	417	451	466

续表

年份 地区	2016	2017	2018
北京市	172	238	297
天津市	113	228	242
河北省	437	463	491
广东省	1060	1041	1196
全国	12419	13020	14247

成渝地区要加强社会文化交流，增进民心相通。高水平建设世界文创名城、高起点建设世界旅游名城、高标准建设世界赛事名城、高品质建设国际美食之都、高品位建设国际音乐之都、高质量建设国际会展之都，加快打造中华文化对外传播、国际文化交流互鉴高地。

八、科技创新

科技创新方面，考虑用高新技术企业数、高新技术企业总收入、输出技术合同数、发明专利授权数对比分析长三角地区、京津冀地区、珠三角地区与成渝地区的发展差异。

成渝地区高新技术企业数、高新技术企业总收入稳中有升。四川省和重庆市高新技术企业数、高新技术企业总收入分别从 2016 年的 3047 家、6287 亿元和 1436 家、6902 亿元增长到了 2019 年的 5594 家、10664 亿元和 3105 家、9176 亿元，呈稳步增长趋势（见表 2-33、表 2-34）。与长三角地区、京津冀地区、珠三角地区相比，成渝地区在高新技术企业方面短板明显，说明成渝地区高新技术企业引进方面仍有较大提升空间。

表 2-33　2016~2019 年四大区域十省市高新技术企业数

单位：家

年份 地区	2016	2017	2018	2019
四川省	3047	3480	4250	5594
重庆市	1436	1996	2430	3105

年份 地区	2016	2017	2018	2019
上海市	6758	7494	9023	12619
江苏省	12946	13661	17968	23946
浙江省	7539	9047	11811	16152
安徽省	3795	4255	5324	6547
北京市	13476	16267	18749	23190
天津市	533	481	452	491
河北省	2061	3122	5020	7611
广东省	19463	32718	44686	49991

表 2-34　2016~2019 年四大区域十省市高新技术企业总收入

单位：亿元

年份 地区	2016	2017	2018	2019
四川省	6287	7171	8741	10664
重庆市	6902	8596	8610	9176
上海市	20045	23374	26548	30281
江苏省	32640	36204	43582	48972
浙江省	19052	24616	30409	36365
安徽省	9738	9517	11472	13080
北京市	23221	27417	32082	38025
天津市	6272	7204	8817	10043
河北省	6100	9858	16383	19766
广东省	46085	59201	74248	82884

　　成渝地区输出技术合同数、发明专利授权数稳中有升。四川省和重庆市输出技术合同数、发明专利授权数分别从 2016 年的 11537 项、10350 件和 2053 项、5044 件增长到了 2019 年的 13203 项、12053 件和 3760 项、6988 件（见表 2-35、表 2-36）。与长三角地区、京津冀地区、珠三角地区相比，成渝地区在科技产出以及保护方面仍有较大提升空间。

表2-35 2016~2019年四大区域十省市输出技术合同数

单位：项

年份 地区	2016	2017	2018	2019
四川省	11537	12826	15156	13203
重庆市	2053	2070	2911	3760
上海市	20843	21223	21311	35928
江苏省	29430	37258	42227	49210
浙江省	14808	13704	16142	18996
安徽省	12966	18211	20347	19538
北京市	74983	81311	82486	83171
天津市	12934	12168	11214	13885
河北省	3846	4397	6240	7262
广东省	17178	17178	23700	33321

表2-36 2016~2019年四大区域十省市发明专利授权数

单位：件

年份 地区	2016	2017	2018	2019
四川省	10350	11367	11697	12053
重庆市	5044	6138	6570	6988
上海市	20086	20681	21331	22735
江苏省	40952	41518	42019	39681
浙江省	26576	28742	32550	33964
安徽省	15292	12440	14846	14958
北京市	40602	46091	46978	53127
天津市	5185	5844	5626	5025
河北省	4247	4927	5126	5130
广东省	38626	45740	53259	59742

　　成渝地区应大胆吸引国际资本和前瞻企业入驻，梳理和瞄准国外指标性、前瞻性、创新性企业，提早行动、及时布子，为高水平利用外资落下新锚；聚焦产业营商环境优化，重点加强对海外企业的招引、维持在海外企业的稳定，为产业发展营造良好的营商环境。

九、生态环境

生态环境方面，考虑用年末森林覆盖率及二氧化碳排放量对比分析长三角地区、京津冀地区、珠三角地区与成渝地区的发展差异。

成渝地区年末森林覆盖率稳居前列。四川省、重庆市年末森林覆盖率分别从2016年的35.22%、38.43%增长到了2019年的38.03%、43.11%，呈稳步增长趋势（见表2-37）。与长三角地区、京津冀地区、珠三角地区相比，成渝地区具有得天独厚的区位优势，拥有多个国家级自然保护区，森林面积广阔。

表2-37　2016~2020年四大区域十省市及全国年末森林覆盖率

单位:%

年份 地区	2016	2017	2018	2019	2020
四川省	35.22	35.22	38.03	38.03	40.00
重庆市	38.43	38.43	43.11	43.11	52.50
上海市	10.74	10.74	14.04	14.04	18.50
江苏省	15.80	15.80	15.20	15.20	15.20
浙江省	59.07	59.07	59.43	59.43	61.15
安徽省	27.53	27.53	28.65	28.65	28.65
北京市	35.84	35.84	43.77	43.77	44.40
天津市	9.87	9.87	12.07	12.07	12.07
河北省	23.41	23.41	26.78	26.78	26.78
广东省	51.26	51.26	53.52	53.52	58.66
全国	21.63	21.63	22.96	22.96	22.96

成渝地区二氧化碳排放量一直处于较低水平。2016年、2017年四川省和重庆市二氧化碳排放量分别为250140千吨、229760千吨和153610千吨、157620千吨（见表2-38）。四川省和重庆市二氧化碳排放一直处于较低水平，一方面得益于川渝地区生态环境保护措施，另一方面反映了川渝地区经济发展程度相比其他地区仍较低，生产总量仍有较大的上升空间。

表 2-38　2016 年和 2017 年四大区域十省市二氧化碳排放量

单位：千吨

地区＼年份	2016	2017
四川省	250140	229760
重庆市	153610	157620
上海市	188140	190480
江苏省	723990	736330
浙江省	372040	382130
安徽省	362360	370550
北京市	89330	84970
天津市	146560	140910
河北省	748480	725920
广东省	517650	542480

　　成渝地区应坚持生态产业化、产业生态化，加快产业转型升级，把"绿色+"融入成渝地区经济社会发展各方面，以大数据智能化改造提升传统产业，加快推进制造业的高端化、智能化、绿色化。成渝地区人口稠密，资源环境承载压力大，绿色发展任务繁重，应突出抓好节能改造，推行企业循环式生产、产业循环式组合，壮大绿色低碳循环经济。

十、社会治理

　　社会治理方面，考虑用年末参加城镇职工基本养老保险人数、社区卫生服务机构数量以及卫生机构床位数量对比分析长三角地区、京津冀地区、珠三角地区与成渝地区的发展差异。

　　成渝地区年末城镇职工基本养老保险参与人数逐年递增。四川省、重庆市年末参加城镇职工基本养老保险人数分别从 2016 年的 2157.603 万人、952.245 万人增长到了 2019 年的 2700.322 万人、1127.718 万人，呈稳步增长趋势（见表2-39）。但与长三角地区、京津冀地区、珠三角地区相比，成渝地区处在中游，仍有进一步增长空间。

表 2-39   2016~2020 年四大区域十省市及全国年末参加城镇职工基本养老保险人数

单位：万人

地区＼年份	2016	2017	2018	2019	2020
四川省	2157.603	2335.069	2543.710	2700.322	2830.100
重庆市	952.245	989.174	1051.188	1127.718	1203.350
上海市	1527.138	1548.222	1573.373	1589.573	1616.670
江苏省	2861.534	3034.526	3225.612	3417.435	5940.700
浙江省	2506.940	2712.368	2883.406	3031.721	4355.000
安徽省	892.237	1076.974	1141.718	1216.979	1283.500
北京市	1546.640	1604.490	1685.780	1748.241	1680.000
天津市	639.031	655.015	683.159	695.570	730.830
河北省	1403.137	1535.808	1586.055	1654.521	1738.100
广东省	5392.432	5287.077	4919.656	4633.439	4873.040
全国	37929.710	40293.296	41901.634	43487.908	45638.000

成渝地区社区卫生服务机构数量增长潜力较大。四川省、重庆市社区卫生服务机构数量分别从 2016 年的 538 所、297 所增长到了 2019 年的 606 所、333 所（见表 2-40），机构数量稳中有升。但与长三角地区、京津冀地区、珠三角地区相比，成渝地区无论在绝对值还是在增速上都有较大进步空间。

表 2-40   2016~2019 年四大区域十省市及全国社区卫生服务机构数量

单位：所

地区＼年份	2016	2017	2018	2019
四川省	538	523	557	606
重庆市	297	274	271	333
上海市	732	701	723	745
江苏省	2116	2222	2204	2143
浙江省	5404	5216	4835	4443
安徽省	1504	1483	1497	1478
北京市	1591	1630	1619	1612
天津市	471	467	480	500
河北省	917	987	1057	1082

续表

年份 地区	2016	2017	2018	2019
广东省	1484	1445	1491	1489
全国	25409	25505	25645	25452

　　成渝地区卫生机构床位数量稳居前列。成渝地区卫生机构床位数量分别从2016年的519205张、190850张增长到2018年的598898张、220104张（见表2-41）。与长三角地区、京津冀地区、珠三角地区相比，成渝地区无论在绝对值还是在增速上都稳居前列。

表2-41　2016~2020年四大区域十省市及全国卫生机构床位数量

单位：张

年份 地区	2016	2017	2018	2019	2020
四川省	519205	563475	598898	631707	650000
重庆市	190850	206376	220104	231900	235500
上海市	129166	134607	139029	154673	—
江苏省	443060	469182	491512	516000	535000
浙江省	289870	313520	332086	350000	361000
安徽省	281720	305746	328123	349000	408000
北京市	117041	120645	123626	126000	127000
天津市	65832	68409	68247	68300	68400
河北省	360485	395036	421916	430000	440700
广东省	465142	492064	516929	549000	565000
全国	7410453	7940252	8404100	8920000	9110000

　　成渝两地应以为更好满足人民群众美好生活需要为目标，提升公共资源均衡度、便捷度和精准度，深入落实成渝地区双城经济圈便捷生活行动方案，推动实施包括就业社保、医疗卫生在内的六大便捷行动，推进公共服务政策协同，有效促进人口流动和生产要素自由流动，携手建设包容和谐、美丽宜居、充满魅力的高品质生活宜居地。

第二篇
成渝地区双城经济圈的评价体系

第三章 成渝地区双城经济圈
协同发展的评价

从成渝经济区到成渝城市群再到成渝地区双城经济圈，成渝地区的发展变迁表明该地区在全国乃至全球的经济发展格局中的作用更加凸显；相应地，这也对成渝地区的发展提出了更高的要求。在"牢固树立并切实贯彻创新、协调、绿色、开放、共享的发展理念"指导下，本章将通过构建系统的成渝地区双城经济圈协同发展指标来评价成渝地区 2010～2019 年的协同发展情况，通过动态化的手段分析成渝地区作为发展共同体的发展成就，并通过量化的方式，找出其发展短板，促进其实现地区高质量协同发展。

一、 指标体系构建原则

（一）针对性与普适性相结合

成渝地区双城经济圈的协同发展水平，顾名思义，是将川渝作为一个经济整体，在新发展理念指导下对地区的发展水平、发展特点以及发展趋势进行动态化的评估，涉及地区发展的经济、社会、生态各个方面。指标选择中应该分清主次，有针对性地围绕体现城市新发展理念的经济社会现象，通过对其本质特点的分析，筛选出能够代表其核心内涵及角色的指标，避免出现指标冗杂、关系不清的问题。当前，成渝地区双城经济圈的协同发展还处于起步阶段，与东部地区如京津冀地区的协同发展还存在差异，针对性的指标能够有效地反映成渝地区的协同发展特点。此外，还需注重指标的普适性，尽量选择社会认可的经济社会指标，构建社会普遍理解的成渝地区双城经济圈协同发展评价体系。

（二）综合性与独立性相协调

成渝地区双城经济圈协同发展涉及经济发展协同、社会发展协同、政府管理协同、环境治理协同等，从微观到中观再到宏观层面各个维度的协同，构成了地区发展的过程，最后也形成地区协同发展的成果。在此需要从新发展理念出发，对成渝地区双城经济圈经济发展、社会治理、生态保护等方面的状况进行归纳和总结，构成协同发展的综合系统，在指标的选择上也要反映经济、社会和生态环境等方面的综合发展图景。在此需要注意的是，经济、社会和生态环境等因素相互关联、互相影响，导致部分指标之间的影响相互加强或削弱，使指标体系反映的结果存在偏差。因此，在指标选择过程中，应该注意指标间的独立性，对相互关联的指标运用替代法等方法进行处理，保证指标间的相互独立，正确反映指标贡献。

（三）科学性与简明性相适应

成渝地区双城经济圈协同发展评价，旨在通过科学的指标构建，对地区协同发展水平进行量化研究，这就要求指标的选择能够科学地反映成渝地区双城经济圈短期的协同发展特点和长期的变化趋势，在宏观层面的作用路径以及在微观层面的构成基础。科学性的原则要求细致、精确地选择指标并分析指标间的关系，但在探寻系统间复杂关系的同时，也应注意指标的简明性，选取最具代表性和最核心的指标，权衡指标重复与指标遗漏的利弊并进行取舍，既不能使指标过于烦琐、细化，造成指标间的信息重复，也不能过于简化和粗糙，造成信息遗漏。因此，在指标构建中，本章力求指标体系能够科学、简明地反映城市资源承载力的内涵以及变化规律。

（四）可比性与可操作性相统一

成渝地区双城经济圈协同发展和高质量发展涉及面广，既有实质性的经济发展成果的量化，也有社会发展、环境保护等提高人民获得感、幸福感的非直接评价；既有反映绝对量水平的变量选择，也有反映相对量水平的价值尺度；既有反映不断向前的正向指标，也有衡量地区差异的负向标准。指标的选择都应纳入数据可得的框架中，坚持可操作性原则，选择可以量化、可以比较的指标进行分析。同时针对不同特性、不同内涵以及不同计量方法的指标，本章也将拟定一定的标准，通过无量纲化等方式统一计量，便于指标的组合。另外，针对因为区域差异产生的指标差异，本章也将通过权重调整、指标取舍进行统一，而计算方法也应在保持科学和切实的基础上，尽量做到简单明了，便于未来研究中查漏补缺以及推广运用。

二、指标体系设计说明

2015 年，习近平总书记在《关于〈中共中央关于制定国民经济和社会发展第十三个五年规划的建议〉的说明》中指出：发展理念是发展行动的先导，是管全局、管根本、管方向、管长远的东西，是发展思路、发展方向、发展着力点的集中体现。新发展理念应运而生，2015 年 10 月 29 日习近平总书记在党的十八届五中全会第二次全体会议上的讲话鲜明提出了创新、协调、绿色、开放、共享的发展理念。五大发展理念的提出顺应时代要求，对破解发展难题、提升和丰富全面建成小康社会的目标内涵，具有重大指导意义①。因此，本章也将以五大发展理念为指导，从五个角度构建成渝地区双城经济圈协同发展指数②，并评价川渝两地在新发展理念下的发展成就，找出其发展特点，分析其发展中存在的问题。

因此，本章将以五大发展理念为一级指标，分析其中蕴含的发展内涵，并在此基础上拓展其发展要求，并构建相应的二级指标，再与成渝地区发展实际相结合，以数据为支撑，找出能够代表地区协同发展水平和特点的三级指标，最终构成贯彻新发展理念的成渝地区双城经济圈协同发展指标体系。

在五大发展理念中，创新作为引领发展的第一动力，是我国经济发展转型最重要的力量，在我国经济发展新常态的形势下，创新具有更加重要的意义，肩负着更高的时代要求。党的十八届五中全会提出："坚持创新发展，必须把创新摆在国家发展全局的核心位置，不断推进理论创新、制度创新、科技创新、文化创新等各方面创新，让创新贯穿党和国家一切工作，让创新在全社会蔚然成风。"③因此，在创新发展维度下设立创新投入、创新产出和创新活力三项二级指标，并在每个二级指标下选择两个三级指标来衡量。在创新投入中既有创新生产投入，又有创新交易投入，都可以衡量地区创新的投入水平，本章将选择地区整体研发支出占 GDP 的比重和省级技术交易额占 GDP 的比重来表征区域创新投入的协同

---

① 参见求是网：《在党的十八届五中全会第二次全体会议上的讲话（节选）》，http：//www. qstheory. cn/dukan/2020-06/04/c_ 1126073270. htm。

② 中国社会科学院京津冀协同发展智库京津冀协同发展指数课题组发布的《京津冀协同发展指数报告（2020）》也是基于五大发展理念，构建了京津冀地区的协同发展评价指标体系，本书将在借鉴该指标体系的基础上，结合成渝地区双城经济圈的特点，构建成渝地区双城经济圈的协同发展评价指标体系。

③ 参见《中国共产党第十八届中央委员会第五次全体会议公报》，2015 年 10 月 29 日中国共产党第十八届中央委员会第五次全体会议通过。

发展水平；在创新产出指标中一种是创新成果的产出，另一种是创新价值的产出，本章将选择专利授权产出效率和高新技术产业产出效率的增长来衡量；创新的基础在于企业和个人，本章将采用经济主体增长和人才储备作为创新活力的基础指标。

协调是持续健康发展的内在要求，其本质是对前期我国经济发展的不平衡不充分问题的再思考和调整，在前期的高速发展中，我国取得举世瞩目的成就，但是问题也十分突出：城乡差距、地区差距进一步扩大；资源消耗高而产出效率低，部分地区环境污染严重，经济发展转型任务艰巨。协调发展正是聚焦这些问题，通过社会服务和产业的协同，缩小城市与乡村、地区与地区之间的差距，同时取长补短，提高地区内部和区域之间的城市协调度。另外，协调发展还表现在发展的安全性上，在新发展理念下，发展是可持续的发展和安全的发展，要协调经济发展与环境以及人民生命财产安全的关系，决不能牺牲环境和人民的健康来追求发展。因此，本章将选择经济协调、社会协调和发展安全三个二级指标来表征社会的协调，在经济协调中，选择产业分工、经济增长能力协调和非农产业生产效率协调作为三级指标来评价；在社会协调中，由于经济和社会发展相辅相成，本章将选择表征人民生活水平的城乡居民收入协调、表征地区发展空间均衡的城市规模协调以及反映商品房销售价格与 GDP 变动差异的生产与生活协调作为三级指标进行测算。另外，协调的发展还体现在发展的安全性上，地区的发展除了追求 GDP 的增长，还应该关注环境的改善和人的生产安全，达到经济、环境、社会的协调发展。近年来，一些突发的环境事件和生产安全事件严重影响地区经济发展环境和人民生活环境，进而影响地区发展形象和发展潜力。结合数据可得性和代表性，本章将选择由地区突发环境事件①次数表征的环境安全以及由亿元地区生产总值生产安全事故死亡人数表征的生产安全两个三级指标作为发展安全二级指标的代表。

绿色是永续发展的必要条件和人民对美好生活追求的重要体现。2017 年 10 月，中国共产党第十九次全国代表大会提出"推进绿色发展；着力解决突出环境问题；加大生态系统保护力度；改革生态环境监管体制"，明确了绿色发展的目标。绿色发展主要是对环境问题的重视和治理、生产方式的转变和资源利用效率的提高。因此，本章选择环境治理、生态建设和资源利用三个二级指标来表征绿色发展，其中在环境治理中，主要选择对环境存在较大影响的废水污染和空气污染作为三级指标；生态建设主要选择城市绿化和生态投资作为三级指标；资源利

---

① 根据官方统计公报解释：突发环境事件指突然发生，造成或可能造成重大人员伤亡、重大财产损失和对全国或者某一地区的经济社会稳定、政治安定构成重大威胁和损害，有重大社会影响的涉及公共安全的环境事件。

用选择工业耗水量和单位 GDP 能耗作为三级指标来测算。

开放是国家繁荣发展的必由之路。改革开放给国家带来了长足的发展，但新时期下，面对国内外环境不确定性的增强，更要进一步提高对外开放的水平和范围。特别是成渝作为内陆地区，需要抓住双城经济圈建设的契机，构建特色的内陆开放新高地，实现资源与市场、供给与需求的联通，构建以经济圈为单位的发展新体系。在开放发展中，选择经济开放、区域合作和开放基础三个维度为二级指标，其中经济开放涉及贸易开放和金融开放两个三级指标，贸易开放选择进出口总额占 GDP 的比重来表征，金融开放则依照"走出去、引进来"战略，将实际利用外资与对外直接投资合并考虑；在区域合作中，主要考察成渝地区双城经济圈内外部的经贸合作，选用两地工业品出厂价格指数差异以及铁路和公路货物周转量来表征；开放基础选择高速公路和铁路的路网密度以及航空业发展作为三级指标来表征。

共享是中国特色社会主义的本质要求。共享发展理念，主要有四个方面内涵。一是全民共享，即共享发展是人人享有、各得其所；二是全面共享，即共享发展就要共享国家经济、政治、文化、社会、生态文明各方面建设成果；三是共建共享，即只有共建才能共享；四是渐进共享，即共享发展必将有一个从低级到高级、从不均衡到均衡的过程。共享发展也是在经济发展方式转变和社会治理水平提高的过程中不断总结的经验，因此在共享发展方面应该着力关注当前成渝地区经济发展中突出问题的解决和短板的补足。本章将选择成果共享、机会共享和全民共享三个二级指标来表征，其中成果共享选择成渝地区双城经济圈人均居民收入差距和人均一般公共服务预算财政支出的地区差距来表征；机会共享选择每万人普通小学专任教师数量来表征教育机会共享，每万人执业（助理）医师数量来表征健康机会共享；全民共享选择就业共享和共同富裕两个三级指标来衡量。

三、数据选择与处理方法说明

以五大发展理念为指导，根据指标可得性和表征性，获得以下三级指标体系，如表 3-1 所示，一级指标为理念层，包含五大新发展理念，二级指标 15 项，三级指标 32 项。根据数据特点和测算目的，以下将对三级指标进行相应处理。

表 3-1 成渝地区双城经济圈协同发展指标体系

理念层	二级指标	三级指标	指标说明	方向
创新发展	创新投入	研发支出增长	研发支出占 GDP 的比重	+
		技术交易额增长	省级技术交易额占 GDP 的比重	+
	创新产出	高新技术产业产出效率增长	高新技术产业总产值占规模以上工业总产值的比重	+
		专利授权产出效率增长	专利授权量占研发投入的比重	+
	创新活力	经济主体增长	新增企业数占当年企业总数的比重	+
		人才储备	每万人高等教育学生人数	+
协调发展	经济协调	产业分工	产业同构指数	−
		经济增长能力协调	人均 GDP 地区差异	−
		非农产业生产效率协调	单位建成区面积创造的非农产业增加值差异	+
	社会协调	城乡居民收入协调	城乡居民收入差距占人均 GDP 的比重	−
		城市规模协调	成都和重庆常住人口规模占成渝地区人口规模的比重	−
		生产与生活协调	商品房销售价格与 GDP 变动差异	−
	发展安全	环境安全	地区突发环境事件次数	−
		生产安全	亿元地区生产总值生产安全事故死亡人数	−
绿色发展	环境治理	废水污染	每万元化学需氧量排放量	−
		空气污染	每万元生产值中烟（粉）尘排放量	−
	生态建设	城市绿化	人均城市绿化面积	+
		生态投资	水利、环境和公共设施管理业全社会固定资产投资占社会固定资产投资的比重	+
	资源利用	工业耗水量	单位工业增加值耗水量	−
		单位 GDP 能耗	单位 GDP 能耗	−
开放发展	经济开放	贸易开放	进出口总额占 GDP 的比重	+
		金融开放	实际利用外资和对外投资额之和占固定资产投资额的比重	+
	区域合作	工业生产价格一致性	两地工业品出厂价格指数差异	+
		铁路和公路货物周转量	铁路和公路货物周转量	+
	开放基础	高速公路和铁路的路网密度	每百平方千米高速公路和铁路长度	+
		航空业发展	航空业从业人员规模	+

理念层	二级指标	三级指标	指标说明	方向
共享发展	成果共享	经济发展共享	人均居民收入差距	−
		公共服务共享	人均一般公共服务预算财政支出的地区差距	−
	机会共享	教育机会共享	每万人普通小学专任教师数量	+
		健康机会共享	每万人执业（助理）医师数量	+
	全民共享	就业共享	就业人口占劳动年龄人口（15～65岁）的比重	+
		共同富裕	贫困人口占地区总人口的比重	−

（一）创新发展指标

在创新发展维度下，本章以研发支出占 GDP 的比重来衡量研发支出的增长情况，用省级技术交易额占 GDP 的比重来衡量技术交易额的增长，两者共同构成创新投入指标。在创新产出中，以高新技术产业总产值占规模以上工业总产值的比重和专利授权量占研发投入的比重两个指标来衡量。在创新活力中，以新增企业数占当年企业总数的比重来代表经济主体增长，以每万人高等教育学生人数来表征创新人才储备情况，两者共同构成了创新活力指标。

（二）协调发展指标

在协调发展理念下，经济协调由三个指标来表征：以产业同构指数代表地区产业的分工程度，选取农林牧渔业、工业、建筑业、批发和零售业、交通运输、仓储和邮政业、住宿和餐饮业、金融业、房地产业及其他行业，按照其年度增加值和其在 GDP 中占的比重，来分析产业同构系数，系数越大表示差异越小，系数越小表示同构程度越低；以人均 GDP 地区差异来表征经济增长能力的协调性，其中地区差异运用泰尔指数来表示，泰尔指数是通过利用信息理论中的熵概念来计算收入不平等的一种方法，并逐渐发展成为衡量个人、企业和地区间差异的重要方法，泰尔指数越小说明差异越小，越大说明地区间的差异越大；非农产业生产效率协调则是通过考察单位建成区面积创造的非农产业增加值差异来衡量。在社会协调中，选择城乡居民收入差距占人均 GDP 的比重来衡量城乡居民收入的协调程度。在成渝地区双城经济圈中，成都市和重庆市作为双核，其规模的合理性关系经济圈的总体发展，因此在此处选择以成都市和重庆市常住人口规模占成渝地区人口规模的比重来衡量城市规模的协调性。另外，房价变动将严重影响区域的人口流动抉择和生产生活环境的改善，本章将商品房销售价格的变动与经济发展趋势相结合，以商品房销售价格与 GDP 变动差异来表征生产与生活的协调性。发展安全主要选择环境安全和生产安全两个指标，受到数据可得性的限制，本章拟利用官方公布的地区突发环境事件次数和亿元地区生产总值生产安全事故死亡人数来表示。

（三）绿色发展指标

在环境治理中，减少水和空气污染至关重要，在水污染治理中，选择单位产值中（每万元）化学需氧量排放量为废水治理指标，其中化学需氧量排放量（COD 排放量）是工业废水中 COD 排放量与生活污水中 COD 排放量之和，表示用化学氧化剂氧化水中有机污染物时所需的氧量，可用来表示废水中有机物的含量，反映水体有机物污染程度。COD 排放量越高，表示水中有机污染物污染越重。空气污染中，颗粒物污染尤其重要，本章将选择每万元生产值中烟（粉）尘排放量作为衡量指标。在生态建设中，以水利、环境和公共设施管理业全社会固定资产投资占社会固定资产投资的比重来衡量生态投资，以人均城市绿化面积来表征城市绿化。在资源利用中，本章选择单位工业增加值耗水量和单位 GDP能耗来表示对水资源和能源的利用效率。

（四）开放发展指标

在"双循环"新发展格局下，开放发展既涉及对外开放也涉及国内的区域合作，根据数据可得性，本章将选择进出口总额占 GDP 的比重来衡量贸易开放，在金融开放领域，利用对外承包工程合同签订额来表征对外投资额，与实际利用外资相结合，考察两者占固定资产投资额的比重，作为衡量金融开放的指标。在区域合作中，选择铁路和公路货物周转量作为经济交流指标；以两地工业品出厂价格指数差异来衡量两地工业生产价格的一致性。作为内陆地区，成渝地区的铁路和公路是重要的交流基础，本章选择每百平方千米高速公路和铁路长度表征高速公路和铁路的路网密度；而随着航空业的崛起，航空在开放发展中的作用愈加重要，本章选择航空业从业人员规模来衡量成渝地区航空业发展的程度。

（五）共享发展指标

在成果共享维度中，选择人均居民收入的泰尔指数来衡量人均居民收入差距，进而反映经济发展共享；以人均一般公共服务预算财政支出的地区差距来衡量公共服务共享。在机会共享维度中，以每万人普通小学专任教师数量和每万人执业（助理）医师数量来衡量社会发展中教育和健康的机会共享。在全民共享维度中，以就业人口占劳动年龄人口（15~65 岁）的比重来衡量就业共享；选取城乡居民最低生活保障人员和集中供养五保人员作为贫困人口，分析其占总人口的比重，以表征共同富裕。

四、指标体系测算方法及数据来源

成渝地区双城经济圈协同发展指标体系选择 2010～2019 年数据为测算依据，以动态化的视角，分析成渝地区在新发展理念下的协同发展水平及其变化趋势，其中以 2010 年指标为基础，通过相对量的变化，追踪成渝地区协同发展水平的动态变动过程，衡量 2010 年以来区域的协同发展程度。

（一）权重的确定

新发展理念是一个系统的理论体系，对我国经济发展的目的、动力、方式、路径提出了明确的目标和要求，五位一体，缺一不可，必须完整、准确、全面贯彻新发展理念，因此，本章对创新发展、协调发展、绿色发展、开放发展和共享发展五大一级指标赋予均等的权重，而五大指标的综合则构成了成渝地区双城经济圈经济发展的整体。在二、三级指标中，同样根据指标所属层包含的指标个数设立相同的权重，如创新发展指标层下有创新投入、创新产出和创新活力三项二级指标，因此，每项二级指标都赋予三分之一的权重。在三级指标中，如创新投入下有研发支出增长和技术交易额增长两项指标，因此该两项指标各自的权重为二分之一，而在经济协调二级指标下有三项三级指标，产业分工、经济增长能力协调和非农产业生产效率协调，则该三项指标也赋予相同的权重，即三分之一的权重。每一层指标由下到上，通过标准化的处理后，由各层三级指标加权得到二级指标值，进而汇总得到一级理念指标值，并获得成渝地区的协同发展综合指标值。

在三级指标处理中，也包含了对权重的考虑，如在人均 GDP 地区差异和城乡居民收入差距占人均 GDP 的比重，运用两地的经济总量和人口总量进行权重的调整；在人均指标中，如人均城市绿化面积、每万人高等教育学生人数，也考虑将地区不同的人口规模作为权重调整标准。而在经济产出效率和投资效率等指标中则考虑依据经济规模、投资规模等的地区差异进行权重调整，从而获得科学合理的成渝地区双城经济圈协同发展指标值。

（二）标准化处理

为了保证指标的可加性及指标测算目的的统一性，需要对数据进行去量纲化处理，为了更好地追踪成渝地区协同发展的变动过程，分析其发展特点，找出发展问题，本章根据指标特点和研究目的发现存在发展性和非趋势性两种指标。发展性指标指的是随着时间推移而变化的指标，存在一定的趋势性；非趋势性指标指的是与时间相互（相对）独立的指标，如房价的波动和突发环境事件等。针对两种不同指标，选择两种标准化方法。

第一种为基期法，对于发展性指标，可以选择一年数据为基期，观察地区指标发展趋势，本章中的大部分指标都具有随时间不断发展的特点，对于这类指标，选择以 2010 年协同发展水平为基础（指标值设置为 100），分析 2010～2019 年的动态变化水平，其标准化过程也简化为相对量的发展过程，即相对于 2010 年成渝地区的发展水平来看，各年的区域协同发展水平的变化情况。

成渝地区双城经济圈协同发展评价体系以发展型为主，而发展型指标又分为两类性质的指标类型：一类是正向指标，即指数值越大，协同发展水平越高；另一类是逆向指标，即数值越大，协同发展水平越低。本章将分类对其进行标准化处理。

假设 y_{it} 为第 i 个指标第 t 年的测算值，y_{i2010} 为第 i 个指标在 2010 年的测算值，s_{it} 为第 i 个指标在第 t 年标准化后的指标值。

正向指标标准化处理为：

$$s_{it} = \frac{y_{it}}{y_{i2010}} \tag{3.1}$$

逆向指标标准化处理为：

$$s_{it} = \frac{1}{y_{it}/y_{i2010}} \tag{3.2}$$

其中，t = 2010，2011，…，2019。

第二种为偏离法，主要适用于非趋势性指标，如地区突发环境事件次数指标，这类指标不随时间推移而变化，具有偶然性，但是又对数据具有价值判断标准，如突发环境事件次数越少越好等。因此这类指标的标准化方法如下：

$$s_{it} = [\overline{y_i} - (y_{it} - \overline{y_i})]/\overline{y_i} \tag{3.3}$$

其中，$\overline{y_i}$ 代表该指标 i 地区的平均值，y_{it} 代表 i 地区 t 年的该指标表现，这里以负向指标为例，如果发生次数越少，其 s_{it} 指标值越高。如果是正向指标，则可以写成 $s_{it} = [\overline{y_i} + (y_{it} - \overline{y_i})]/\overline{y_i}$，表示发生的次数越多，其 s_{it} 指标值越高。

虽然该指标数据值不存在时间趋势，其发生具有偶然性，但为了兼顾指标的统一性和数据表征的意义，本章将基期（2010 年）作为参考期，与其他基期标准化数据相统一，使其起始期指标标准化为 1。

（三）指数得分

对指标先进行标准化处理，然后再根据各指标的权重加总得到各发展理念的相应得分，最后根据一级指标的权重汇总得到地区协同发展指数。

指标加权的基本公式为：

$$S_t = \sum s_{it} \times w_i \times 100 \qquad (3.4)$$

其中，S_t 代表第 t 年成渝地区双城经济圈的协同发展指数，通过层层加权，最后会得到第 i 个指标对应的权重 w_i，在分别计算各分项指标值之后乘以 100 代表该指标的（得分）值，最后进行加权加总后得到各级指标的综合值，进而得到成渝地区双城经济圈的协同发展指数。

（四）数据来源

测算所使用的数据均为国家、四川以及重庆统计局或职能部门公开发布的权威数据，主要数据来源为历年《中国统计年鉴》《中国科技统计年鉴》《中国教育统计年鉴》《中国城市统计年鉴》《四川省统计年鉴》《重庆市统计年鉴》，由于地方统计年鉴仅公布了 2018 年及以前的数据，所以笔者又通过地方相关部门如统计局、海关、生态环境局等官方发布的统计公报来搜集相关数据。在数据的使用过程中，需要根据研究目标和研究目的进行加权和标准化处理。另外，个别指标缺失部分年度数据，可根据年平均增长率或用临近年份指标值、所处领域的年度平均增长率补齐，具体方法依据数据可得性和数据研究目的而定。

五、测算结果分析

（一）成渝地区双城经济圈协同发展指数的整体趋势

成渝地区双城经济圈协同发展指数总体呈现上升趋势，通过测算可以发现（见图 3-1），2019 年成渝地区协同发展指数值为 177.1，相对于 2010 年大约提高了 77%。成渝地区协同发展指数值总体呈现出逐步上升的趋势，其中 2017 年和 2018 年增长迅速，分别较上年增加了 15.5 个基准点和 20.7 个基准点。但此前的增速都较为缓慢，如 2011~2012 年仅增长了 1.9 个基准点，2014~2015 年仅增长了 2.6 个基准点。在内外部经济形势不确定性增强背景下，成渝地区的协同发展态势依然稳定，特别是 2016 年《成渝城市群发展规划》的出台，进一步明确了成渝地区发展的方向，对地区协同发展起到了良好的促进作用。

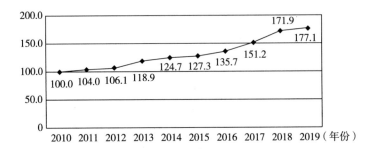

图3-1　2010～2019年成渝地区双城经济圈协同发展指数

　　从五大发展理念入手，相比于2010年，2019年成渝地区五大指标得分均有所提升，但提升程度却存在明显差别，总体来讲呈现出"微升、三劲升、一飙升"的特点，对协同发展水平的贡献率也不同（见图3-2）。"一微升"是指共享发展指数上升幅度小，2019年共享发展指数值仅比2010年提升了16.5，平均增长不足2个基准点，2019年对协同发展的贡献仅有3.3%，2010～2019年共享发展对协同发展的平均贡献率仅为1.2%，在部分年度甚至还有负向的贡献率，说明成渝地区共享发展能力还有待提升。"三劲升"是指创新发展指数、协调发展指数和开放发展指数在近几年提升迅速，2019年比2010年分别提高了69.8、48.3和56.1。但三者的变化趋势存在差异，创新发展和协调发展在前期促进作用不明显，后几年提升迅速，特别是创新发展指标在2018年经历了快速增长；相比之下，开放发展指标则受到国际环境的影响存在较大的波动。但总体来看，创新发展由于前期作用不强，对协同发展的平均贡献率仅为7%；协调发展也与创新发展的趋势相同，且发展更为平稳，贡献率仅有5.2%；而开放发展指标波动上升，部分年份的波动幅度较大，但其平均贡献率达到30.3%，位列协同发展贡献率第二名。"一飙升"是指绿色发展指标飞速发展，2019年该指标已提升至294.5，绿色发展水平约是2010年的三倍，平均提升接近20个基准点，对协同发展的贡献率达到40%以上，成为拉动成渝地区协同发展最主要的力量，作为长江上游重要的生态屏障区，成渝地区的绿色发展协同水平较高。

（二）成渝地区双城经济圈创新发展指数分析

　　为了进一步考察成渝地区协同发展的变动趋势及影响因素，本章对五大指标的变动情况进行了分类讨论，以期分析区域协同发展特点，找出协同发展短板，

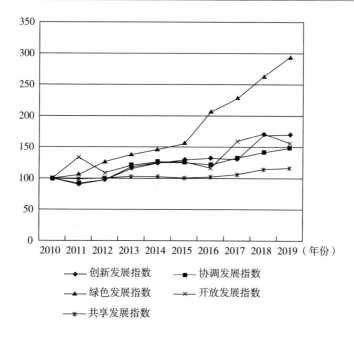

图3-2　2010~2019年成渝地区双城经济圈五大指标协同发展情况

促进区域高质量发展。在创新发展维度中，总体来看，创新发展增长明显，虽然其前期在协同发展中的优势不明显，但后劲十足，近几年增长率和对协同发展的贡献率都进一步提升。将创新发展分为创新投入、创新产出和创新活力三个维度来看，创新投入在2011年和2012年相对疲弱，但随后逐年增加，其指数虽然在2017年略有下降，但在2018年后迅速提升（见图3-3），比前一年增长了101，而这其中主要是得益于技术交易额的快速增长，特别是四川省的技术交易额，从2017年的405亿元，增长到了2018年的996亿元，2019年也比上年增加了220亿元，增长迅速；重庆市技术交易额也从2017年的51亿元增加到2018年的188亿元，增长了三倍以上，但技术市场交易规模波动也较大。相比之下，研发支出占GDP的比重却增幅不大，成渝地区2019年研发投入占比仅比2010年提升了30%，而创新产出的增长率虽然较高，近十年增长了近47个百分点，但其增长趋势不明显，自2015年达到最高水平后，存在波动向下的趋势。从细分指标可以发现，高新技术产业产出效率稳步提升，比2010年翻了一倍多，但是专利授权产出效率却波动下降，特别是近几年来，由于研发投入的增加，专利授权量占研发投入的比重2019年仅为2010年的78%。增长最为缓慢的是创新活力指标，其指标值2019年仅比2010年提高了13.6，虽然成渝地区教育水平逐年提高，高等教育人才储备指标值比2010年提高了47.5，但是经济主体活力却呈现出波动下降的趋势，2019 年成渝地区新增企业数占企业总数的比重相对于 2010 年降低了超 20 个基准点，指标值为 79.8，综合来看，创新活力的增长贡献较低，仅对创新发展贡献 6.5 个百分点。

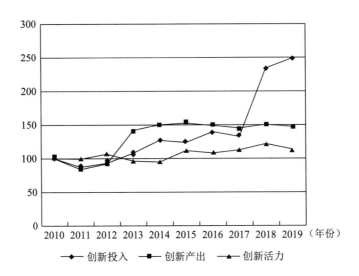

图 3-3　2010~2019 年成渝地区双城经济圈创新发展指数情况

（三）成渝地区双城经济圈协调发展指数分析

协调发展代表的是两个地区经济和社会发展的协调性，需要产业合理分工，促进收入和生产效率提升、城市空间的合理布局以及生产环境与生活环境的协调。但是总体来看，成渝地区经济、社会协调性还有待增强，对协同发展的贡献率较低，2010~2019 年指标值平均增长不足 2 个基准点，且在 2012~2015 年经济和社会协调度差距还有进一步拉大的趋势，近几年经济协调度上升了，但社会协调度却有所下降，两者间的差距缩小（见图 3-4）。相比之下，安全生产维度虽然在前期呈现出下降趋势，但后期却增长迅速，成为拉动协调发展的主要力量。分维度来看，在经济协调度中，2010~2013 年，经济协调度缓慢上升，其主要拉动作用来自成渝地区非农产业生产效率的提高，而产业同构愈加明显，产业分工指数逐年下降，但这一过程较为缓慢。同时，川渝两省市的人均 GDP 差异也较大，主要表现在重庆市人均 GDP 的增速较四川省更快，两省市的差距在这一期间呈现缓慢增加的趋势。2013 年后，经济协调度却逐年降低，这一过程主要是由于两省市人均 GDP 的差异扩大速度加快，到 2013 年两省市的人均 GDP 差异指数得分为 94，2016 年下降到 75，三年下降了近 20；而产业同构情况也在进一步加剧。综上,虽然非农产业产值仍在提高,但仍然无法拉动经济协调度进一步增加。2016 年后,经济协调度逐渐增加,这一方面得益于非农产业产值的进一步增加,另一方面人均 GDP 的区域差异也逐渐缩小,而产业同构仍在进一步增强,2019 年该指标值比 2010 年降低超过 10。

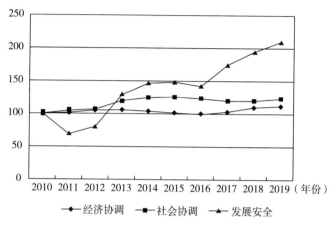

图 3-4 2010~2019 年成渝地区双城经济圈协调发展指数情况

社会协调指标在 2010~2015 年迅速提升,这一时期社会协调的主要动力是城乡居民收入差距逐渐缩小,2015 年该指标得分比 2010 年提高了 57.7,平均增长接近 10 个基准点,而城市空间规模不平衡性却进一步增加,成都市和重庆市常住人口规模占成渝地区人口总规模的比重逐年增加,但增加幅度较小;这一时期,商品房销售价格较为平稳,大部分时间房价的波动都低于基准年。需要注意的是,社会协调度在 2015 年后逐渐下降,到 2019 年才略有回升,这主要是因为城乡居民收入差距缩小的趋势放缓,而城市空间规模的不平衡性却在增强,表明成都市和重庆市两个核心城市的规模进一步扩大,同时商品房价格的波动性也在增加,以上因素叠加带来了社会协调度的降低。但总体来看,成渝地区的社会协调度仍然高于经济协调度,还需要进一步落实在经济活动和社会活动中的合作。

在发展安全维度中,总体来看,成渝地区发展安全性日益提高,但存在波动性。2010~2012 年该维度指标还存在下降的情况,表明其发展环境恶化,但之后逐渐改善,并在 2016 年以后迅速提升,成为拉动地区协调发展的主要力量。但分指标来看,成渝地区的发展安全还存在非均衡问题,突发环境事件可控力低,生产安全环境改善明显。在环境安全方面,突发环境事件次数波动较大,特别是四川省近年来环境突发事件的发生率更是出现波动上升的态势,"拖累"了成渝地区的环境安全指标表现;相比之下,生产安全指标改善程度明显,生产中的人员伤亡事故明显降低,每亿元 GDP 的生产安全事故死亡人数快速下降,成为促进成渝地区发展安全的主要推动力。

（四）成渝地区双城经济圈绿色发展指数分析

绿色发展指数代表成渝地区绿色发展的行动、成果以及经济发展方式的转变。成渝地区绿色发展成效卓著，对协同发展提升的平均贡献率超过40%，特别是在2015年后，绿色发展更是进入发展快车道，发展优势越发明显。从环境治理、生态建设和资源利用三个维度来看，环境治理在2015年以前增长较为平稳，2015年后突然发力，实现快速增长；资源利用维度一直保持增长态势，近几年其增速还有进一步提升的趋势；相比之下，生态建设维度的增长优势不明显，但是十年间其指数值仍提升了50（见图3-5）。进一步来看，环境治理维度在2015年前增长平稳，部分年度还有得分下降的情况，这主要是因为废水中化学需氧量的增加以及废气中颗粒物排放量的增长，但在2015年后废气中颗粒物排放量快速降低，四川省和重庆市的排放量均下降明显，重庆市当年更是下降了超过50%，后期也保持快速降低趋势。在生态建设中城市绿化和生态投资都提升明显，生态投资虽然在2014年前占比较低，但是近几年投资规模增加，占比也迅速增加，需要注意的是，2019年有略微下降，在未来应继续监测。而在资源利用中，单位能源和水资源的利用效率均明显提升，且效率提升稳定，每年均有较快增长，2019年能耗和水源利用效率均比2010年提高三倍多，对绿色发展贡献率较高，表明成渝地区能源利用效率不断提升，成效显著，未来可以与全国和其他地区特别是经济水平发展高的沿海地区如长三角、珠三角地区进行对比分析。

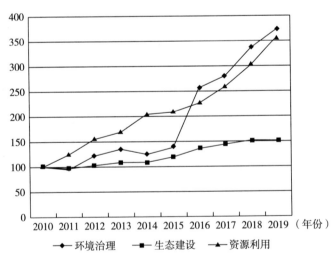

图3-5　2010~2019年成渝地区双城经济圈绿色发展指数情况

（五）成渝地区双城经济圈开放发展指数分析

开放发展是有效整合资源，构建商品、要素流通市场的重要手段，成渝地区深处内陆，在对外开放和区域合作方面起步较晚，需要进一步对外开放，加强区域合作。总体来看，开放发展在 2010~2019 年的波动较大，2011 年成渝地区开放发展指数相比 2010 年提高超 33，后迅速下降并进入平稳发展期，2017 年后又迅速提升，提升幅度与 2016 年相比多 43，近几年逐渐回落。分维度来看，经济开放、区域合作和开放基础三个维度的差异较大，其中区域合作与总体开放发展趋势相似；经济开放在 2014 年前都保持平稳增长，但 2015 年后因外部不确定性的增强，出现了降低的情况，这一状况在 2018 年后才有所好转，但总体提升程度不高；开放基础维度在 2010~2012 年变动幅度小，但在 2013 年后进入"快车道"，当年指数值提高达到 58，之后便一直稳步提升，2019 年成渝地区的开放基础已是 2010 年的两倍有余（见图 3-6）。在经济开放中，贸易开放一直较为稳定，除了在个别年度下降较多外，都比基准年（2010 年）有明显进步，而下降的主要来源是部分年度重庆市的出口水平下降。相比之下，金融开放指标值却不理想，除了 2011 年、2018 年和 2019 年优于 2010 年水平外，其余年份均存在发展不足的问题。这其中主要的问题在于选取的基准年 2010 年实际利用外资额较高，后来随着全球经济环境不确定性的增加，成渝地区实际利用外资额减少，近几年情况略有好转，细分来看，对外投资稳定增加，但由于总额较低，无法扭转实际利用外资带来的金融开放的降低趋势。在区域合作中，成渝地区公路和铁路货运量相对来说较为稳定，呈现出波动增长的态势，但两地的工业品出厂价格一致性却较弱，除了少部分年份一致性较高外，其他年份变动差异较大，表明成渝地区的市场融合和统一还有待增强。而在开放基础板块，成渝地区高速公路和铁路的里程不断增加，航空业也发展迅速，使开放的基础条件逐年提升，成为拉动开放发展的主要力量。

（六）成渝地区双城经济圈共享发展指数分析

共享发展是人民在参与经济发展和地区建设中获得感和参与感的体现，在经济发展中共享经济成果，在经济成就中提升经济参与动力。纵观成渝地区共享发展水平，2010~2019 年发展较为缓慢，其指标值平均提高不足 1.6，但增长较为稳定，除了个别年份低于基准年外，大部分年份指标值都高于基准年，并保持平稳增长趋势。从不同维度来看，机会共享和全民共享指标保持稳定增长，但成果共享指标却呈现大幅下降的态势，前期在 2010~2013 年轻微下降，但从 2014 年开始大幅下降，至 2016 年达到最低点，近几年虽然略有提升，但是依然与基准

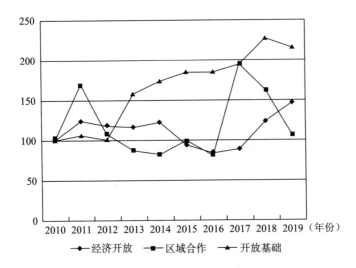

图3-6　2010~2019年成渝地区双城经济圈开放发展指数

年（2010年）差异巨大，给成渝地区共享发展水平带来负面影响（见图3-7）。在成果共享维度中，可以发现成渝地区的人均收入差异较大，且人均收入地区差异波动也进一步增加，除了个别年份与基准年差异接近，大部分年份的人均收入差距都有扩大的现象，虽然近几年有所好转，但仍未明显减少收入差距，这主要是因为四川和重庆的人口基数不同，经济发展环境也不同，带来了经济发展成果的差异；另外，公共服务差距也呈现出逐渐扩大后又小幅缩小的情况，这是因

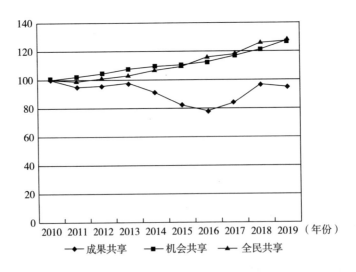

图3-7　2010~2019年成渝地区双城经济圈共享发展指数

为重庆作为直辖市，其人均一般公共服务预算财政支出都明显高于四川，虽然近几年来差异略有降低，但是仍然存在公共服务共享不均衡的问题，直观来看，2019 年的均衡性比 2010 年基准年下降了 9 个百分点。相比之下，机会共享和全民共享却在稳步提升，成渝地区健康机会和教育机会共享水平增加，居民获得的医疗和教育服务水平持续提高。而在全民共享中，就业共享虽有波动，但各年均优于基准年。在经济发展和脱贫攻坚的持续作用下，城乡贫困人口数逐年减少，进一步增强了全民共享的受众范围。

第四章 成渝地区双城经济圈协同发展区域的竞争力评价

一、协同发展区域简介

推动成渝地区双城经济圈建设，在西部形成高质量发展的重要增长极是党中央做出的重大战略部署。四川省经济和信息化厅与重庆市经济和信息化委联合印发了《关于加快推进成渝地区双城经济圈产业合作园区建设的通知》，将在把握功能定位、强化规划引领、打造优势产业、探索合作模式、推动市场化运作等方面加大力度推动两地产业园区合作共建，探索产业园区合作共建的新模式、新经验。因此，推动成渝地区双城经济圈建设，毗邻地区合作是突破口。成渝地区双城经济圈毗邻地区具有加强合作发展的优良基础和条件，目前合作发展势头良好。在此基础之上，四川省和重庆市以互利共赢、长期合作为目标，突出规划合理性、可操作性与前瞻性、可持续性，引导成渝地区双城经济圈毗邻地区开展深度合作。

针对成渝地区双城经济圈毗邻地区的合作发展，主要有以下措施：创建万达开川渝统筹发展示范区；推动梁平区、垫江县、达川区、大竹县、开江县、邻水县等环明月山地区打造明月山绿色发展示范带；支持城口县、宣汉县、万源市建设城宣万革命老区振兴发展示范区；推动广安市、渝北区共建高滩茨竹新区；支持合川区、广安市、长寿区打造环重庆主城都市区经济协同发展示范区；推进遂宁市、潼南区建设遂潼一体化发展先行区；推动资阳市、大足区共建文旅融合发展示范区；推动内江市、荣昌区共建现代农业高新技术产业示范区；加快泸州市、永川区、江津区以跨行政区组团发展模式建设泸永江融合发展示范区；深化与两江新区、天府新区、重庆高新区、成都高新区等国家级发展平台协同联动。主要的协同发展区域如表4-1所示。

表 4-1　成渝地区双城经济圈主要协同发展区域范围

协同发展区域	涵盖范围	
	四川省	重庆市
万达开川渝统筹发展示范区	达州市	万州区、开州区
明月山绿色发展示范带	达川区、大竹县、开江县（均隶属达州市），邻水县（隶属广安市）	梁平区、垫江县
城宣万革命老区振兴发展示范区	宣汉县（隶属达州市），万源市（达州市代管的县级市）	城口县
高滩茨竹新区	广安市	渝北区
环重庆主城都市区经济协同发展示范区	广安市	合川区、长寿区
遂潼一体化发展先行区	遂宁市	潼南区
文旅融合发展示范区	资阳市	大足区
现代农业高新技术产业示范区	内江市	荣昌区
泸永江融合发展示范区	泸州市	永川区、江津区

　　协同发展区域强调成渝地区双城经济圈毗邻地区的合作关系，但在市场经济中，竞争与合作相互依赖，缺一不可。合作中不能没有竞争，没有竞争的合作是一潭死水，当在合作中竞争，竞争才能更好地实现目标；竞争中也不能没有合作，没有合作的竞争是孤独的，孤独的竞争是无力的；当在竞争中合作时，合作才能更加有效，才能共同进步与发展。

　　"竞争"是市场经济的自然属性和基本要义。区域经济发展的动力就是区域拥有的经济综合竞争力，任何一个区域要想在激烈的市场竞争中求得生存和发展，就必须具有能够占据优势的经济综合竞争力。党的十八大报告将"综合国力、国际竞争力、国际影响力迈上一个大台阶"列为十年来取得的重大成就之一，并将"国际竞争力明显增强"作为全面建成小康社会和全面深化改革开放的目标，强调要"提高银行、证券、保险等行业竞争力"，"提高大中型企业核心竞争力，把我国经济发展活力和竞争力提高到新的水平"，"增强文化整体实力和竞争力"，"形成激发人才创造活力、具有国际竞争力的人才制度优势"。2020 年 10 月 16 日，习近平总书记在中共中央政治局召开会议，审议《成渝地区双城经济圈建设规划纲要》。会议强调指出："成渝地区牢固树立一盘棋思想和一体化发展理念，健全合作机制，打造区域协作的高水平样板。处理好中心和区域的关系，着力提升重庆主城和成都的发展能级和综合竞争力，推动城市发展由外延扩张向内涵提升转变，以点带面、均衡发展，同周边市县形成一体化发展的都市圈。"这些论述充分表明，在经济和社会发展中，国家越来越重视成渝地区双城经济圈的合作机制及区域竞争力的提升。

因此，本章对 2019 年成渝地区双城经济圈九个协同发展区域的综合竞争力进行全面深入、科学的评价分析和比较分析，通过建立科学合理的竞争力评价体系，测算出各协同发展区域的竞争力评价指数，阐述九个协同发展区域综合竞争力的具体特征及其差异性，明确各区域内部的竞争优势和薄弱环节，为提高成渝地区双城经济圈协同发展区域的综合竞争力提供有价值的分析依据。

二、 指标体系构建原则

选择评价指标是进行综合评价的基础。指标选择的好坏对分析对象常有举足轻重的作用。指标不是选择越多越好，也不是选择越少越好；太多，会造成重复选择；太少，则指标体系缺乏足够的信息，导致片面性。选择指标时，要视具体评价问题而定，要力图分清主次，抓住主要因子，剔除次要因子。一般来说，在选择指标时，应遵循以下原则：

第一，简练性。指标宜少不宜多、宜简不宜繁，关键在于评价指标在评价过程中所起作用的大小。指标体系应涵盖评价目的所需的基本内容，能反映对象的基本信息。简练的指标体系可以减少时间和物质成本，使评价活动易于开展。

第二，独立性。每个指标要内涵清晰、相对独立，同一层次的各指标间应尽量不相互重叠，相互间不存在因果关系。指标体系要层次分明，简明扼要。整个评价指标体系的构成必须紧紧围绕着综合评价的目的层层展开，使最后的评价结论确实反映评价意图。

第三，代表性。指标应具有代表性，能很好地反映研究对象某方面的特性。所以，应该在分析研究的基础上，选择能较好反映研究对象某方面特征的指标。

第四，可比性。指标间应具有明显的差异性，降低信息重复的可能性。

第五，可行性。指标的选取应可操作，符合客观实际水平，有稳定的数据来源，易于操作，具有可行性。评价指标含义要明确，数据要规范，口径要一致，资料收集要简便易行。

三、 指标体系设计说明

在遵循上述指标体系构建原则的基础上，参考中国社会科学院发布的中国省域竞争力蓝皮书①，从宏观经济竞争力、产业经济竞争力、财政金融竞争力、知识经济竞争力、生活水平竞争力和发展水平竞争力六个方面构建成渝地区双城经济圈协同发展区域的综合竞争力指标评价体系。体系包括 6 个二级指标、17 个三级指标和 42 个四级指标（见表 4-2）。

表 4-2　成渝地区双城经济圈协同发展区域综合竞争力指标评价体系

二级指标	三级指标	四级指标	方向	
宏观经济竞争力	经济实力竞争力	人均 GDP（万元）	+	X1
		GDP 增长率（%）	+	X2
		人均 GDP 增长率（%）	+	X3
	投资实力竞争力	固定资产投资额占 GDP 的比重（%）	+	X4
		人均固定资产投资额（万元）	+	X5
		固定资产投资额增长率（%）	+	X6
	贸易实力竞争力	全社会消费品零售额占 GDP 的比重（%）	+	X7
		人均全社会消费品零售额（万元）	+	X8
		出口总额占 GDP 的比重（%）	+	X9
产业经济竞争力	第一产业竞争力	第一产业增加值占 GDP 的比重（%）	+	X10
		农林牧渔增加值占 GDP 的比重（%）	+	X11
		第一产业增加值增长率（%）	+	X12
		人均粮食播种面积（公顷）	+	X13
		人均粮食产量（吨）	+	X14
	第二产业竞争力	第二产业增加值占 GDP 的比重（%）	+	X15
		第二产业增加值增长率（%）	+	X16
	第三产业竞争力	第三产业增加值占 GDP 的比重（%）	+	X17
		第三产业增加值增长率（%）	+	X18
	企业竞争力	每万人工业企业单位数（个）	+	X19
财政金融竞争力	财政竞争力	财政收入占 GDP 的比重（%）	+	X20
		人均财政收入（万元）	+	X21
	金融竞争力	人均金融机构人民币存款余额（万元）	+	X22
		人均金融机构人民币贷款余额（万元）	+	X23

①　李建平，李闽榕. 中国省域经济综合竞争力发展报告（2017~2018）［M］. 北京：社会科学文献出版社，2019.

二级指标	三级指标	四级指标	方向	
知识经济竞争力	教育竞争力	每万人中小学学校个数（个）	+	X24
		每万人中小学在校学生数（人）	+	X25
		每万人中小学专任教师数（人）	+	X26
		每万人中普通中学学校数（个）	+	X27
		每万人中普通中学在校学生数（人）	+	X28
		每万人中普通中学专任教师数（人）	+	X29
	文化竞争力	广播覆盖率（%）	+	X30
		电视覆盖率（%）	+	X31
生活水平竞争力	收入水平竞争力	城镇常住居民人均可支配收入（万元）	+	X32
		农村常住居民人均可支配收入（万元）	+	X33
	消费水平竞争力	城镇常住居民人均生活消费支出（万元）	+	X34
		农村常住居民人均生活消费支出（万元）	+	X35
发展水平竞争力	人力资源竞争力	年末常住人口（万人）	+	X36
		人口自然增长率（‰）	+	X37
	绿色发展竞争力	森林覆盖率（%）	+	X38
	城市化发展竞争力	城镇化率（%）	+	X39
	协调发展竞争力	全社会消费品零售总额与外贸出口总额比差	−	X40
		城乡居民家庭人均收入比差	−	X41
		城乡居民家庭人均消费支出比差	−	X42

　　由于研究对象是成渝地区双城经济圈 9 个协同发展区域，因此，根据表 4-1 所示的协同发展区域范围，选取重庆市万州区、渝北区、长寿区、江津区、合川区、永川区、大足区、潼南区、荣昌区、开州区、梁平区、城口县、垫江县，四川省达州市、广安市、遂宁市、资阳市、内江市、泸州市，以及达州市达川区、大竹县、开江县、宣汉县、万源市，广安市邻水县的 2019 年《国民经济和社会发展统计公报》中的相关数据，进行收集整理，通过数据整合、统计和测算，获得九个协同发展区域综合竞争力四级指标的具体数据。

四、指标体系测算方法

结合对特定区域进行竞争力评价的研究目的，本章选取熵值法对成渝地区双城经济圈协同发展区域的综合竞争力进行分析。具体步骤如下：

第一步，对指标进行标准化。采取标准化的好处是提高了模型的收敛速度，使模型运行得更加便捷。更为重要的是，它增强了模型的精度，使参数估计更加有效。任何连续变量数据，均可以采取标准化进行处理。对于正向指标，标准化公式为式（4.1）；对于逆向指标，在标准化过程中通常将其正向化，标准化公式为式（4.2）。

$$x_{ij} = \frac{X_j - \min\{X_j\}}{\max\{X_j\} - \min\{X_j\}} \tag{4.1}$$

$$x_{ij} = \frac{\max\{X_j\} - X_j}{\max\{X_j\} - \min\{X_j\}} \tag{4.2}$$

其中，X_j 表示第 j 个指标，$\max\{X_j\}$ 表示指标 j 中的最大值，$\min\{X_j\}$ 表示指标 j 中的最小值，x_{ij} 表示标准化后的第 j 个指标中的第 i 个样本。

第二步，计算第 j 个指标中第 i 个样本标志值的比重，如式（4.3）所示。

$$p_{ij} = \frac{x_{ij}}{\sum_i x_{ij}} \tag{4.3}$$

第三步，计算第 j 个指标的熵值，如式（4.4）所示，其中 m 表示指标 j 共有 m 个样本量。

$$e_j = -\frac{1}{\ln m} \sum_i (p_{ij} \times \ln p_{ij}) \tag{4.4}$$

第四步，定义第 j 个指标的差异程度，式（4.5）所示。

$$d_j = 1 - e_j \tag{4.5}$$

第五步，定义权重，如式（4.6）所示。

$$w_j = \frac{d_j}{\sum_j d_j} \tag{4.6}$$

第六步，计算出综合竞争力，如式（4.7）所示。

$$C_j = \sum_j w_j p_{ij} \tag{4.7}$$

五、测算结果分析

（一）成渝地区双城经济圈协同发展区域综合竞争力评价分析

根据成渝地区双城经济圈协同发展区域的综合竞争力指标评价体系和测算方法，对 2019 年成渝地区双城经济圈 9 个协同发展区域的相关指标数据进行统计和分析，首先根据式（4.1）~式（4.6）计算出二级指标、三级指标和四级指标的权重（见表 4-3），另外做出二级指标权重的可视化图（见图 4-1）。可以看出，在综合竞争力指标体系评价中，宏观经济竞争力所占的权重最大（0.254），生活水平竞争力所占的权重最小（0.066），其他二级指标所占权重由大到小分别是产业经济竞争力（0.190）、发展水平竞争力（0.176）、财政金融竞争力（0.168）、知识经济竞争力（0.146）。

表 4-3　成渝地区双城经济圈协同发展区域综合竞争力指标权重

二级指标	权重	三级指标	权重	四级指标	权重
宏观经济竞争力	0.254	经济实力竞争力	0.045	人均 GDP（万元）	0.018
				GDP 增长率（%）	0.014
				人均 GDP 增长率（%）	0.013
		投资实力竞争力	0.068	固定资产投资额占 GDP 的比重（%）	0.021
				人均固定资产投资额（万元）	0.017
				固定资产投资额增长率（%）	0.030
		贸易实力竞争力	0.141	全社会消费品零售额占 GDP 的比重（%）	0.020
				人均全社会消费品零售额（万元）	0.023
				出口总额占 GDP 的比重（%）	0.098
产业经济竞争力	0.190	第一产业竞争力	0.087	第一产业增加值占 GDP 的比重（%）	0.017
				农林牧渔增加值占 GDP 的比重（%）	0.014
				第一产业增加值增长率（%）	0.020
				人均粮食播种面积（公顷）	0.018
				人均粮食产量（吨）	0.018

二级指标	权重	三级指标	权重	四级指标	权重
产业经济竞争力	0.190	第二产业竞争力	0.035	第二产业增加值占 GDP 的比重（%）	0.024
				第二产业增加值增长率（%）	0.011
		第三产业竞争力	0.041	第三产业增加值占 GDP 的比重（%）	0.025
				第三产业增加值增长率（%）	0.016
		企业竞争力	0.027	每万人工业企业单位数（个）	0.027
财政金融竞争力	0.168	财政竞争力	0.043	财政收入占 GDP 的比重（%）	0.014
				人均财政收入（万元）	0.029
		金融竞争力	0.125	人均金融机构人民币存款余额（万元）	0.061
				人均金融机构人民币贷款余额（万元）	0.064
知识经济竞争力	0.146	教育竞争力	0.126	每万人中小学学校个数（个）	0.024
				每万人中小学在校学生数（人）	0.027
				每万人中小学专任教师数（人）	0.017
				每万人中普通中学学校数（个）	0.029
				每万人中普通中学在校学生数（人）	0.014
				每万人中普通中学专任教师数（人）	0.015
		文化竞争力	0.020	广播覆盖率（%）	0.010
				电视覆盖率（%）	0.010
生活水平竞争力	0.066	收入水平竞争力	0.022	城镇常住居民人均可支配收入（万元）	0.010
				农村常住居民人均可支配收入（万元）	0.012
		消费水平竞争力	0.044	城镇常住居民人均生活消费支出（万元）	0.025
				农村常住居民人均生活消费支出（万元）	0.019
发展水平竞争力	0.176	人力资源竞争力	0.052	年末常住人口（万人）	0.017
				人口自然增长率（‰）	0.035
		绿色发展竞争力	0.030	森林覆盖率（%）	0.030
		城市化发展竞争力	0.017	城镇化率（%）	0.017
		协调发展竞争力	0.077	全社会消费品零售总额与外贸出口总额比差	0.012
				城乡居民家庭人均收入比差	0.015
				城乡居民家庭人均消费支出比差	0.050

　　在计算出二级指标、三级指标、四级指标的权重以后，根据成渝地区双城经济圈协同发展区域综合竞争力的指标体系和测算方法，对 2019 年成渝地区双城

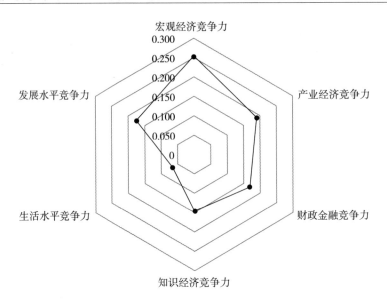

图4-1 成渝地区双城经济圈协同发展区域综合竞争力二级指标权重

经济圈9个协同发展区域的相关指标数据进行统计和分析，表4-4是评价期内9个协同发展区域综合竞争力及其下属6个二级指标的排位情况。

表4-4 成渝地区双城经济圈协同发展区域综合竞争力排位

区域 ＼ 指标	综合竞争力	宏观经济竞争力	产业经济竞争力	财政金融竞争力	知识经济竞争力	生活水平竞争力	发展水平竞争力
万达开川渝统筹发展示范区	6	8	7	5	5	5	4
明月山绿色发展示范带	7	5	1	8	3	8	7
城宣万革命老区振兴发展示范区	8	9	3	9	1	9	8
高滩茨竹新区	1	1	8	1	4	1	2
环重庆主城都市区经济协同发展示范区	4	4	4	3	7	2	9
遂潼一体化发展先行区	3	3	2	6	9	7	1
文旅融合发展示范区	5	7	5	4	2	4	6
现代农业高新技术产业示范区	9	6	9	7	8	6	5
泸永江融合发展示范区	2	2	6	2	6	3	3

从表4-4第二列可以看出，2019年成渝地区双城经济圈9个协同发展区域综合竞争力处于上游区（1～3位）的依次为高滩茨竹新区、泸永江融合发展示范区、遂潼一体化发展先行区；排在中游区（4～6位）的依次为环重庆主城都市区经济协同发展示范区、文旅融合发展示范区、万达开川渝统筹发展示范区；排在下游区（7～9位）的依次为明月山绿色发展示范带、城宣万革命老区振兴发展示范区、现代农业高新技术产业示范区。

从表4-4第三列到第八列可以看出每个协同发展区域在宏观经济竞争力、产业经济竞争力、财政金融竞争力、知识经济竞争力、生活水平竞争力和发展水平竞争力的优势和劣势。某方面竞争力处于上游区（1～3位）的区域具有该方面竞争力的相对优势，处于中游区（4～6位）的区域在该方面竞争力上既没有相对优势也没有相对劣势，处于下游区（7～9位）的区域具有该方面竞争力的相对劣势；某方面竞争力排在第1位的区域具有该方面竞争力的绝对优势，排在最后1位的区域具有该方面竞争力的绝对劣势。由此可见，综合竞争力排名第1位的高滩茨竹新区的宏观经济竞争力、财政金融竞争力、生活水平竞争力和发展水平竞争力都排在上游区，是竞争力发展的相对优势，知识经济竞争力排在中游区，产业经济竞争力排在下游区，是竞争力发展的相对劣势。

综合竞争力排在第2位的泸永江融合发展示范区的宏观经济竞争力、财政金融竞争力、生活水平竞争力、发展水平竞争力均排在上游区，是竞争力发展的相对优势，产业经济竞争力、知识经济竞争力排在中游区。

综合竞争力排在第3位的遂潼一体化发展先行区的发展水平竞争力排第1位，是竞争力发展的绝对优势，宏观经济竞争力、产业经济竞争力处于上游区，是竞争力发展的相对优势，财政金融竞争力排在中游区，生活水平竞争力排在下游区，是竞争力发展的相对劣势，知识经济竞争力排在最后1位，是竞争力发展的绝对劣势。

综合竞争力排在第4位的环重庆主城都市区经济协同发展示范区的生活水平竞争力、财政金融竞争力处于上游区，是竞争力发展的相对优势，宏观经济竞争力、产业经济竞争力均处于中游区，知识经济竞争力处于下游区，是竞争力发展的相对劣势，发展水平竞争力排最后1位，是竞争力发展的绝对劣势。

综合竞争力排在第5位的文旅融合发展示范区的知识经济竞争力处于上游区，是竞争力发展的相对优势，产业经济竞争力、财政金融竞争力、生活水平竞争力、发展水平竞争力处于中游区，宏观经济竞争力处于下游区，是竞争力发展的相对劣势。

综合竞争力排在第6位的万达开川渝统筹发展示范区的财政金融竞争力、知识经济竞争力、生活水平竞争力、发展水平竞争力排在中游区，宏观经济竞争力、产业经济竞争力排在下游区，是竞争力发展的相对劣势。

综合竞争力排在第7位的明月山绿色发展示范带的产业经济竞争力排在第1位，是竞争力发展的绝对优势，知识经济竞争力排在上游区，宏观经济竞争力排在中游区，发展水平竞争力、生活水平竞争力、财政金融竞争力均排在下游区，是竞争力发展的相对劣势。

综合竞争力排在第8位的城宣万革命老区振兴发展示范区的知识经济竞争力排在第1位，是竞争力发展的绝对优势，产业经济竞争力处于上游区，是竞争力发展的相对优势，发展水平竞争力处于下游区，是竞争力发展的相对劣势，宏观经济竞争力、财政金融竞争力、生活水平竞争力均排在最后1位，是竞争力发展的绝对劣势。

综合竞争力排在第9位的现代农业高新技术产业示范区的宏观经济竞争力、生活水平竞争力、发展水平竞争力处于中游区，财政金融竞争力、知识经济竞争力处于下游区，是竞争力发展的相对劣势，产业经济竞争力排在最后1位，是竞争力发展的绝对劣势。

按照熵值法进行标准化处理和加权求和后得到的成渝地区双城经济圈各协同发展区域综合竞争力排位，反映的只是排序位差，要更为准确地反映各协同发展区域综合竞争力的实际差距，还需要分析各级指标竞争力得分及分布情况，对竞争力得分的实际差距及其均衡性进行深入研究和分析。表4-5列出了2019年成渝地区双城经济圈9个协同发展区域的综合竞争力及其二级指标的评价分值，另外，根据表4-5第二列综合竞争力的评价分值，做出了评价期内成渝地区双城经济圈9个协同发展区域的综合竞争力评价分值的分布情况图（见图4-2）。

表4-5　成渝地区双城经济圈协同发展区域综合竞争力评价分值

指标　　区域	综合竞争力	宏观经济竞争力	产业经济竞争力	财政金融竞争力	知识经济竞争力	生活水平竞争力	发展水平竞争力
万达开川渝统筹发展示范区	0.0872	0.0146	0.0196	0.0106	0.0156	0.0081	0.0188
明月山绿色发展示范带	0.0805	0.0172	0.0251	0.0046	0.0177	0.0023	0.0135
城宣万革命老区振兴发展示范区	0.0744	0.0059	0.0226	0.0036	0.0274	0.0014	0.0135
高滩茨竹新区	0.2521	0.0968	0.0176	0.0818	0.0173	0.0115	0.0271
环重庆主城都市区经济协同发展示范区	0.0989	0.0270	0.0215	0.0150	0.0140	0.0110	0.0103
遂潼一体化发展先行区	0.1146	0.0285	0.0242	0.0082	0.0073	0.0064	0.0399
文旅融合发展示范区	0.0969	0.0149	0.0214	0.0130	0.0248	0.0090	0.0138

续表

指标 区域	综合 竞争力	宏观经济 竞争力	产业经济 竞争力	财政金融 竞争力	知识经济 竞争力	生活水平 竞争力	发展水平 竞争力
现代农业高新技术产业示范区	0.0703	0.0152	0.0169	0.0064	0.0078	0.0068	0.0172
泸永江融合发展示范区	0.1251	0.0343	0.0209	0.0252	0.0141	0.0091	0.0215

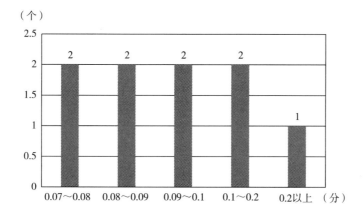

图4-2　成渝地区双城经济圈协同发展区域综合竞争力评价分值分布情况

从表4-5第二列可以看出，不同协同发展区域综合竞争力的得分差距悬殊，得分最低的现代农业高新技术产业示范区的分值（0.0703），不到第1名高滩茨竹新区的分值（0.2521）的三分之一。另外，相同区位内部各区域的得分差距也比较明显。同样处于上游区，排在第3位的遂潼一体化发展先行区的分值（0.1146）还不到排在第1位的高滩茨竹新区的分值（0.2521）的二分之一；处于中游区和下游区的协同发展区域的得分比较接近，但也存在差距，处于中游区，排在第4位的环重庆主城都市区经济协同发展示范区的得分为0.0989，比排在第6位的万达开川渝统筹发展示范区的得分高出0.0117；处于下游地区，排在第7位的明月山绿色发展示范带的得分，比排在最后1位的现代农业高新技术产业示范区的得分高0.0102。经过测算，上游区、中游区和下游区的综合竞争力的平均分值分别为0.1639、0.0943、0.0751，比差为2.18∶1.26∶1。

从图4-2中可以看出，不同协同发展区域之间的综合竞争力分布较为均衡，除了最高分值段只有一个协同发展区域以外，其他分值段均有两个协同发展区域。

（二）成渝地区双城经济圈协同发展区域宏观经济竞争力评价分析

作为综合竞争力的二级指标，宏观经济竞争力是三级指标综合作用的结果。对采集到的 2019 年成渝地区双城经济圈 9 个协同发展区域的相关统计资料进行整理和合成，表 4-6 是评价期内 9 个协同发展区域的宏观经济竞争力及其下属 3 个三级指标的排位情况。

表 4-6　成渝地区双城经济圈协同发展区域宏观经济竞争力排位

指标 区域	宏观经济竞争力	经济实力竞争力	投资实力竞争力	贸易实力竞争力
万达开川渝统筹发展示范区	8	9	5	5
明月山绿色发展示范带	5	6	8	4
城宣万革命老区振兴发展示范区	9	8	9	9
高滩茨竹新区	1	7	4	1
环重庆主城都市区经济协同发展示范区	4	2	3	3
遂潼一体化发展先行区	3	4	1	7
文旅融合发展示范区	7	5	7	6
现代农业高新技术产业示范区	6	3	6	8
泸永江融合发展示范区	2	1	2	2

从表 4-6 第二列可以看出，宏观经济竞争力处于上游区（1~3 位）的依次为高滩茨竹新区、泸永江融合发展示范区、遂潼一体化发展先行区；排在中游区（4~6 位）的依次为环重庆主城都市区经济协同发展示范区、明月山绿色发展示范带、现代农业高新技术产业示范区；排在下游区（7~9 位）的依次为文旅融合发展示范区、万达开川渝统筹发展示范区、城宣万革命老区振兴发展示范区。

从表 4-6 第三列到第五列可以看出不同协同发展区域的宏观经济竞争力下属的三级指标的排序情况。对协同发展区域的宏观经济竞争力由强到弱进行分析，就宏观经济竞争力上游区而言，宏观经济竞争力最强的高滩茨竹新区的绝对优势是贸易实力竞争力，投资实力竞争力处于中游区，经济实力竞争力处于下游区；泸永江融合发展示范区宏观经济竞争力 3 个指标的表现均良好，经济实力竞争力是绝对优势，投资实力竞争力、贸易实力竞争力均排在第 2 位；遂潼一体化发展先行区宏观经济竞争力的绝对优势在于投资实力竞争力，经济实力竞争力处于中游区，贸易实力竞争力处于下游区。

就宏观经济竞争力中游区而言，环重庆主城都市区经济协同发展示范区3个指标的表现均良好，均处于上游区；明月山绿色发展示范带的贸易实力竞争力、经济实力竞争力处于中游区，投资实力竞争力处于下游区；现代农业高新技术产业示范区的经济实力竞争力处于上游区，投资实力竞争力处于中游区，贸易实力竞争力处于下游区。

就宏观经济竞争力下游区而言，文旅融合发展示范区的经济实力竞争力和贸易实力竞争力处于中游区，投资实力竞争力处于下游区；万达开川渝统筹发展示范区的投资实力竞争力、贸易实力竞争力处于中游区，经济实力竞争力是绝对劣势；宏观经济竞争力排名最后的城宣万革命老区振兴发展示范区，3个指标均处于下游区。

表4-7列出了2019年成渝地区双城经济圈9个协同发展区域的宏观经济竞争力及其三级指标的评价分值。从表4-7第二列可以看出，不同协同发展区域宏观经济竞争力的得分差距悬殊，排在第1位的高滩茨竹新区的分值为0.0968，而得分最低的城宣万革命老区振兴发展示范区的分值仅为0.0059。另外，相同区位内部各区域的得分差距也比较明显。同样处于上游区，高滩茨竹新区宏观经济竞争力的分值为0.0968，遂潼一体化发展先行区的分值仅为0.0285；同样处于中游区，排在第4位的环重庆主城都市区经济协同发展示范区的得分为0.0270，排在第6位的现代农业高新技术产业示范区的得分仅为0.0152；处于下游地区，排在最后一位的城宣万革命老区振兴发展示范区的得分（0.0059），还不到文旅融合发展示范区得分（0.0149）和万达开川渝统筹发展示范区得分（0.0146）的一半。

表4-7　成渝地区双城经济圈协同发展区域宏观经济竞争力评价分值

指标 区域	宏观经济竞争力	经济实力竞争力	投资实力竞争力	贸易实力竞争力
万达开川渝统筹发展示范区	0.0146	0.0023	0.0060	0.0062
明月山绿色发展示范带	0.0172	0.0048	0.0044	0.0081
城宣万革命老区振兴发展示范区	0.0059	0.0025	0.0011	0.0024
高滩茨竹新区	0.0968	0.0043	0.0076	0.0849
环重庆主城都市区经济协同发展示范区	0.0270	0.0065	0.0090	0.0116
遂潼一体化发展先行区	0.0285	0.0056	0.0191	0.0038
文旅融合发展示范区	0.0149	0.0048	0.0047	0.0055

区域 \ 指标	宏观经济竞争力	经济实力竞争力	投资实力竞争力	贸易实力竞争力
现代农业高新技术产业示范区	0.0152	0.0063	0.0057	0.0032
泸永江融合发展示范区	0.0343	0.0079	0.0107	0.0157

（三）成渝地区双城经济圈协同发展区域产业经济竞争力评价分析

作为综合竞争力的二级指标，产业经济竞争力是三级指标综合作用的结果。对采集到的2019年成渝地区双城经济圈9个协同发展区域的相关统计资料进行整理和合成，表4-8是评价期内9个协同发展区域的产业经济竞争力及其下属4个三级指标的排位情况。

表4-8　成渝地区双城经济圈协同发展区域产业经济竞争力排位

区域 \ 指标	产业经济竞争力	第一产业竞争力	第二产业竞争力	第三产业竞争力	企业竞争力
万达开川渝统筹发展示范区	7	4	8	3	6
明月山绿色发展示范带	1	2	4	5	5
城宣万革命老区振兴发展示范区	3	1	7	6	9
高滩茨竹新区	8	9	9	1	1
环重庆主城都市区经济协同发展示范区	4	6	3	7	3
遂潼一体化发展先行区	2	5	2	9	2
文旅融合发展示范区	5	3	5	4	8
现代农业高新技术产业示范区	9	8	6	2	7
泸永江融合发展示范区	6	7	1	8	4

从表4-8第二列可以看出，产业经济竞争力处于上游区（1~3位）的依次是明月山绿色发展示范带、遂潼一体化发展先行区、城宣万革命老区振兴发展示范区；排在中游区（4~6位）的依次为环重庆主城都市区经济协同发展示范区、文旅融合发展示范区、泸永江融合发展示范区；排在下游区（7~9位）的依次为万达开川渝统筹发展示范区、高滩茨竹新区、现代农业高新技术产业示范区。

从表4-8第三列到第六列可以看出不同协同发展区域产业经济竞争力下属的三级指标的排序情况。对协同发展区域的产业经济竞争力由强到弱进行分析，就产业经济竞争力上游区而言，明月山绿色发展示范带的第一产业竞争力处于上游区，第二产业竞争力、第三产业竞争力和企业竞争力都处于中游区；遂潼一体化发展先行区的第二产业竞争力和企业竞争力处于上游区，第一产业竞争力处于中游区，第三产业竞争力具有绝对劣势；城宣万革命老区振兴发展示范区的第一产业竞争力具有绝对优势，企业竞争力具有绝对劣势，第二产业竞争力具有相对劣势。

就产业经济竞争力中游区而言，环重庆主城都市区经济协同发展示范区的第二产业竞争力和企业竞争力处于上游区，第一产业竞争力处于中游区，第三产业竞争力处于下游区；文旅融合发展示范区的第一产业竞争力处于上游区，第二产业竞争力、第三产业竞争力处于中游区，企业竞争力处于下游区；泸永江融合发展示范区的第二产业竞争力具有绝对优势，企业竞争力处于中游区，第一产业竞争力、第三产业竞争力处于下游区。

就产业经济竞争力下游区而言，万达开川渝统筹发展示范区的第三产业竞争力处于上游区，第一产业竞争力和企业竞争力处于中游区，第二产业竞争力处于下游区；高滩茨竹新区的第三产业竞争力和企业竞争力具有绝对优势，而第一产业竞争力、第二产业竞争力具有绝对劣势；现代农业高新技术产业示范区的第三产业竞争力处于上游区，第二产业竞争力处于中游区，第一产业竞争力和企业竞争力处于下游区。

表4-9列出了2019年成渝地区双城经济圈9个协同发展区域的产业经济竞争力及其三级指标的评价分值。从表4-9第二列可以看出，不同协同发展区域宏观经济竞争力的得分差距并不大，大部分协同发展区域产业经济竞争力的分值在0.02左右。

表4-9　成渝地区双城经济圈协同发展区域产业经济竞争力评价分值

指标 区域	产业经济 竞争力	第一产业 竞争力	第二产业 竞争力	第三产业 竞争力	企业 竞争力
万达开川渝统筹发展示范区	0.0196	0.0117	0.0015	0.0046	0.0018
明月山绿色发展示范带	0.0251	0.0136	0.0044	0.0040	0.0031
城宣万革命老区振兴发展示范区	0.0226	0.0169	0.0021	0.0037	0.0000
高滩茨竹新区	0.0176	0.0011	0.0000	0.0092	0.0073
环重庆主城都市区经济协同发展示范区	0.0215	0.0091	0.0052	0.0033	0.0039
遂潼一体化发展先行区	0.0242	0.0099	0.0057	0.0026	0.0060
文旅融合发展示范区	0.0214	0.0120	0.0043	0.0045	0.0006
现代农业高新技术产业示范区	0.0169	0.0060	0.0040	0.0060	0.0009
泸永江融合发展示范区	0.0209	0.0065	0.0076	0.0031	0.0036

（四）成渝地区双城经济圈协同发展区域财政金融竞争力评价分析

作为综合竞争力的二级指标，财政金融竞争力是三级指标综合作用的结果。对采集到的2019年成渝地区双城经济圈9个协同发展区域的相关统计资料进行整理和合成，表4-10是评价期内9个协同发展区域的财政金融竞争力及其下属2个三级指标的排位情况。

表4-10　成渝地区双城经济圈协同发展区域财政金融竞争力排位

区域 \ 指标	财政金融竞争力	财政竞争力	金融竞争力
万达开川渝统筹发展示范区	5	6	5
明月山绿色发展示范带	8	7	8
城宣万革命老区振兴发展示范区	9	5	9
高滩茨竹新区	1	2	1
环重庆主城都市区经济协同发展示范区	3	3	3
遂潼一体化发展先行区	6	8	7
文旅融合发展示范区	4	4	4
现代农业高新技术产业示范区	7	9	6
泸永江融合发展示范区	2	1	2

从表4-10第二列可以看出，财政金融竞争力处于上游区（1~3位）的依次为高滩茨竹新区、泸永江融合发展示范区、环重庆主城都市区经济协同发展示范区；排在中游区（4~6位）的依次为文旅融合发展示范区、万达开川渝统筹发展示范区、遂潼一体化发展先行区；排在下游区（7~9位）的依次为现代农业高新技术产业示范区、明月山绿色发展示范带、城宣万革命老区振兴发展示范区。

从表4-10第三列和第四列可以看出不同协同发展区域的财政金融竞争力下属的三级指标的排序情况。对协同发展区域财政金融竞争力由强到弱进行分析，就财政金融竞争力上游区而言，高滩茨竹新区、泸永江融合发展示范区、环重庆主城都市区经济协同发展示范区的财政竞争力和金融竞争力都有良好的表现，均处于上游区。

就财政金融竞争力中游区而言，文旅融合发展示范区、万达开川渝统筹发展示范区的财政竞争力和金融竞争力均处于中游；遂潼一体化发展先行区的财政竞争力和金融竞争力均处于下游区。

就财政金融竞争力下游区而言，现代农业高新技术产业示范区的金融竞争力处于中游区，财政竞争力是绝对劣势；明月山绿色发展示范带的财政竞争力和金融竞争力均处于下游区；城宣万革命老区振兴发展示范区的财政竞争力处于中游区，金融竞争力是绝对劣势。

表4-11列出了2019年成渝地区双城经济圈9个协同发展区域的财政金融竞争力及其三级指标的评价分值。从表4-11第二列可以看出，不同协同发展区域财政金融竞争力的得分差距悬殊，排在第1位的高滩茨竹新区的分值为0.0818，远远超过其他8个协同发展区域。另外，中游区和下游区内部的分值差距不大，但是同样处于上游区，高滩茨竹新区财政金融竞争力的分值比环重庆主城都市区经济协同发展示范区的分值高出0.0668。

表4-11　成渝地区双城经济圈协同发展区域财政金融竞争力评价分值

指标 区域	财政金融竞争力	财政竞争力	金融竞争力
万达开川渝统筹发展示范区	0.0106	0.0032	0.0074
明月山绿色发展示范带	0.0046	0.0028	0.0018
城宣万革命老区振兴发展示范区	0.0036	0.0036	0.0000
高滩茨竹新区	0.0818	0.0083	0.0735
环重庆主城都市区经济协同发展示范区	0.0150	0.0072	0.0078
遂潼一体化发展先行区	0.0082	0.0021	0.0061
文旅融合发展示范区	0.0130	0.0054	0.0075
现代农业高新技术产业示范区	0.0064	0.0000	0.0064
泸永江融合发展示范区	0.0252	0.0105	0.0147

（五）成渝地区双城经济圈协同发展区域知识经济竞争力评价分析

作为综合竞争力的二级指标，知识经济竞争力是三级指标综合作用的结果。对采集到的2019年成渝地区双城经济圈9个协同发展区域的相关统计资料进行整理和合成，表4-12是评价期内9个协同发展区域的知识经济竞争力及其下属2个三级指标的排位情况。

表4-12　成渝地区双城经济圈协同发展区域知识经济竞争力排位

指标 区域	知识经济竞争力	教育竞争力	文化竞争力
万达开川渝统筹发展示范区	5	5	6
明月山绿色发展示范带	3	3	7

续表

指标 区域	知识经济竞争力	教育竞争力	文化竞争力
城宣万革命老区振兴发展示范区	1	1	9
高滩茨竹新区	4	4	2
环重庆主城都市区经济协同发展示范区	7	7	3
遂潼一体化发展先行区	9	9	1
文旅融合发展示范区	2	2	5
现代农业高新技术产业示范区	8	8	8
泸永江融合发展示范区	6	6	4

从表4-12第二列可以看出，知识经济竞争力处于上游区（1~3位）的依次是城宣万革命老区振兴发展示范区、文旅融合发展示范区、明月山绿色发展示范带；排在中游区（4~6位）的依次为高滩茨竹新区、万达开川渝统筹发展示范区、泸永江融合发展示范区；排在下游区（7~9位）的依次为环重庆主城都市区经济协同发展示范区、现代农业高新技术产业示范区、遂潼一体化发展先行区。

从表4-12第三列和第四列可以看出不同协同发展区域的知识经济竞争力下属的三级指标的排序情况。对协同发展区域的知识经济竞争力由强到弱进行分析，就知识经济竞争力上游区而言，城宣万革命老区振兴发展示范区的教育竞争力是绝对优势，文化竞争力是绝对劣势；文旅融合发展示范区的教育竞争力处于上游区，文化竞争力处于中游区；明月山绿色发展示范带的教育竞争力处于上游区，文化竞争力处于下游区。

就知识经济竞争力中游区而言，高滩茨竹新区的教育竞争力处于中游区，文化竞争力处于上游区；万达开川渝统筹发展示范区的教育竞争力和文化竞争力均处于中游区；泸永江融合发展示范区的教育竞争力和文化竞争力均处于中游区。

就知识经济竞争力下游区而言，环重庆主城都市区经济协同发展示范区的教育竞争力处于下游区，文化竞争力处于上游区；现代农业高新技术产业示范区的教育竞争力和文化竞争力均处于下游区；遂潼一体化发展先行区的教育竞争力是绝对劣势，文化竞争力是绝对优势。

表4-13列出了2019年成渝地区双城经济圈9个协同发展区域的知识经济竞争力及其三级指标的评价分值。从表4-13第二列可以看出，不同协同发展区域知识经济竞争力的得分差距悬殊，排在第1位的城宣万革命老区振兴发展示范区的分值（0.0274）比得分最低的遂潼一体化发展先行区的分值（0.0073）高出

0.0201。但是，相同区位内部各区域的知识经济竞争力得分差距并不大。处于上游区的 3 个协同发展区域知识经济竞争力的平均分值为 0.0233；处于中游区的 3 个协同发展区域知识经济竞争力的平均分值为 0.0157；处于下游区的 3 个协同发展区域知识经济竞争力的平均分值为 0.0097。

表 4-13 成渝地区双城经济圈协同发展区域知识经济竞争力评价分值

区域 ＼ 指标	知识经济竞争力	教育竞争力	文化竞争力
万达开川渝统筹发展示范区	0.0156	0.0133	0.0022
明月山绿色发展示范带	0.0177	0.0155	0.0022
城宣万革命老区振兴发展示范区	0.0274	0.0263	0.0011
高滩茨竹新区	0.0173	0.0145	0.0028
环重庆主城都市区经济协同发展示范区	0.0140	0.0113	0.0027
遂潼一体化发展先行区	0.0073	0.0045	0.0028
文旅融合发展示范区	0.0248	0.0224	0.0024
现代农业高新技术产业示范区	0.0078	0.0066	0.0013
泸永江融合发展示范区	0.0141	0.0114	0.0027

（六）成渝地区双城经济圈协同发展区域生活水平竞争力评价分析

作为综合竞争力的二级指标，生活水平竞争力是三级指标综合作用的结果。对采集到的 2019 年成渝地区双城经济圈 9 个协同发展区域的相关统计资料进行整理和合成，表 4-14 是评价期内 9 个协同发展区域的生活水平竞争力及其下属 2 个三级指标的排位情况。

表 4-14 成渝地区双城经济圈协同发展区域生活水平竞争力排位

区域 ＼ 指标	生活水平竞争力	收入水平竞争力	消费水平竞争力
万达开川渝统筹发展示范区	5	8	5
明月山绿色发展示范带	8	7	9
城宣万革命老区振兴发展示范区	9	9	8
高滩茨竹新区	1	2	2
环重庆主城都市区经济协同发展示范区	2	6	1

区域＼指标	生活水平竞争力	收入水平竞争力	消费水平竞争力
遂潼一体化发展先行区	7	1	7
文旅融合发展示范区	4	4	4
现代农业高新技术产业示范区	6	5	6
泸永江融合发展示范区	3	3	3

从表4-14第二列可以看出，生活水平竞争力处于上游区（1~3位）的依次为高滩茨竹新区、环重庆主城都市区经济协同发展示范区、泸永江融合发展示范区；排在中游区（4~6位）的依次为文旅融合发展示范区、万达开川渝统筹发展示范区、现代农业高新技术产业示范区；排在下游区（7~9位）的依次为遂潼一体化发展先行区、明月山绿色发展示范带、城宣万革命老区振兴发展示范区。

从表4-14第三列和第四列可以看出不同协同发展区域的生活水平竞争力下属的三级指标的排序情况。对协同发展区域的生活水平竞争力由强到弱进行分析，就生活水平竞争力上游区而言，高滩茨竹新区的收入水平竞争力和消费水平竞争力均处于上游区；环重庆主城都市区经济协同发展示范区的收入水平竞争力处于中游区，消费水平竞争力处于上游区；泸永江融合发展示范区的收入水平竞争力和消费水平竞争力均处于上游区。

就生活水平竞争力中游区而言，文旅融合发展示范区的收入水平竞争力和消费水平竞争力均处于中游区；万达开川渝统筹发展示范区的收入水平竞争力处于下游区，消费水平竞争力处于中游区；现代农业高新技术产业示范区的收入水平竞争力和消费水平竞争力均处于中游区。

就生活水平竞争力下游区而言，遂潼一体化发展先行区的收入水平竞争力具有绝对优势，消费水平竞争力处于下游区；明月山绿色发展示范带的收入水平竞争力处于下游区，消费水平竞争力具有绝对劣势；城宣万革命老区振兴发展示范区收入水平竞争力具有绝对劣势，消费水平竞争力处于下游区。

表4-15列出了2019年成渝地区双城经济圈9个协同发展区域的生活水平竞争力及其三级指标的评价分值。从表4-15第二列可以看出，不同协同发展区域生活水平竞争力的得分差距并不大，排在第1位的高滩茨竹新区的分值为0.0115，比得分最低的城宣万革命老区振兴发展示范区的分值（0.0014）高出0.0101。另外，相同区位内部各区域的得分差距也不大。处于上游区的3个协同发展区域生活水平竞争力的平均分值为0.0105；处于中游区的3个协同发展区域

生活水平竞争力的平均分值为 0.0080；处于下游区的 3 个协同发展区域生活水平竞争力的平均分值为 0.0034。

表 4-15　成渝地区双城经济圈协同发展区域生活水平竞争力评价分值

指标 区域	生活水平竞争力	收入水平竞争力	消费水平竞争力
万达开川渝统筹发展示范区	0.0081	0.0020	0.0061
明月山绿色发展示范带	0.0023	0.0023	0.0000
城宣万革命老区振兴发展示范区	0.0014	0.0000	0.0014
高滩茨竹新区	0.0115	0.0033	0.0082
环重庆主城都市区经济协同发展示范区	0.0110	0.0028	0.0083
遂潼一体化发展先行区	0.0064	0.0033	0.0031
文旅融合发展示范区	0.0090	0.0028	0.0063
现代农业高新技术产业示范区	0.0068	0.0028	0.0041
泸永江融合发展示范区	0.0091	0.0028	0.0063

（七）成渝地区双城经济圈协同发展区域发展水平竞争力评价分析

作为综合竞争力的二级指标，发展水平竞争力是三级指标综合作用的结果。对采集到的 2019 年成渝地区双城经济圈 9 个协同发展区域的相关统计资料进行整理和合成，表 4-16 是评价期内 9 个协同发展区域的发展水平竞争力及其下属 4 个三级指标的排位情况。

表 4-16　成渝地区双城经济圈协同发展区域发展水平竞争力排位

指标 区域	发展水平 竞争力	人力资源 竞争力	绿色发展 竞争力	城市化发展 竞争力	协调发展 竞争力
万达开川渝统筹发展示范区	4	2	3	4	8
明月山绿色发展示范带	7	9	5	8	4
城宣万革命老区振兴发展示范区	8	6	1	9	9
高滩茨竹新区	2	1	7	2	5
环重庆主城都市区经济协同发展示范区	9	8	8	3	7
遂潼一体化发展先行区	1	3	6	6	1
文旅融合发展示范区	6	5	4	7	6

指标 区域	发展水平 竞争力	人力资源 竞争力	绿色发展 竞争力	城市化发展 竞争力	协调发展 竞争力
现代农业高新技术产业示范区	5	4	9	5	3
泸永江融合发展示范区	3	7	2	1	2

从表4-16第二列可以看出，发展水平竞争力处于上游区（1~3位）的依次为遂潼一体化发展先行区、高滩茨竹新区、泸永江融合发展示范区；排在中游区（4~6位）的依次为万达开川渝统筹发展示范区、现代农业高新技术产业示范区、文旅融合发展示范区；排在下游区（7~9位）的依次为明月山绿色发展示范带、城宣万革命老区振兴发展示范区、环重庆主城都市区经济协同发展示范区。

从表4-16第三列到第六列可以看出不同协同发展区域的发展水平竞争力下属的三级指标的排序情况。对协同发展区域的发展水平竞争力由强到弱进行分析，就发展水平竞争力上游区而言，遂潼一体化发展先行区的协调发展竞争力具有绝对优势，人力资源竞争力处于上游区，绿色发展竞争力和城市化发展竞争力处于中游区；高滩茨竹新区的人力资源竞争力具有绝对优势，城市化发展竞争力处于上游区，协调发展竞争力处于中游区，绿色发展竞争力处于下游区；泸永江融合发展示范区的城市化发展竞争力具有绝对优势，绿色发展竞争力和协调发展竞争力处于上游区，人力资源竞争力处于下游区。

就发展水平竞争力中游区而言，万达开川渝统筹发展示范区的人力资源竞争力和绿色发展竞争力处于上游区，城市化发展竞争力处于中游区，协调发展竞争力处于下游区；现代农业高新技术产业示范区的绿色发展竞争力具有绝对劣势，协调发展竞争力处于上游区，人力资源竞争力和城市化发展竞争力处于中游区；文旅融合发展示范区的人力资源竞争力、绿色发展竞争力和协调发展竞争力均处于中游区，城市化发展竞争力处于下游区。

就发展水平竞争力下游区而言，明月山绿色发展示范带的人力资源竞争力具有绝对劣势，城市化发展竞争力处于下游区，绿色发展竞争力和协调发展竞争力处于中游区；城宣万革命老区振兴发展示范区的绿色发展竞争力具有绝对优势，人力资源竞争力处于中游区，城市化发展竞争力和协调发展竞争力具有绝对劣势；环重庆主城都市区经济协同发展示范区的人力资源竞争力、绿色发展竞争力和协调发展竞争力处于下游区，城市化发展竞争力处于上游区。

表4-17列出了2019年成渝地区双城经济圈9个协同发展区域的发展水平竞争力及其三级指标的评价分值。从表4-17第二列可以看出，不同协同发展区域

发展水平竞争力的得分差距悬殊，排在第1位的遂潼一体化发展先行区的分值（0.0399），比得分最低的环重庆主城都市区经济协同发展示范区的分值（0.0103）高出0.0296。但是，相同区位内部各区域的得分差距不大。处于上游区的三个协同发展区域发展水平竞争力的平均分值为0.0295；处于中游区的三个协同发展区域发展水平竞争力的平均分值为0.0166；处于下游区的三个协同发展区域发展水平竞争力的平均分值为0.0124。

表4-17　成渝地区双城经济圈协同发展区域发展水平竞争力评价分值

指标 区域	发展水平 竞争力	人力资源 竞争力	绿色发展 竞争力	城市化发展 竞争力	协调发展 竞争力
万达开川渝统筹发展示范区	0.0188	0.0081	0.0055	0.0019	0.0033
明月山绿色发展示范带	0.0135	0.0023	0.0020	0.0006	0.0087
城宣万革命老区振兴发展示范区	0.0135	0.0035	0.0100	0.0000	0.0000
高滩茨竹新区	0.0271	0.0151	0.0017	0.0031	0.0073
环重庆主城都市区经济协同发展示范区	0.0103	0.0029	0.0009	0.0027	0.0038
遂潼一体化发展先行区	0.0399	0.0069	0.0018	0.0017	0.0296
文旅融合发展示范区	0.0138	0.0041	0.0027	0.0015	0.0055
现代农业高新技术产业示范区	0.0172	0.0062	0.0000	0.0019	0.0091
泸永江融合发展示范区	0.0215	0.0031	0.0057	0.0032	0.0095

第三篇
成渝地区双城经济圈的专题研究及建议

第五章　加快推动重庆氢能全产业链发展研究

2020 年，习近平总书记在联合国大会中庄严承诺，中国将采取有力措施，力争于 2030 年前二氧化碳排放达到峰值，并力争到 2060 年前实现碳中和。为兑现这一庄严的国家承诺，我国将采取各种有效措施大幅降低对化石能源的使用依赖。要达成这样的目标愿景，积极发展氢能及其相关燃料电池产业，对于降低传统化石能源依赖度，助力我国成功实现碳减排承诺，有着无比重要的战略意义。重庆可依托已有的氢能产业基础，把推动重庆氢能全产业链发展、加快建设"中国西部氢谷"作为抓手，推动科技创新支撑引领重庆汽车产业高质量发展，大力促进全市汽车制造业新能源发展的战略转型，构建市场竞争力强、可持续的现代先进制造产业体系，更好地支撑引领新时代重庆高质量发展，加快提升全市高质量发展的水平。

一、国内氢能产业竞相布局的发展态势

进入新发展阶段，在构建新发展格局、践行绿色发展中，清洁高效、来源广泛的氢能是中国能源革命的重要方向。发展氢燃料电池汽车，则是推广氢能源使用的突破口。为推动燃料电池汽车产业加速发展，近年来国家连续出台政策进行有力指导。仅 2020 年一年就推出了多项政策：4 月，国家能源局发布《中华人民共和国能源法（征求意见稿）》，首次将氢能列为能源范畴；9 月，财政部等五部委发布《关于开展燃料电池汽车示范应用的通知》，提出"对符合条件的城市群开展燃料电池汽车关键核心技术产业化攻关和示范应用给予奖励"；11 月，国务院办公厅印发《新能源汽车产业发展规划（2021—2035年）》，提出"支持有条件的地区开展燃料电池汽车的商业化示范运行"。

在国家层面对于氢燃料电池汽车产业的政策支持下，国内各地争相出台了氢燃料电池及氢能产业发展规划或扶持政策。截至 2020 年全国已有 24 个省份、46 个城市开始铺垫关于氢产业的战略规划，超过 100 项地方政策相继制定出台。据《21 世纪经济报道》记者不完全统计，上海、天津、广州、佛山、济南、武汉、如皋、苏州、成都等全国 20 多个城市，均先后出台了支持氢能产业发展的政策。截止到 2020 年 7 月，国内氢燃料汽车累计保有量已达 7200 台，基本都是商用车，氢燃料商用车应用空间尤为广阔。

国内部分地区还明确了氢燃料电池汽车发展目标。以北京为例，2020 年 9 月 8 日，北京市经济和信息化局在 2020 年中国国际服务贸易交易会北京市氢能产业政策和项目发布会上，正式对外发布了《北京市氢燃料电池汽车产业发展规划（2020—2025 年）》，明确了五年发展规划：到 2023 年培育 3~5 家具有国际影响力的氢燃料电池汽车产业链的龙头企业，推广氢燃料电池汽车 3000 辆，建成加氢站 37 座，实现氢燃料电池汽车全产业链累计产值 85 亿元；到 2025 年，培育 5~10 家龙头企业，力争实现氢燃料电池汽车累计推广量 1 万辆，建成加氢站 74 座，实现氢燃料电池汽车全产业链累计产值 240 亿元。

在国家顶层规划下，2020 年 5 月，北京市人民政府还与国家电力投资集团有限公司签署协议，双方围绕绿电进京、能源创新、氢能应用等方面开展全方位、宽领域、多层次的战略合作。为推动构建燃料电池汽车完整产业链条，形成布局合理、各有侧重、协同推进的产业发展格局，北京还在大兴区建立国际氢能示范区，作为北京南部制造业的重要承载区，立足"三区一门户"功能定位，建设具备国际标准的氢能示范区。未来，北京市还将借助举办冬奥会的有利时机，构建京津冀地区氢能产业协同发展开放平台，深化科技研发和项目合作国际化交流，推动氢燃料电池汽车关键技术在自由贸易试验区实现产业化落地，通过在货运物流、公共交通等领域的示范应用，引领北京市氢燃料电池汽车产业快速发展。

值得注意的是，四川省作为可再生能源大省，也在积极布局氢燃料电池汽车发展。四川省经济和信息化厅的刘珂表示："要打造成渝'氢走廊'，布局建设加氢站，推动两地包括燃料电池、电堆、加氢、储氢、制氢、运氢等资源的整合。"2020 年以来，四川省积极加快布局推广燃料电池汽车，仅从企业角度看，四川商用车企业加速推广，部分乘用车企业也着手研发布局，积极拥抱中国氢燃料电池汽车的"春天"。

二、抓好重庆氢能产业发展的重要意义

（一）重庆市制造业发展转型的现实需要

改革开放以来，我们党组织领导国家社会主义现代化建设事业以发展为要，其中经济又是要中之要；经济发展又以产业为王，工业则是其中的王中之王。以工业立市的重庆市，作为我国西部地区承担着重要战略使命的国家中心城市，工业兴、脊梁挺，工业强、筋骨壮，制造业在全市发展格局中尤为重要。重庆虽然工业制造业基础雄厚，但是应该看到，其中汽车制造业占比影响全市发展全局十分明显。2018年起，在重庆全市工业经济的电子制造、材料、化医、装备制造、消费品、能源、汽车的"6+1"支柱行业中，仅仅因为汽车制造业发展出现了大幅下滑，全市2018年、2019年连续两年的GDP增长速度就大幅下降。以此再看深入一点，进入新发展阶段，重庆要创新构建新发展格局，必须更加积极适应我国经济发展新要求、新趋势，需要加快全区汽车产业整体的新能源战略转型升级发展。

（二）新阶段新发展格局构建的战略要求

融入新发展阶段，贯彻新发展理念，坚持创新发展理念，深学笃用习近平总书记关于科技创新的重要论述，贯彻落实中共重庆市委关于深入推动科技创新支撑引领高质量发展的决定，统筹谋划重庆全市制造业高质量发展，做到积极在新发展阶段构建新发展格局中力争抢先一步，必然要求在战略上布好局、关键处落好子，而高度重视、积极谋划、前瞻布局发展氢能产业全产业链，进一步延伸和完善氢能产业上下游协调发展链条，就是这一重要的战略落子，必将有利于市委以产业科技创新为主战场，带动全市上下深入推动科技创新，大幅提升重庆科技创新的集聚度、活跃度、开放度和贡献度，带动全市传统制造业脱胎换骨转型和战略性先进制造业集群发展壮大，加快建设具有全国影响力的科技创新中心，更好支撑引领新阶段重庆市高质量发展，促进成渝地区双城经济圈打造中国西部高质量发展示范区。

三、重庆抓紧氢能产业发展的有利条件

（一）国家承兑诺言有发展的要求

中国政府已经在联合国大会中做出庄严的国际承诺，将采取更加有力的政策和措施，力争 2030 年前二氧化碳排放达到峰值，努力争取 2060 年前实现碳中和。为实现这一目标，我国必将大幅降低对化石能源的依赖。重庆积极发展氢能产业，对于我们降低传统化石能源依赖度，提升可再生能源利用率，助力有效实现碳减排、碳中和的生态文明建设的国际承诺，都具有十分重要的政治意义和实践意义。

（二）国家系列政策有发展的导向

2019 年，氢能技术和产业发展首次被写入国务院政府工作报告。国家有关部委也正在研究燃料电池汽车的相关政策，将燃料电池与纯电动、混合动力并列为三大技术路线，这表明了国家大力推动氢能与燃料电池产业发展的决心。工业和信息化部指导、中国汽车工程学会组织编制的《节能与新能源汽车技术路线图 2.0》提出，至 2035 年我国燃料电池汽车保有量将达到 100 万辆，商用车实现氢动力的发展转型。

（三）重庆本地有发展的基础

九龙坡等区县布局氢能产业发展已经有着坚实的产业基础。例如，庆铃汽车在深耕燃油车 30 多年的基础上，积极布局拓展新能源，与德国博世集团合作打造的氢能源轻卡已经完成开发。

四、重庆氢能全产业链发展的战略抉择

（一）战略抉择的产业基础：国内氢能产业技术发展的客观现状

氢能作为可再生的清洁能源，对于改善能源结构、提高能源安全、实现低碳减排具有重要意义。在我国低碳发展和能源转型的战略调整下，如今氢能产业迎来快速发展的黄金时期。然而，应该看到，我国氢能发展了十几年，一直都是企业单打独斗发展氢燃料电池汽车。值得注意的是，我国氢燃料电池汽车因为核心技术缺失，关键零部件尚未自主化，产业基础设施不足，以及氢气来源、存储、运输、加注等各环节的成本高企和一些技术难题未能攻破，一直未能实现规模化发展，这就意味着氢能产业发展拥有广阔空间。

（二）战略抉择的路径借鉴：北京氢能产业技术发展的布局启示

针对产业链协同性不足、缺少整体解决方案、下游的产业化应用受限、产业化推进缓慢等薄弱点，国内一些地方进行了积极的探索。例如，北京市就成立了北清智创（北京）新能源汽车科技有限公司整合北京市优势资源，以全新的产业合作模式深入推进实现氢能应用体系的标准化、产业化、规模化，然后在此基础上实现从技术研发创新到商业模式创新，以及产业链协同上的无缝衔接，为氢能的发展提供一体化运营解决方案，通过协同让产品创新更贴近于用户、贴近于市场，为用户提供更有价值和竞争力的产品。

（三）战略抉择的发展愿景：重庆氢能产业技术发展的目标定位

立足深入推动科技创新支撑引领高质量发展的战略考量，建议重庆市依托重庆金康赛力斯、博世庆铃、国鸿氢能等已有的发展态势良好、市场前景广阔的新能源重点企业，以完善氢能全产业链为目标，以氢燃料电池研发创新为核心，加力建立涵盖制氢、储氢、加氢、燃料电池、关键部件、整车等的氢能全产业链体系，强化与四川成都等地协作联动，加快打造立足重庆、辐射川渝云贵、服务全国的氢能产业链集群示范高地，以此为抓手推动全市先进制造业集群的创新培育、做大做强、跨越发展，打造全球领先的氢能科技产业基地，助力推动国家"碳达峰、碳中和"目标实现，彰显重庆应有的担当与作为。

五、推进重庆氢能全产业链发展的路径思考

由于我国燃料电池汽车核心技术和关键零部件技术尚未根本突破，产业基础设施不足，必要标准法规缺失，氢气作为能源管理的体系尚未建立，氢燃料电池汽车一直未能实现规模化发展。重庆要推动重庆氢能全产业链发展，加快建设"中国西部氢谷"，最要紧的是要抓好推动市区、企业、高校等产业相关方共同出资组建全国性的总部运营公司，向国内外战略合作伙伴开放系统设计平台方案

和系统控制策略，协调与氢燃料电池上下游企业战略协同、密切合作、强强联合，做好平台共建、技术共享、资源共用，在制氢、储氢和燃料电池车商业化运营推进等方面补链、成链、拓链、强链，创新突破技术壁垒，协调推进新发展阶段重庆氢能产业全产业链发展。具体而论，当前，统筹谋划重庆氢能产业全产业链发展的协同推进，要注意抓好载体、赋能、保障三个方面的"三个三"工作的落实。

（一）抓实"三大载体"

一是抓实平台建设。大力支持九龙坡区推动的陶家片区约 3 平方千米氢能产业核心集中规划区获得市级立项审批许可，想方设法、千方百计把这一氢能工业发展平台建好用好，为全市氢能产业链供应链的发展壮大提供坚实的平台支撑。二是抓实市场主体。将氢能工业市场企业主体培育作为推动氢能工业高质量发展的重要载体，用足用好博世庆铃、国鸿氢能等重点企业的带动引领，加快构建形成"个转企—企升规—规改股—股上市"的培育体系。三是抓实龙头企业。实施领雁培育计划，分批次分阶段重点培育企业，大力培育一批 50 亿元企业、100 亿元企业、上市企业；同时，实施企业帮带计划，实行"大手牵小手"机制，形成大中小各型企业齐头并进协同发展氢能产业的良好局面。

（二）抓紧"三项赋能"

一是抓紧科技赋能。要强化创新资源集聚，建好集孵化和培育功能为主的陶家"氢能科技园"，以推进建设"中国西部氢谷"为抓手，推动氢能科技研发创新联盟的协调建设，强化氢能产业上中下游全产业链的科技研发和成果转化。二是抓紧链群赋能。要"一企一策"优化产业链条，制订氢能产业链关键企业培育计划，全面提升产业链、供应链、价值链。要"一群一案"壮大产业集群，注意以垂直、平行整合模式，推动氢能产业群成龙配套、规模集聚。三是抓紧质量赋能。要制定好重庆市氢能企业近期、中期、远期发展规划，抓好重庆氢能产业品牌化打造，唱响"中国氢能·重庆制造"；坚定实施质量品牌发展战略，统筹抓好氢能产业、企业的制度化质量管理，建立健全规范、科学的现代企业制度。

（三）抓好"三个保障"

一是抓好招商引资。要持续创新招商方式，充分挖掘内外部潜力，在氢能龙头企业招商引资上做实功、求实效。要注意加快在建氢能源企业项目建设、培育、壮大，加快产业链应用示范，吸引市外更多企业落户，促进氢能产业链协作配套、成链成群、共同发展。二是抓好营商环境。要以钉钉子精神持续推出营商环境改革方案，组织开展"减证便企"行动，积极创建"无证重庆"，着力营造"大小企业一个样、国有民营一个样、内资外资一个样、投前投后一个样"的公平发展环境。三是抓好考核督查。出台针对性的市对区考核配套文件，做到真督、严考、重奖，强化结果导向，以结果论英雄，用成效评政绩，引导两江新区、高新区、九龙坡区、永川区等抓住今后 3~5 年时间的发展窗口期，抓重点、补短板、强弱项，持之以恒、一步一步，把重庆氢能全产业链发展战略蓝图变为实实在在的发展现实。

第六章　打造成渝历史文化公园的路径选择

党的十九届五中全会明确提出到 2035 年建成文化强国的远景目标，并强调在"十四五"时期推进社会主义文化强国建设。"推动文化和旅游融合发展，建设一批富有文化底蕴的世界级旅游景区和度假区，打造一批文化特色鲜明的国家级旅游休闲城市和街区，发展红色旅游和乡村旅游。"而成渝地区双城经济圈建设成为国家战略，为成渝两地文旅携手合作、联线发展提供了机遇，打造成渝历史文化公园，整合成渝两地历史文化资源，做靓做响成渝历史文化名城这张名片，是秉承"一盘棋""一体化"发展的重要抓手。

一、整合资源，搭建平台

（一）挖掘成渝历史文化的关联性

在古代史中，以重庆为中心的巴地，与以成都为中心的蜀地，连称为"巴蜀"，《战国策》《史记》《汉书》的记载中，均把"巴蜀"列为同风同俗的文化区域，这也是成渝文化合作的文化基础、历史优势和文脉之根。在近代史中，成渝历史文化有着延续性。成渝两地是红军长征的播种地，当年红军长征转战于成渝两地的綦江、酉阳、达州、阿坝等地；中国共产党党史中的很多重要人物，如杨闇公、刘伯承、江竹筠等，都曾往来成渝两地。在现代化建设中，成渝两地是三线建设的核心地区，涪陵、綦江、攀枝花、自贡等地进行的国防工业建设，为成渝两座核心城市的工业发展奠定了基础。成渝两地是城市改革的靓丽名片，与改革开放、西部大开发、长江经济带发展、"一带一路"倡议，都有着一脉相承的改革基因、发展基因。打造成渝历史文化公园、讲好"成渝故事"，逐渐形成特色化、差异化、集群化的发展态势，是贯彻落实习近平总书记关于建设巴蜀文化旅游走廊的一次生动实践。

（二）展示成渝历史文化的独特性

从"古"的视角看，巴蜀文化神奇、神秘、神妙，有奇幻的巢居吊脚楼、古驿道、栈道、笮桥、梯田、林盘竹居等，特异的巴蜀民俗和民风，唐人王勃语巴蜀乃"宇宙之绝观"。巴文化尚刚，尚武重义；蜀文化尚柔，崇文好仁，刚柔相济，历史人物司马相如生于蓬安，在巴地，长于成都，在蜀地，受两地文化熏陶，文韬武略兼具，性格刚柔并济。巴蜀有着长达 4500 年城乡浑然一体的发展历程，"耕读传家""务农业儒"，形成书香社会和诗意生活特色。从"红"的视角看，两地红色资源点多、面广、景美。截至 2020 年，重庆全市登录的革命旧址 423 处，其中全国重点文物保护单位 15 处，市级文物保护单位 55 处，区县级文物保护单位 190 处；登记备案革命纪念馆 27 家，馆藏革命文物 29374 件，其中珍贵文物 5137 件，革命文献 13429 件；各级爱国主义教育基地 208 个，其中全国爱国主义教育示范基地 10 处，市级爱国主义教育基地 61 处。[①] 成都全市现有革命遗址 80 个，国家级文物保护单位 1 个、省级 2 个、市级 5 个、县级 13 个，45 处爱国主义教育基地，各种陈列馆、纪念馆 10 余处。革命历史文化资源除成都和重庆主城区之外，大都分布在各个区县，自然环境优美，如四川广元存有各级苏维埃政权遗址 1724 处，达州市有 118 处革命遗址，阿坝 13 个县（市）留有413 处红军长征的遗址遗迹，泸州全市革命遗址多达 1200 余处，巴中市内馆藏红军文物就达到 10619 件[②]；重庆有潼南区杨闇公旧居、黔江区万涛故居、綦江区石壕红军烈士墓、丰都太平坝苏维埃政府旧址、酉阳县川黔湘鄂革命根据地遗址、秀山县中国工农红军第三军倒马坎战斗纪念碑、城口县川陕苏区城口纪念馆等。通过历史文化公园载体，以点带面，以面带片，连片成势，充分挖掘成渝两座历史文化名城的文化内涵，展示城市魅力。

二、突出特色，扩大影响

（一）规划特色历史文化园，满足多样化的需求

特色历史文化园的规划设计可展现出成渝历史文化的脉络。一是依托红岩联

---

① 参见《百年奋斗史 激励新征程——中国共产党重庆 100 年历史的基本特点及重要启示》，https://baijiahao.baidu.com/s? id = 1693956428004842694&wfr = spider&for = pc。

② 笔者根据《四川省革命遗址通览》及相关报道整理。

线和芙蓉联线把分散在两地的各类红色景区景点串成线，打造红色革命园、抗战文化园等，这条线可以是红色革命史、改革开放史等，通过挖掘提炼、策划包装、品牌设计，串点成线，连片开发，实现两地旅游资源共享、客源互推、市场共建、品牌共用。可推出横跨成渝两地的"重走长征路"等体验游品牌，合作建成成渝旅游文化圈。二是依托成渝两地的世界遗产的保护和研究，打造古镇故居园，实现研学游一体。如联合打造和推出石窟文化旅游线路，并以此线路打造石窟研学基地，开发研学课程。三是依托成渝两地非物质文化遗产，如蜀绣、川剧、评书、花灯、巫舞、皮影戏等，打造巴蜀历史园，开发创意文化产品，让传统技艺与科技相结合，通过动漫、VR及直播等方式，打造夜间文鉴艺廊、夜间视听剧院、夜间旅游景区等夜间精品线路。四是依托成渝两地博物馆，打造"博物馆展示＋文化体验＋消费场景"的综合性博物馆园，以建川博物馆国防兵器馆为例，游客在馆内参观藏品后，步入兵工小镇或工业遗址街区体验兵器制作，在小镇或街区开辟兵工设计室、兵工制作室、融入兵工真人游戏等，让游客有个性化选择、差异化体验。五是依托成渝两地工业发展史，打造工业文化园。如重庆涪陵816军工小镇、四川攀枝花钢铁厂等，利用废弃的厂房、矿区的艺术化改造，推出工业遗址旅游、工业科普游等，留住城市的记忆。六是依托成渝两地乡村振兴，打造乡村特色小镇园。如成都郫都区战旗村、崇州区大雨村，重庆九龙坡区大英雄湾村、铜梁区西郊示范片区等，把艺术与美食、美景相结合，打造集音乐盛宴、音乐咖吧、音乐火锅、灯光音乐秀、乐享悦舍民宿等为一体的特色消费场景，"吃的、玩的、住的、看的、买的、想的"六要素集聚。各地可根据不同的乡村文化，因地制宜地规划民俗村、田园农庄、农业科技园、乡村度假村等高质量产品，让游客的选择更加广泛。

（二）开发创意产品，让历史文化活起来

用国际视角诠释成渝历史文化，找到全人类共同认可的价值取向，如开放、包容、创新、和平、发展、公平、正义等。借用《功夫熊猫》《花木兰》影视产品的打造手法，赋予巴蜀历史文化的载体如皮影戏、川剧、花灯、竹琴等拟人化、故事化的形象，吸引世界"窥探"巴蜀历史文化的神奇。用时尚的视角诠释成渝历史文化。借用综艺节目、真人游戏等现代消费方式，展示巴蜀奇幻之地，如《中国诗词大会》《奔跑吧兄弟》《舌尖上的中国》等，在娱乐中植入巴蜀历史文化，在美食中赏析巴蜀的人文与生态，在奔跑中浏览巴蜀的蜀道难、吊脚楼等特色景观，以时尚的方式展现巴蜀文化之趣、文化之美。用科技的视角诠释成渝历史文化。运用VR、AR、AI技术让成渝历史文化立起来、动起来，让受众拥有多感官体验，与受众亲密接触，打造"历史文化＋现代科技＋美学艺术"

的产品，运用多种前沿技术手段，上演一场"博物馆奇妙夜"；借鉴法国巴黎光之博物馆举办的"梵高·星光灿烂的夜晚"展览，对几百幅油画作品进行数字化处理，以光、影交错的形式将其投影到墙壁上、地面上、天花板上，构成了突破传统油画边界的多感官艺术体验；打造成渝历史文化"穿越"体验空间，运用三面沉浸式空间体验技术，只要走入空间，便能瞬间"来到"几千年前的成渝地区，体验成渝历史发展的脉搏，感受从古至今的巴蜀风土人情，体验一次穿越的感觉；开发游戏化应用程序，让游客喊一回川江号子、当一回纤夫等，以主题式的游戏旅游，让游客参与到信息、文化的传播中，使其体验更生动、有趣。

（三）培育区域品牌，进行国内外推介

以"成渝地·巴蜀情"区域文化品牌为依托，以公益性活动培育品牌。通过举办不同级别、不同类型的主题文化活动，培育和强化"成渝地·巴蜀情"区域文化品牌。对外品牌宣传推荐，赴俄罗斯、英国、西班牙等国，以及北京、上海、广州等地，开展以"成渝地·巴蜀情"为主题的公益活动，如服务"一带一路"高峰论坛旅游推介活动，成渝旅游推介交流会、世界巡展等活动；对内举办"成渝地·巴蜀情"系列文化活动，如摄影大赛、旅游创意产品设计大赛、歌唱大赛、舞蹈大赛、旅游形象大使大赛、民族服装设计大赛、文化艺术节等，通过纸质媒体与数字媒体、传统媒体与新兴媒体并用的立体化、多元化传播方式，让更多的人知道和了解巴蜀文化，强化"成渝地·巴蜀情"区域品牌的社会知名度和影响力。另外，以经营性产业运作发展品牌。对"成渝地·巴蜀情"商标进行全类注册，确保品牌的产业运作与市场转型，与有文化战略眼光的企业合作，将品牌附着在有形的产品或市场化服务上，如推出"成渝地·巴蜀情"非遗村，"成渝地·巴蜀情"酒店，"成渝地·巴蜀情"网，"成渝地·巴蜀情"茶、水、酒等，拓展品牌的范围与价值；注重品牌孵化，建立"成渝地·巴蜀情"品牌研发基地，不断集聚要素，强化对品牌的研发和经营。

三、正确处理好三对关系

（一）整体与部分的关系

用大遗址保护的理念，科学制定规划，把历史文化公园分为核心保护区、主题展示区、融合发展区。核心保护区以文物保护为主，区内不得进行可能影响文

物保护单位安全及环境的活动；主题展示区在核心保护区外围，以科研、教育、文化体验和参观游览为主要功能，建设和发挥好纪念馆、博物馆等文旅公共服务场所；融合发展区由主题展示区及其周边自然生态、历史文化、民族风情、现代文旅优质资源组成，以娱乐、休闲功能为主，重点发展具有成渝文化特色的旅游产业，建设主客共享的配套服务设施。

（二）广度与深度的关系

品牌化的项目要求在精深上做文章。比如，长征历史文化、统战历史文化等项目，在策划时，力求让人在此情此景中感受到革命和社会主义建设的艰辛、改革的魄力，这样的项目在讲解上要"精"、在路线设计上要"精"、在纪念品上要"精"，因此，需要有创新的思维，宽阔的文化视野，能够对历史文化内涵有深层次的把握，寻求相对固定的受众。美丽乡村游、民俗文化游、休闲度假游等项目则要求在"广"字上做文章，要营造一种轻松愉悦的氛围，让游客一见如故，心中充满阳光，脸上凝固笑容，在欢声笑语中享受生活美、享受民俗情。对一些具有较大潜力的资源，如果开发条件不成熟，可以先在广度上做文章，等条件具备了再做精深化的开发。

（三）有界与无界的关系

公园有界，旅游无界，成渝历史文化公园的线路设计、项目设计，可加强贵州、云南、湖北、湖南等上下游省份之间的关联，如各省市在长征线路方面的关联、三峡移民方面的关联、改革开放的关联等，使游客可以从四面八方进入成渝历史文化公园，扩大信息渠道，让游客进行比较式的游览，激发游客游览的欲望，进入公园后，获得成渝地区生态康养的环境美、生态优、身心畅的健康体验。

第七章 遂潼一体化发展先行区的案例分析

2020 年初，"推动成渝地区双城经济圈建设"成为新的国家战略；10 月 16 日中共中央政治局审议《成渝地区双城经济圈建设规划纲要》；10 月 29 日党的十九届五中全会通过《中共中央关于制定国民经济和社会发展第十四个五年规划和二〇三五年远景目标的建议》，再次重申"推进成渝地区双城经济圈建设"。

为了将中央部署落地落实，川渝两地互动不断，多次召开党政联席会，部署成渝地区双城经济圈建设工作。一年半的时间，两省市确定构建的川渝毗邻地区合作平台达 9 个，GDP 规模约 2 万亿元，常住人口约 4000 万人。川渝毗邻地区社会各界均在思考如何抓住本轮机遇，起好步、开好局，为本地区发展注入新的活力。遂潼一体化发展先行区是这 9 个合作平台中的一个，经过一年的努力，合作也已取得一定的成效。

一、遂潼一体化发展先行区的基础条件和建设成效

遂潼一体化发展先行区的规划范围为重庆潼南区和四川遂宁市全域。两地地缘相近，文化相通，风俗相似，涪江相连，高速、动车互通，是川渝毗邻地区中直线距离最近的两座城市，具备牵手合作的良好基础。

（一）两地产业现状

遂宁市、潼南区位于四川盆地中部，一条涪江相连，居于涪江中游，是成渝经济区的重要组成部分。两地农业都较为发达，直到 2019 年，两地第一产业在 GDP 中的占比均在 15% 左右，农产品中涌现大量拳头产品，"潼南绿""遂宁鲜"等更是成为享有较高知名度的区域公共品牌。遂潼两地工业基础均较为薄弱，虽

然轻工业一度打出了部分知名品牌，但在四川和重庆竞争力均不强。近年，在结合自身实际的基础上，大力打造农产品精深加工、能源、白酒、智能装配等产业，由于起步时间较晚，虽初步建立产业体系，但总体发展层次较低，在川渝两地的同业竞争中缺乏优势，第二产业在经济总量中的比重约为45%。第三产业发展均滞后，截至2019年，遂潼两地第三产业的占比刚超过40%。

（二）遂潼一体化发展先行区建设成效

早在2017年，遂潼两地就正式建立战略合作关系。随着成渝地区双城经济圈建设上升为国家战略，遂潼两地合作持续升温。尤其是最近一年以来，两地政府均将一体化发展作为工作的重中之重，共谋规划、共建机制、共推项目、共争政策，签订各类协议50余个，创下"第一份毗邻地级市协议、第一条跨省公交"等川渝合作多项第一。由遂潼两地共同制定的《遂潼川渝毗邻地区一体化发展先行区总体方案》正式获批，明确将遂潼一体化发展先行区建设成联动成渝的重要门户枢纽，"三地一枢纽"的定位和"双中心、三走廊、一园区"的空间布局，为遂潼一体化当前和未来优化了顶层设计。在基础设施建设方面，启动《遂潼一体化发展交通专项规划》，一大批遂潼合作项目高效推进。在产业发展方面，遂潼两地围绕柠檬、生猪等特色优势产业，建设涪江沿岸特色农产品标准化基地；发展蔬菜基地1.7万亩，加强"遂宁鲜""潼南绿"等区域公共品牌深度合作；推动天然气化工、锂电、电子信息、装备与智能制造、现代农业等产业协同发展；实现两地景区门票的互惠、互通，建设涪江沿岸文旅带。

二、遂潼一体化发展先行区面临的挑战

为积极融入成渝两地双城经济圈建设，遂潼两地经过一年多的努力取得了一些成效，但我们认真梳理遂宁市和潼南区的产业、区位等情况，发现遂潼一体化发展面临的挑战不少，甚至有些挑战还是暂时无法克服的。

（一）"虹吸效应"在遂潼一体化发展先行区持续发酵

成渝地区双城经济圈的经济，正如四川盆地一样，有成都和重庆两个高地，而位于四川盆地地理位置上的盆底的遂宁市、潼南区乃至资阳市，正处于双城经济圈经济上的"洼地"。遂潼两地现在对"双城经济圈"建设抱有强烈意愿就是出于"大树下面好乘凉"的美好愿望。但同时我们也要看到另外一种情况：大

树下面不长草，即在大树可影响的一定范围内，是很难让其他小树苗壮成长的。在成渝城市群 16 城中，2008 年重庆和成都两座城市的 GDP 占 16 城经济总量的 57.69%，2018 年占比更是达到 62.09%，并且近年占比还有上升的趋势。反观遂潼一体化发展先行区覆盖区域，统计年鉴显示，2015～2019 年遂宁市年末户籍人口和常住人口逐年递减，潼南区情况也类似。同时，成渝地区双城经济圈中，高新技术产业相对集中在重庆、成都两地，遂潼的高新技术产业相对落后，与中心城市产业差距较大，产业梯度上存在断档。根据收缩性城市的相关标准，基本可以确定遂潼地区具有了收缩性城市的初步特征。

深究遂潼地区出现收缩性城市初步特征的原因，就是"虹吸效应"的客观存在。结合几大区域的整体极化趋势判断，珠江三角洲地区、长江中游地区以及成渝地区的中心城市对周边城市存在显著的"虹吸效应"，其中成渝地区的"虹吸效应"最强。成渝地区以"成都、重庆双核驱动"的模式为主导，集聚功能强大，但产业互补不足，难以产生规模效应，造成中心城市和周边城市发展失衡，特别是四川境内成都一家独大的局面短时间内可能很难改变。随着中央对成渝地区双城经济圈建设投入的加大，基础设施特别是交通设施的改善，遂潼地区将会进入成都、重庆两中心城市高铁、高速的 1 小时通勤圈，"虹吸效应"定会加大。

（二）产业结构同质化的存在，影响两地齐头并进

产业结构同质化是指不同区域产业受地方政府利益驱动的影响，在产业定位、发展模式方面体现出某种共同的倾向。遂潼两地文化相通、地形相近、资源禀赋相同，均以本地利益最大化为产业发展的出发点，产业布局以地方政府自我管理为主，追求经济效益的最大化，加之近年两地交通基础设施改善，动车、高速互联互通，形成川中、渝西吸引产业聚集的无差异平台，产业"同质化"严重，如两地的种养殖、天然气化工、智能装配等产业都具有相似性。

理想的情况，区域之间应存在合作和竞争两种关系。不同区域之间产业的互补性，通过合作可以发挥比较优势，实现区域协同发展；产业结构的同质性，通过竞争可以实现各种资源要素的合理高效配置。但由于历史原因，遂潼两地各自为政，造成各种资源要素的闲置和浪费，难以形成规模经济。对具体的企业个体而言，其生产经营重心容易放在降低成本从而获得竞争优势上，往往忽视创新发展，陷入恶性竞争。具体表现在产业空间相关性很低，也就是说，区位优势相近、地缘相同的相邻地区在选择产业时没有充分考虑产业链的完整性和邻近地区的互补性，只要有投资意向的项目就引入，布局随机，发展盲目，重复发展严重且大都是产业低端的发展，区域协同水平非常低。

（三）行政壁垒导致遂潼两地市场因素流通不畅

行政壁垒是经济社会发展区域一体化总趋势下仍然存在的空间层面梗阻现象，即常说的地方保护主义，这常常体现在跨区域竞争中，地方政府为保护本区域利益而设立对商品、资金、劳动力、技术等要素跨区域流动的限制，以行政区划为界限人为分割统一市场，这严重损害了跨区域的一体化发展。一般情况下，行政壁垒分为区域协同壁垒和行政管理性壁垒。区域协同壁垒是在不同行政区域之间，由于发展的不均衡，政策、制度等产生错位。行政管理性壁垒则是地方政府基于自身利益的考量，宏观上，在经济社会发展规划的编制以及产业政策、社会政策等政策的制定上通常缺乏有效的沟通与必要的协调，致使经济社会发展规划、产业政策和社会政策之间缺乏有效的衔接，不利于人口和生产要素跨行政区的合理流动，进而阻碍了区域协调发展水平的提升；在微观事务管理上，地方政府对地方经济发展的具体事务过度干预，如对非本地区的企业区别化对待，设置烦琐冗余的审批手续、竞争性领域的不平等市场准入规则等。

一直以来，成都、重庆作为西部地区两个特大型的区域中心城市，存在着事实上的竞争关系。成渝地区双城经济圈建设启动以来，虽然成都、重庆定位为双城经济圈中的两核，但在对上政策争取、对内产业规划等方面，竞争也一直没有完全停止过。"尽心尽力干好自己的事，齐心协力干好合作的事"的口号也仍然可以看出双方的不同考量。从川渝联结地带的川中、渝西地区的经济发展是成渝城市群中最薄弱的部分这一实际情况，也不难看出"行政壁垒"的影子。遂潼地区作为川渝的毗邻地区，市场上可以看到的对方的商品非常有限，购房贷款资格认定也十分困难，这些事实都体现了行政壁垒与一体化发展的格格不入。

三、走出中小城市特色化发展的有效路径

面对长远上的利好和现实中的挑战，遂潼作为一个经济发展较为落后、产业竞争力整体不强的地区，最佳选择就是发挥好"有效市场"和"有为政府"的积极作用，发展本地区具有比较优势的产业，走出中小城市特色化发展的有效路径。

（一）"有为政府"积极作为，提供好特色化发展的软硬件基础

在成渝地区双城经济圈建设的利好背景下，要做一个有为政府，须顺势而

为，现阶段就是必须牢固树立"一盘棋"思想和一体化发展理念，深入推动成渝地区双城经济圈建设。

首先，对标中央和市委相关要求，完善制度环境，提高毗邻地区发展软实力。根据《成渝地区双城经济圈建设规划纲要》及政府实施意见，紧扣主城都市区桥头堡城市功能定位，积极融入成渝地区双城经济圈建设；探索经济区和行政区适度分离，消除行政壁垒，依法平等保护各类市场主体产权和自主经营权；加快构建市场化法治化国际化营商环境，打造投资兴业热土；加快转变政府职能，建设服务型政府，创新行政管理和服务方式，推进政务服务标准化、规范化、便利化，切实维护公平竞争的市场环境。抓住"一区两群"协调发展战略实施关键时期，主动承接都市区功能和产业外溢，积极承接"两群"地区人口转移，全面深化各领域合作，协力遂潼毗邻地区高质量发展。

其次，提高基础设施互联互通水平，为承接主城区产业转移做好准备。强化主城都市区桥头堡城市功能，完善交通等基础设施网络，做连接成渝的交通、物流枢纽，对外构建1小时交通圈，对内构建半小时通勤圈，促进各类交通方式无缝衔接。依托现有渝遂铁路，争取早日动工兰渝高铁，规划建设城际铁路、市域（郊）铁路，打通"断头路""瓶颈路"。在现有高速通车的基础上，加快建设渝铜安乐高速，争取早日启动渝遂高速扩能、武胜至潼南至安居、璧山至潼南至安居高速公路。协同推进水运基础设施，加快建设通用机场，强化与周边地区快速联通，加大遂潼地区的正常交流。借助渝西水资源配置工程启动的大好时机，完善水利基础设施，在改善各项基础设施的基础上，随时准备承接主城产业转移。

最后，强化生态共建和环境共保，推动公共服务便利共享，为建设毗邻地区一体化发展先行区提供良好的生产生活环境。推进涪江、琼江等生态廊道建设，深化跨流域跨区域生态保护合作，推动建立长江流域常态化横向化生态保护补偿机制。全面落实统一环保标准，坚持一张清单管两地，完善联防联控机制，加强跨界水体、大气、土壤及固废危废污染治理协同和司法互助。实施便捷生活行动，全面加强教育、医疗、就业、养老及行政执法、市场监管、法律服务等领域的合作，支持户籍便捷迁徙、居住证互通互认，推进社会保险协同认证、养老保险关系无障碍转移、跨省异地就医直接结算、公积金互认互贷等，推进公租房保障范围常住人口全覆盖，共同打造公共服务优质、宜居宜业宜游的高品质生活圈。

（二）"有效市场"高效运转，在培育特色化产业过程中起到资源配置的决定性作用

"有为政府"的积极作为，为区域发展提供了各种软硬件基础，要在一定区域实现特色化发展，更不能离开"有效市场"高效运转。根据实际情况，遂

潼应合理划分产业类型，因势利导发展特色产业。

首先，推进科技创新，整合优势产业，做优追赶型产业和领先型产业。强化企业创新主体地位，构建以企业为主体、市场为导向、产学研深度融合的创新体系，加大研发投入，鼓励企业创新发展，重点在遂潼地区还有一定相对优势的智能装备、环保新材料、清洁能源等领域，掌握一批核心技术，拥有一批自主知识产权。发挥企业家在技术创新中的重要作用和大企业引领支撑作用，支持创新型中小微企业快速成长，推动产业链上中下游、大中小企业融通创新。

其次，全面推进乡村振兴，加快产业健康发展。遂潼地区作为传统农业发展较好的地区，种养殖业一直具有相对优势，要持续深化农业供给侧结构性改革，优化农业生产结构，强化示范创建、标准引领和质量安全监管。做靓蔬菜、柠檬、油菜、小龙虾、花椒农产品，巩固发展优质水果，建设百万头生猪大区。推动农村一二三产业融合发展，培育发展农业龙头企业，做大做强农产品精深加工，建设西部农产品加工贸易中心，加快发展休闲农业、乡村旅游、农村电商等新产业新业态，推进农业品种品质品牌建设，建设国际柠檬之都、西部绿色菜都。推动智慧农业建设，提高农业机械化、智能化水平，加快大数据、智慧气象等现代技术在农业领域的应用。培育农村各类创新经营主体，发展新型集体经济，扩大农业保险覆盖面。鼓励城市资金、技术、人才等投入乡村振兴事业，着力推动农业农村发展。

最后，加快以人为核心的新型城镇化。遂潼毗邻地区一体化发展先行区的建设目标是到 2035 年实现同城化，常住人口达到 500 万人，GDP 总量达 5000 亿元以上，在优化交通基础设施基础上，必须优化城镇功能和空间布局，建设高品质宜居城市，促进城乡协调发展。统筹城市规划、建设、管理，落实城市更新行动，推进城市生态修复、功能完善工程，全面提升城市品质能级。完善城市配套功能，优化公共服务供给，逐步实现职住平衡，加强文化、教育、卫生等基础设施建设，提高城市宜居程度。强化历史文化保护、加强城市风貌塑造，充分挖掘自然风光、民俗风情、特色风物等，厚植城市文化底蕴。打造智慧城市，推进城市数据大脑建设，提升城市管理服务智能化水平。

总之，遂潼两地有良好的合作基础和强烈的合作意愿，合作的开局也成效显著，在克服掉一些体制、机制和实际存在的挑战后，通过"有效的市场"和"有为的政府"，不断结合自身实际，发挥自身比较优势，一定能走出一条特色化发展的有效路径。

第八章 泸州推动成渝地区双城经济圈发展路径

——川南渝西融合发展试验区建设研究

推动成渝地区双城经济圈建设，是党中央从全局高度赋予成渝地区的重大责任和新的使命，也是川渝地区在历史交汇期迎来的重大战略机遇。川渝毗邻地区由于区位优势突出，合作基础良好，更应该抢抓机遇，加速融合发展，进一步强化国家重大战略的使命担当，努力在推动成渝地区双城经济圈建设中展现新作为，实现新突破。

目前，川南地区和渝西地区就推动要素高效集聚和合理流动，联手打造区域环境共治、公共服务共享、往来交通便利的优质生活圈，推动形成优势互补高质量发展的区域经济布局，达成了若干共识，取得了一系列显著成效。但区域内的经济尚未形成紧密的有机联系，促进各类要素流动和高效聚集的体制机制尚处于探索阶段，产业分工协作不够充分，产业同质化较为严重，亟须对川南渝西一体化发展先行区建设进行系统研究探索。

一、川南渝西融合发展试验区概念及意义

（一）区域范围

川南经济区包括泸州、自贡、内江和宜宾 4 个市、28 个县（市、区），辖区面积 3.5 万平方千米，占四川省总面积的 7.2%。川南经济区作为全省南向开放的主战场，要主动作为，承担重任，建设全国性综合交通枢纽，加快发展临港经济和通道经济，培育优势产业集群，打造全省第二经济增长极，建设成为南向开放的重要门户和川渝滇黔结合部区域的经济中心。

渝西地区，即中央直辖市重庆西部地区，包括永川、江津、合川、大足、綦江、南川、荣昌、铜梁、璧山、潼南10个行政区和双桥、万盛2个市管经开区，总面积1.88万平方千米，下辖262个乡镇（街道）。地形以丘陵为主，自然资源较丰富但人均占有量相对较少，经济基础条件较好。就其经济发展水平总体而言，渝西地区经济发达程度略低于重庆市主城区，但又高于重庆平均水平，在重庆国民经济和社会发展格局中处于"第二梯队"的地位，处于重庆1小时经济圈，属于发达的重庆大都市区。

在成渝地区双城经济圈建设的背景以及重庆市"一区两群"协调发展的格局下，渝西地区各市区对自身内部的发展方向和路径进行了进一步的细化。本章结合区位论，根据重庆市委、市政府印发的《关于建立健全"一区两群"协调发展机制的实施意见》，将渝西地区中的江津、永川和荣昌三区作为泸州市一体化发展的紧密相关区，即本章所指的渝西地区是狭义上的范围概况，仅指江津区、永川区和荣昌区。

《关于建立健全"一区两群"协调发展机制的实施意见》明确提出，"支持荣昌加快建设国家畜牧科技城，与四川泸州、内江、自贡共建农牧业协同发展示范区"，"支持永川在产城景融合发展、职业教育发展等方面深度发力，不断提升城市承载力，打造成为支撑成渝地区双城经济圈中部发展的支点，联动大足、荣昌与泸州、内江等地共筑协同发展区"，"推动江津等率先与中心城区同城化发展，积极承接中心城区外溢功能"。

川南渝西地区包括泸州市、宜宾市、自贡市、内江市、荣昌区、江津区、永川区七个市和区，区域总面积41136.05万平方千米，户籍总人口2136.42万人，2019年地区生产总值达到10186.91亿元（见表8-1）。

表8-1 2019年川南渝西地区基本情况

地区名称	面积（平方千米）	户籍人口（万人）	地区生产总值（亿元）	GDP增长率（%）
泸州市	12232.34	508.54	2081.26	8
宜宾市	13283	551.50	2601.89	8.8
自贡市	4381	320.06	1428.49	8.3
内江市	5385	408.18	1433.30	7.8
荣昌区	1079.01	85.03	652.54	9.5
江津区	3200.02	148.90	1036.74	8.6
永川区	1575.68	114.21	952.69	9

资料来源：各地区2019年《国民经济和社会发展统计公报》。

（二）设区意义

一是有利于发挥川渝毗邻地区基础设施共享、产业结构互补等基础优势，推动成渝地区双城经济圈建设毗邻地区融合发展。深化毗邻地区合作是成渝地区双城经济圈建设的重要抓手。川南地区和渝西地区合作基础好、合作意愿强，高起点规划建设川南渝西融合发展试验区，打造跨区域开放合作平台，有利于联动落实四川"一干多支、五区协同""四向拓展、全域开放"的经济发展战略和重庆"一区两群"的区域发展布局，在实践中强化"一家亲"理念和"一盘棋"思想，在高质量发展中"探索路径，打造样板，走在前列"，成为成渝地区双城经济圈毗邻地区合作的高质量发展样板区。

二是有利于协同推进全面改革开放，实现成渝地区双城经济圈建设与西部大开发、长江经济带战略和"一带一路"建设的有机统一。川南渝西融合发展试验区处在"一带一路"和长江经济带的重要联结点上，是联动"一带"与"一路"的"大通道"，是衔接"一带一路"和长江经济带的"大枢纽"，在西部陆海内外联动、东西双向互济的对外开放新格局中具有独特而重要的作用。推动川南渝西融合发展试验区建设，将进一步推动成渝地区双城经济圈完善大通道、大枢纽、大平台、大环境，搭建开放平台、做强开放主体、优化开放环境，构建具有国际竞争力的开放型经济体系，强化我国西向、南向开放的"门户"功能，形成成渝地区双城经济圈建设毗邻示范地区，高效打造内陆开放高地建设的典范。

三是有利于探索经济区与行政区适度分离，探索成渝地区双城经济圈建设毗邻地区协作机制建设。推进川南渝西融合发展试验区建设，有利于打破行政壁垒，推进行政管理体制和经济管理体制综合改革，构建政策协同、成本共担、利益共享等合作机制，促进产业、人口及各类生产要素资源自由流动和高效集聚，形成区域新兴增长极；有利于制度创新和改革措施系统集成，为省级毗邻地区基础设施互联互通、产业协作共兴、生态共建共治、公共服务共建共享等提供可复制、可推广的经验。

四是有利于培育区域发展新动力，增强成渝地区双城经济圈作为我国战略大后方的辐射带动能力。川南渝西融合发展试验区建设，有利于承接两江新区的强大辐射能力，打造内陆开放门户的战略纵深，强化承接成都、重庆以及东部沿海地区产业转移的能力，增强内生发展动能，通过门户枢纽延伸拓展带动川南和渝西地区发展，为成渝地区双城经济圈建设发挥示范引领作用。

五是有利于发挥生态优势，携手共建长江上游生态屏障示范区。川南渝西融合发展试验区地处长江上游，范围包括川渝跨境河流和山脉，需要加快水环境和森林资源的联动协作机制和生态补偿机制建设。川南渝西融合发展试验区建设将加快推动成渝地区双城经济圈建设生态合作机制，打造长江上游重要的生态建设样板区，共同筑牢长江上游生态屏障、维护国家生态安全，携手共建长江上游生态屏障示范区。

二、设立川南渝西融合发展试验区的条件和不足

（一）设立川南渝西融合发展试验区的条件

1. 经济社会基础良好

川南渝西融合发展试验区是长江经济带上游重要节点、长江经济带连接西部内陆腹地的战略通道，区位优势得天独厚。川南渝西地区勇挑川渝两地改革开放排头兵、创新发展先行者重担，经济社会发展取得举世瞩目的成就，成为引领川渝地区经济发展的重要引擎。川南渝西融合发展试验区背靠川渝万亿级产业经济体，集聚汽车生产、装备制造等产业，经济实力较强。截至 2019 年底，川南渝西融合发展试验区创造的经济产值约占川渝地区的 1/4，劳动生产率位居川渝前列。社会事业加快发展，公共服务相对均衡，社会治理共建共治共享格局初步形成，人民获得感、幸福感、安全感不断增强。

2. 空间承载能力强大

川南渝西融合发展试验区地处四川盆地西南，地形以低缓浅丘及山间谷地为主，坡度集中在 5°~15°，高程集中在海拔 380~450 米，高差相对较小，用地条件良好，外围拓展空间大。川南渝西一体化发展先行区范围内河、湖、水库众多，水资源丰富。丰富的生态人文资源，为吸引创新产业、人才、新经济集聚发展，打造高品质生态宜居地提供了重要的自然资源基础条件。

3. 交通物流网络便捷

川南渝西融合发展试验区紧邻川渝新欧国际班列起点和国际物流分拨中心，可辐射涵盖川南、渝西半径 200 千米左右的地区，具备"立足成渝、连接西南、辐射全国"的高效物流格局，为产业集聚提供了高效便捷的交通物流基础。

4. 公共服务体系共享

近年来，川南渝西率先做好两省市医疗保险异地就医联网结算试点，实现异地就医实时报销。推动养老金领取资格认证、医保"三大目录"等方面无缝衔接，泸州园区 20 户企业与重庆科研院所建立合作关系，建成"产学研用"联盟。

持续实施突发事件预警信息、应急物资、应急救援队伍、救援装备等资源共享，联合开展森林防火，区域应急处置能力显著提升。实行警务信息资源共享，合作开展禁毒缉毒联合查缉行动，区域社会治理秩序持续改善。

5. 开放合作领域广泛

川南渝西融合发展试验区地处内陆开放高地的前沿阵地，拥有通江达海、承东启西、联南接北的区位优势，紧邻重庆江北国际机场、火车北站两大交通枢纽，紧邻寸滩港和果园港，"空、铁、水、公、轨"五位一体的现代交通体系发达，具备作为国家临空经济示范区、重庆自贸试验区、中新（重庆）战略性互联互通示范项目等开放平台重要承载地的潜在能力，为川南渝西一体化发展先行区聚集全球资源、覆盖全球市场提供了便利条件。

（二）设立川南渝西融合发展试验区的不足

1. 空间格局尚未形成

一是《成渝地区双城经济圈建设规划纲要》《成渝地区双城经济圈国土空间规划》已经出台，试验区空间发展诉求亟待明确，以便更好地衔接上位规划。二是四川省委十一届七次全会指出，"要把深化川渝毗邻地区合作作为重要抓手，支持打造一批合作先行区、示范区和协同区"，在交通基础设施一体化、生态环保体系等方面开展一些对接研究，达成了部分共识。泸州与重庆等毗邻地区的城市发展方向尚不统一，还未形成相向协调发展格局。泸州拟向东拓展，以利用该区域的交通区位优势，实施"北联东拓、中心提升、南部保育"国土空间开发保护总体战略，向东、向北融入重庆主城都市1小时通勤圈，依托渝昆铁路泸州东站，规划建设泸东新城，而毗邻的永川、江津、荣昌三区的主要发展思路为向东融入重庆主城，所以融合发展还需与对方进一步沟通交流以达成方向一致。由于试验区在城镇空间发展格局一体化方面尚未形成共识，暂时不能纳入双城经济圈国土空间规划、省级国土空间规划，故其建设空间载体还未能得到保障。川南和渝西还需深入对接、研究，形成一致的城镇空间发展格局。

2. 发展空间支撑不足

川南渝西在国土空间层面存在的问题主要为：一是城镇化动力强劲，但规模体量不足。川南渝西城镇化率的提升均较快，但相较长三角的无锡、粤港澳大湾区的东莞等城市，建设规模仍较小，城市发展空间、规模体量相对不足。二是城镇建设规模支撑压力大。试验区规划范围内存在大量耕地和永久基本农田，新增建设用地规模难以支撑城镇建设，制约城镇空间布局。三是川南和渝西片区六个地区的城市建管水平与核心地区均存在较大的差距，尤其是一些产业基础薄弱、经济体量较小的地区差距更大，要实现与大都市区一体化发展任重道远。川南渝西经济区中的城市发展都相对滞后，小城镇发育缓慢，城镇规模等级结构极不合理。

3. 交通发展水平较低

泸州依托地理位置的特殊性和长江水道的便利性，着力打造全国性综合交通枢纽。目前，"水公铁空"立体交通体系已较为健全，基本形成以主城区为中心的"一环七射一横"高速公路网络、"三纵四横"铁路网络、"一横二纵五港区"水运体系以及川渝滇黔结合部的重要支线机场。但对外交通大动脉是最大短板，特别是铁路网络不发达。沿江港口建设缺乏统筹，航道等级整体水平较低，三峡枢纽通过能力不足，枯水期仅能进出 1000 吨级船舶。信息基础设施网络和能源水资源保障水平有待提高。郑渝昆、沿江、成渝贵等国家级通道经过永川、泸州，但永泸高速、渝昆高铁等两地直连高等级交通项目尚未建成，沿江（渝昆）铁路、沿江高速北线尚未纳入国家层面规划。同时，由于成渝、渝遂、渝蓉高速公路通行压力大，交通拥堵非常严重，导致成渝沿线的川南渝西物流成本增加。川南渝西片区的通联客运班次少、铁路密度低、通行成本高。一般来讲，多式联运能够为企业带来利好，选择性增多；一吨货物运输 1 千米，水路运价是 0.02~0.05 元，铁路运价是 0.02~0.05 元，公路运价是 0.35 元。交通互联互通和通行成本费问题如不能得到有效解决，渝西各区之间将始终处于各自为政的状态，人流物流的一体化发展将无法实现。

4. 产业塌陷现象明显

一是成渝两地的极化效应明显，川渝毗邻地区经济总量偏小。受成渝两大核心城市极化效应、虹吸效应影响，优质项目、大型企业、重大项目、行业发展扶持资金均向经济发展水平较好地区倾斜和集聚，川南渝西地区形成了明显的"中部塌陷区"。目前，渝西地区已形成汽车及零部件、智能装备、电子信息、特色轻工、新能源及新材料五大主导产业集群，泸州形成了白酒产业以及电子信息、装备制造、能源化工、现代医药、纺织五大主导产业集群，自贡形成了机械装备制造、盐及盐化工、新材料三大产业集群，宜宾形成了食品饮料、电子信息、装备制造、先进材料产业集群。川南渝西地区产业发展基础较好，但缺乏产业协作和互补；拥有国家级高新区、大数据产业园，科技创新有一定基础，但职教培育与产业方向匹配度不高，高科技人才比例不足，科技创新水平仍有待加强。就泸州而言，泸州面临既要"转型发展"，更要"追赶发展"的双重压力。人口经济集聚能力不强，对核心城市职能分担不够，对县城和小城镇带动辐射不足。全市产业现代化水平总体不高，实体经济不强，转型升级步伐还需进一步加快。开放型经济发展不够，开放层次还不高。教育、医疗、养老等民生事业发展与群众需求还有不少差距。2019 年全市实现 GDP 2081 亿元，同比增长 8%，总量居四川省第6位，增速居四川省第4位。二是要素配置程度较低。虽然说成渝地区市场一体化在不断推进，跨区域要素配置平台建设初见成效，但由于行政壁垒和地方保护主义，仍没有打破"一亩三分地"的思维，生产要素在区内流动不畅，区域要素市场一体化程度仍然较低。如以劳动力市场为例，区域间仍存在户籍壁垒和公共服务不均等现象，城市基本上已经完全市场化，各种生产要素可以自由流动，而农村还处在半市场化状态。劳动力、资金、土地这三大生产要素基本是从农村向城市单向流动，这在一定程度上导致农民收入水平低，成为阻碍区域一体化发展的主要因素。

5. 一体化发展体制机制缺失

目前，促进成渝地区双城经济圈一体化发展的共识已经达成，现实基础也比较坚实，区域一体化发展机制也已经建立，但跨区域发展的协调机制发挥的作用还不够，最大的影响因素就在于制度创新还不够。随着区域经济的发展，各地区经济利益依存度越来越高，而区域合作协调主要以对话式协调为主，缺失法律制度上的约束，地区之间受到地区经济短期利益的驱使和区域经济利益难以计量的技术限制，这就导致合作协调一方面达不到预期效果，另一方面不能更好地适应城际协调发展的现实需要。统筹协调机制不畅，区域间行政壁垒未完全破除，现有的省际协调联动机制和市域协调机制还没有打破各自为政的发展格局，导致发展要素流动不畅。城市群一体化发展成本共担和利益共享机制尚未破题，区域内统一市场和信用体系建设滞后，产业协同发展程度不高。在"成渝地区双城经济圈"范围内，各地在进行本地区发展战略规划时，更趋于从自身角度出发进行产业规划和布局，导致各县域经济产业结构趋同化，同质竞争愈演愈烈。比如，与泸州市区位优势相异的宜宾市等部分区县均围绕重庆主城区做"文章"，多数区县将电子信息业、装备机械、汽车及其零配件等产业作为主导产业进行布局配套。同时，重庆市内的长寿、垫江、合川等区县，产业配套更是围绕主城开展，而行政体制、资源配置能力，均较泸州有着较大的比较优势。这在一定程度上抑制了区域经济比较优势的发挥，而且容易造成区域间恶性竞争加剧，阻碍区域协调发展进程。

三、泸州推动川南渝西融合发展试验区的优势

2020年7月10日，《中共四川省委关于深入贯彻习近平总书记重要讲话精神加快推动成渝地区双城经济圈建设的决定》（川委发〔2020〕12号）指出，支

持泸州建设长江上游航运贸易中心和区域医药健康中心，加强泸州（还有宜宾）与重庆沿江协同发展，打造产业和人口优势承载地、南向开放新高地，带动川南经济区一体化发展，支撑成渝地区双城经济圈南翼跨越。为推动川渝毗邻地区联动发展，该决定指出，支持泸州（以及自贡、内江、宜宾）与渝西城市共建川南渝西融合发展试验区，协同建设承接东部地区产业转移创新发展示范区。

2020年7月27日，重庆市和四川省联合出台《川渝毗邻地区合作共建区域发展功能平台推进方案》，明确川渝将共建9个毗邻地区合作平台，其中包含泸州、永川、江津以跨行政区组团发展模式建设融合发展示范区。围绕川南渝西地区融合发展布局，加强基础设施互联互通、产业协作共兴，合作共建产业园区，协同承接产业转移，探索区域融合、产城融合、城乡融合发展新机制。推动内江、荣昌共建现代农业高新技术产业示范区，加快泸州、永川、江津以跨行政区组团发展模式建设融合发展示范区。

2020年7月31日，《中共泸州市委关于深入贯彻习近平总书记重要讲话精神全面融入成渝地区双城经济圈建设的决定》指出，建设沿江综合立体交通走廊，积极谋划川南渝西城际环线。加快推进叙永至威信、泸州至永川、古蔺至金沙、重庆至泸州至宜宾扩容、重庆经叙永至筠连、古蔺至仁怀、泸州至古蔺等高速公路项目，积极推进过江通道建设。同时，积极推进建设现代化区域航空枢纽，规划实施云龙机场扩建工程，稳步拓展国内航线，争取开通国际航线。

（一）区位优势突出

泸州地处四川省东南、川滇黔渝四省市结合部，长江、沱江和赤水河在境内交汇，是"一带一路"和"长江经济带"的重要节点城市、长江上游重要的港口城市，是全国综合性交通枢纽、西部陆海新通道重要通道，是川滇黔渝四省市结合部商贸、交通、物流和医疗、教育等服务中心，也是全省"一干多支、五区协同"战略7个区域中心城市之一，是成渝地区双城经济圈重要的商贸物流中心，是唯一与重庆渝西各区接壤的四川地级市，同时也是第一批国家新型城镇化综合试点地区、跨境电子商务综合试验区。泸州是国家《成渝城市群发展规划》中唯一的"双两百"大城市，规划到2020年中心城区城市人口200万人、城市建设用地200平方千米；被省委、省政府定位为川渝滇黔结合部区域中心城市、成渝城市群南部中心城市，在成渝城市群中占有重要地位。

泸州港是中国四川省泸州市港口，地处长江上游、四川盆地南部、川滇黔渝四省市结合部，是四川第一大港、中国28个内河主要港口之一、国家临时开放水运口岸、中国（四川）自由贸易试验区的重要组成部分。泸州被确定为四川省唯一的港口型国家物流枢纽承载城市，泸州港直接经济腹地包括四川省泸州市，四川省自贡市，四川省内江市，四川省宜宾市兴文、江安等县，贵州省毕节市，贵州省遵义市习水、赤水、仁怀等县市，云南省昭通市镇雄、威信等地；间接经济腹地包括重庆，川中，川西北的成渝、成昆、宝成铁路沿线地区。截至2019年，泸州港拥有经营性货运码头17座，生产性泊位47个，其中千吨级以上泊位30个。2019年，泸州港完成货物吞吐量951.07万吨。

（二）产业优势突出

泸州是世界级白酒产业基地，国家重要的以名优酒为主体的食品工业基地、循环型化工基地、清洁能源生产基地、国家高性能液压件高新技术产业化基地、国家九大工程机械生产基地之一。2019年规模以上工业增加值增长10%，增速分别高于全国、全省4.2个、2.0个百分点；工业对GDP增长支撑作用不断凸显，拉动GDP增长3.9个百分点；企业效益明显改善，全年规模以上工业企业实现营业收入2001.0亿元，同比增长14.5%，实现利润总额177.6亿元，增长28.4%；全市全年完成工业投资443亿元，同比增长3.4%，完成技改投资226亿元，同比增长11.4%。全市产业园区建成区面积90平方千米，入驻企业2741家。泸州根据自身资源禀赋条件、产业发展基础和国际国内产业发展趋势，对标周边地区主导产业，以争创全省经济副中心为契机，围绕工业经济高质量发展，重点以白酒、电子信息、装备制造、航空航天、新能源新材料、现代医药作为产业发展方向，打造千亿白酒产业、千亿电子信息产业，千亿由装备制造、航空航天、新能源新材料、现代医药等构成新兴产业，构建以三大千亿产业为引领的现代产业体系。

（三）平台优势显著

泸州历来是四川重要的工业商贸城市，2019年泸州市GDP达2081亿元，增速9.8%，高于全省平均增速。泸州以"一带一路"、长江经济带、成渝城市群建设为契机，立足水、路、空交通优势，结合独特资源禀赋，沿江错位布局产业园区，形成"4+7"产业园区体系，即泸州高新技术产业开发区、泸州长江经济开发区（自贸区川南片区）、泸州白酒产业园区、泸州航空航天产业园区4个市管园区，泸州国家高新区江南科技产业园、泸州长江经济开发区、纳溪经济开发区、泸县经济开发区、合江临港工业园区、叙永资源综合利用园区、古蔺经济开发区7个区县管理的园区。全市园区总规划面积500余平方千米，建成区面积超过90平方千米，解决就业18万人，在水、电、油、气、运输、用工、金融等要素方面保障充足，基本形成产业为主、产城融合，以人为本、职住平衡，布局合理、功能完善的"4个市设园区+7个区县设园区"产业园区格局。成功培育国家级高新区 1 个，国家级新型工业化产业示范基地 2 个、长江经济带国家级转型升级示范开发区 1 个，省级经开区 5 个、省级新型工业化产业示范基地 2 个、省级特色产业示范基地 2 个。泸州拥有中国（四川）自贸区川南临港片区、综合保税区、国家开放口岸、跨境电子商务综合试验区等国家级开放平台。这在四川省除成都外的各市州以及川滇黔渝毗邻地区都具有独一无二的突出优势，是极大提升泸州对外开放和城市能级的重大平台。

（四）资源基础牢固

泸州水资源丰富，本地产水总量和部分可用过境水量达 116 亿立方米，水资源承载能力超千万人，基于适宜建设用地（扣除基本农田、林草地）的人口承载能力为 900 余万人。泸州是我国天然气化工的发源地、国家规划的 16 个大化工基地之一和 14 个精细化工基地之一，拥有泸天化、北方化工、中海沥青等一大批优势化工企业；是全国九大工程机械生产基地之一，是国家高性能液压件高新技术产业化基地，是大中型全液压汽车起重机、挖掘机制造中心，拥有以长江起重机厂、长江挖掘机厂、长江液压机厂为代表的一批机械生产企业；是川南能源保障基地，拥有国家规划的 13 个大型煤炭基地之一的古叙矿区，探明无烟煤储量 69 亿吨、占四川全省储量的 33%，全市已探明硫铁矿储量 32 亿吨、占全国的 14%，煤层气 1000 多亿立方米，页岩气预计为 6.8 万亿~8.4 万亿立方米，相当于四川盆地常规天然气的资源总量。泸州是国家历史文化名城，具有两千多年的历史文化，西汉设江阳侯国，梁武帝大同年间建置泸州，拥有泸州老窖酒酿制技艺、古蔺郎酒传统酿造技艺、泸州油纸伞、古蔺花灯等国家级非遗项目。泸州历史源远流长，形成以名酒文化、生态文化、红色文化、历史文化、长江文化为代表的五大特色旅游资源。泸州市境内拥有西南医科大学等高等教育资源。

四、泸州推动川南渝西融合发展试验区的主要做法

泸州与重庆渝西地区山水相连、人文相通、资源互补、经济相融，合作源远流长。近年来，泸州充分发挥毗邻重庆渝西地区的地缘优势，抢抓战略机遇和探索实践，主动对接重庆渝西地区，不仅在区域交通、通信、能源等重大基础设施网络及配套服务体系上力求完善，更深化各领域合作，电子信息、装备制造、生物医药等重点产业有了明显发展，合作共赢趋势显著，为川渝合作模式创造了大量成功的经验做法。

（一）聚焦合作平台建设，实现互利共赢发展

强化川渝合作示范建设机遇，高标准规划建设川渝合作（合江）产业园。占地 1300 亩的川渝合作（合江）产业园，已完成园区"五通一平"并启动标准化厂房建设，入驻重庆企业 16 家。两地园区深入对接，开展产业协作，共建中航 EPS 转向系统生产基地、泸州容大 CVT 生产基地。建立现代农业产业园区对口联络机制。推动泸州合江县与永川区、江津区联合建设富硒花椒产业园、荔枝产业园。完成泸州合江县农产品交易中心选址，开展方案设计。利用中国（重庆荣昌）生猪期货市场平台，建立品牌推介及市场信息共享合作机制，共同打造"一江津彩""酒城优品""茶竹永川"等农产品区域品牌。联手打造川渝黔旅游"金三角"，将福宝景区纳入泸州市全域旅游发展规划，加强与重庆四面山景区互促互动，利用重庆都市旅游节暨城际旅游交易会、重庆国际旅游狂欢节等重大旅游节会活动开展宣传营销活动；尧坝古镇纳入重庆 6 家旅行社旅游线路点位，荔枝生态旅游节在重庆 40 余家媒体宣传报道。

（二）聚焦长江上游生态屏障，推进生态环境共建共治

泸州市坚决把生态责任扛在肩上，深入落实"共抓大保护、不搞大开发"要求，牢固树立"绿水青山就是金山银山"理念，以"造福沿江亿万人民"的情怀，首倡川渝"两地四方"合作机制，打好生态牌、走好合作路，建立健全长江干流上下游环境风险防范、联防联控、协调应对机制，与江津区签订《共管水域联合工作机制协议》，加强与重庆市交界的两个河流断面水质监测，联合江津、永川完成长江干流突发环境事件应急演练。坚决打击非法采砂、非法排污、非法捕捞等违法犯罪行为，完成长江上游珍稀特有鱼类国家级自然保护区联合执法。

（三）聚焦基础设施建设，推动基础设施互联互通

铁路方面，建成隆黄铁路隆叙段、叙永至大村铁路，加快建设川南城际铁路内自泸段、隆黄铁路叙永至毕节段、渝昆高铁川渝段。公路方面，建成 G76 厦蓉高速、G93 成渝环线高速、G4215 蓉遵高速、S80 宜叙古高速、G8515 泸荣高速公路，2020 年开工建设泸永高速、古金高速，加快建设 G246 泸县立石镇至泸州段、G353 泸州至江阳区江北镇等普通国省干线。航道方面，大力实施长江泸渝段生态航道整治，启动沱江航道升级前期工作。云龙机场于 2018 年 10 月建成通航，现已开通航线 44 条。

（四）聚焦打造内陆开放，协同打造对外开放平台

中国（四川）自由贸易试验区川南临港片区与重庆自贸区签订战略合作协

议，共同探索陆上贸易新规则，促进通道通用、人才流通、制度共享。建立泸州航运物流交易所，开展多式联运货运交易、船舶交易、大宗商品交易，稳定开行直航班轮 4 班/周。深化与青白江国际铁路港合作，开行"蓉欧+泸州港"号班列，实现省内长江水运和蓉欧班列无缝连接。2019 年第十三届中国国际酒业博览会期间，吸引江津老白干等重庆酒类企业参展；举办中国（四川）自由贸易试验区川南临港片区投资贸易推介会，组织重庆企业来泸投资洽谈。中国（四川）自由贸易试验区累计形成制度创新成果 238 项，"企业开办小时清单制"获国务院通报表扬，"生产企业出口退税服务前置"经验在全国推广。泸州港连续第三次获批外贸船舶临时停靠，成功实现临时开放口岸期限延长。泸州老窖集团全资子公司泸州联众物流有限公司联合重庆中远海运物流有限公司合资组建泸州中远海运联众物流有限公司，促进双方在成品物流领域建立合作关系。

（五）聚焦高质量交流合作，不断完善区域协作机制

泸州市全面落实省委主要领导关于"发展经济要按经济规律办事，不要用行政手段人为限制甚至隔断两地经贸交流"的指示精神，持续深化川渝合作推进机制，打破区域界线，突破行政壁垒，推动深度融入重庆。建立了领导组和工作专班。分别成立融入成渝城市群发展对接工作领导组和推进川南经济区一体化发展领导小组，明确目标任务和工作职责，加强对区域协同发展的统筹指导。签订了一批合作协议。先后与重庆市签订《合作联盟共建备忘录》，与江津区、荣昌区、永川区签订协同发展战略合作协议；与川南三市签订了《川南经济区合作发展协议》《推进川南政务服务一体化建设合作协议》等，努力在务实合作中实现互利共赢。编制了一批工作方案《川南都市圈区域规划》《泸州市推进川南经济区一体化发展工作方案》等，有序指导推动一体化发展。

通过构建一体化发展指标体系及测算结果可以看出，2010~2019 年川南渝西地区的融合发展指数均有提高，但是渝西地区领先较为明显，各区域内排序差异较大。

五、泸州推动川南渝西融合发展试验区的总体思路

（一）总体思路

以习近平新时代中国特色社会主义思想为指导，深入贯彻落实党的十九大和十九届二中、三中、四中全会精神以及中央财经委员会第五次、第六次会议精

神，认真落实党中央、国务院和重庆市委、四川省委关于成渝地区双城经济圈各项战略部署，对标"一极一源两中心两地"定位，坚持高起点规划、高标准建设、高质量发展、高水平治理，以新思路、新举措、新机制，培育新动能、激发新活力、塑造新优势，在规划互融、设施互联、产业共兴、园区共建、生态共治、城乡融合、公共服务共享等领域先行先试、率先突破，全面增强要素资源的集聚配置能力，着力把川南渝西融合发展试验区建设成为成渝地区双城经济圈经济高质量发展示范区。

（二）基本原则

坚持开放发展、符合国家战略。主动顺应当今世界和平合作、开放融通、变革创新的大趋势和经济全球化的时代潮流，积极融入"一带一路"、长江经济带建设和西部开发开放，促进投资贸易便利化，形成与国际投资贸易通行规则相衔接的制度创新体系，构建扩大开放新高地和对外合作新平台。

坚持规划引领、互利共赢。加强发展规划衔接，优化完善发展战略规划、国土空间规划、专项规划，突破国土空间制约，强化政府间联动、企业间互动，拓展合作领域，提高合作水平，全面提升发展能级，实现共赢发展。

坚持尊重自然、绿色发展。践行"两山"论，加强生态建设，走绿色低碳、城乡统筹之路。推进产城景融合，丰富就业创业机制，吸引人口集聚，探索"人城境业"高度和谐统一的新路子；统筹城乡布局，推进公共服务供给均等化和普惠共享，实现城乡全面融合发展。

坚持改革驱动、创新引领。突出政策创新、强化赋权赋能，坚决破除制约发展的体制机制障碍和要素保障瓶颈，探索各种政策、改革举措先行先试，构建体现新发展理念、支撑高质量发展的政策制度体系、依法行政的政府治理体系和高效配置资源的政策支撑体系。

（三）发展定位

川南渝西融合发展试验区建设要对标成渝地区双城经济圈"一极一源两中心两地"的战略定位，在成渝地区双城经济圈建设以及川渝合作的体制和框架下，依托重庆，内引四川，以规划战略融合为先导，以平台载体搭建为基础，以创新融入方式为关键，以项目清单对接为路径，以优化营商环境为保障，充分发挥地缘和经济地理区位比较优势、产业基础坚实、科教资源丰富、生态环境良好、开放水平较高等方面的发展基础，做大做强发展能级，不断增强辐射带动作用，推动产业共建、生态共治、科创共兴、开放共融、发展共享，共同打造成渝地区双城经济圈毗邻地区高质量发展的示范区。

一是对标成渝地区双城经济圈建设的重要经济中心定位，将川南渝西融合发展试验区建设成为经济高质量发展示范区。聚焦重庆、四川装备制造、电子信息、新材料、数字经济等主导产业，充分发挥泸州产业发展优势，借助产业基础，突出延链、补链、强链发展，探索"总部+基地"模式，建设成渝配套产业园、"飞地园"。

二是对标成渝地区双城经济圈建设的科技创新中心定位，将川南渝西融合发展试验区建设成为协同创新引领区。充分发挥毗邻重庆主城的区位优势，探索跨省合作共建城市新区模式，推进经济区与行政区适度分离，打破行政壁垒，建立集约高效便捷的管理体制机制。创新链与产业链深度融合，产业迈向中高端。强化政策协同、资源供给、服务配套能力，拓展两江新区发展新空间。区域协同创新体系基本形成，优势产业领域竞争力进一步增强，形成若干世界级产业集群，成为成渝地区双城经济圈重要创新策源地。

三是对标成渝地区双城经济圈建设的改革开放新高地定位，将川南渝西融合发展试验区建设成为内陆开放高地重要支点。立足成渝、服务全国、放眼全球，主动对接、服务和融入"一带一路"建设、新时代西部大开发、长江经济带绿色发展战略，加快构建全方位开放格局，扩大与成渝城市群的交流合作，对接高端创新资源，促进创新要素的聚变融合与裂变创新，实现产业高端化发展，抢占产业发展先机。

四是对标成渝地区双城经济圈建设高品质生活宜居地定位，将川南渝西融合发展试验区建设成为生态康养宜居地。坚持生态优先，推动产城景深度融合，示范大都市近郊乡村振兴与城乡融合发展，创造良好人居环境，实现生产空间集约高效、生活空间宜居适度、生态空间山清水秀，有序承接重庆主城区和成都市功能和人口疏解，打造大都市高品质生活宜居地。以巴蜀文化旅游走廊建设为引领，规划建设精品旅游区。

六、实施路径：十大"一体化"战略措施

成渝地区双城经济圈建设为川南地区和渝西地区融合发展带来了前所未有的发展机遇。泸州要在规划布局、产业发展、设施建设、公共服务、生态环境、社会治理六个方面实现合作对接，将川南渝西融合发展试验区打造成为"协调发展高地、协同创新高地、开放合作高地、绿色发展高地和民生共享高地"，助推"成渝地区双城经济圈"形成高质量一体化发展新格局。

（一）"一体化"的空间协同：国土空间统筹优化

推动构建川南渝西融合发展试验区的空间格局。深入研究对接国家制定的《成渝地区双城经济圈建设规划纲要》，加强顶层设计和统筹协调，完成国土空间、产业发展、交通网络、城镇体系、公共服务、生态环境等相关专项规划。全面落实主体功能区规划，完善开发政策，控制开发强度，规范开发秩序。构建大中小城市和小城镇协调发展的新型城镇体系。修订完善川南渝西城市群规划，编制川南渝西融合发展试验区的国土空间规划，推动内江市、自贡市、宜宾市、泸州市、江津区、永川区、荣昌区的聚合发展，构建川南渝西都市圈。进一步优化城镇功能布局，推进"多规合一"。突出与毗邻市州发展规划对接衔接，加强总体规划与空间规划、专项规划的协调统一，切实做好"多规融合"，增强规划统筹性、协调性，杜绝各类国土空间规划"以我为主、各自为战"或"职能不清、内容冲突、资源浪费"。

在自然保护区评估划定、生态保护红线评估划定，以及沿长江两岸规划管控上，形成联动机制，协调推进相关生态保护空间布局工作，建立相协调的区域性生态保护空间格局。

大力实施乡村振兴战略。加快发展县域经济，争创一批县域经济发展强县、进步县、先进县和天府旅游名县，建设一批宜居县城、特色小镇、特色村落。提升县城、中心城镇功能，支持符合条件的县撤县设市、撤县设区，积极推进经济发达镇行政管理体制改革，稳妥推进撤乡设镇、乡镇撤并等乡镇行政区划调整。创新城乡融合发展体制机制，共同建设一批宜居县城、特色小镇、特色村落。打破行政区限制，推进医疗、教育、公共服务一体化真正实现城乡一体化发展，加快推进农业农村现代化。

加快推进现代化区域中心城市建设。加快区域中心城市建设，支持其争创全省经济副中心。强化中心城市与中小城镇基础设施联通、公共服务共享，增强中心城市集聚和辐射带动能力。支持内江市、自贡市、宜宾市、泸州市、江津区、永川区、荣昌区一体化发展，编制一体化发展规划，加快推进城际快速通道建设，率先实现铁路、城市快速通道公交化运营，推动共建产业园区。

加快城市总体规划修编。对于泸州而言，一是构建城市发展新格局。坚持协调发展、开放发展理念，高标准建设"两江新城"，推进四大园区建成泸州产城融合、全域开放的城市口岸。推进泸县加快融入主城区，建设泸州大都市区北部副中心。推进合江与中心城区一体发展，支持合江县城建设长江上游滨江生态城。实施"百镇建设行动"，加强特色小镇培育。二是推进城市功能新提升。坚持创新发展、共享发展理念，提升中心城市基础承载和资源集聚能力，完善区域中心城市功能体系。加快城市跨江通道建设，加快海绵城市建设试点。全力提升城市公共配套服务能力和城市精细化治理水平。三是打造公园城市新名片。坚持绿色发展理念，合理扩大生态空间、控制生产空间、调优生活空间，科学构建以"公共、共享"为特色的"三生"空间结构。统筹自然生态系统治理，加快连江公园、长江湿地公园等建设，着力打造"两江四岸"百里绿色长廊、滨江公园体系，形成城市"沿绿沿江"发展格局和城市空间和谐统一的大美城市形态。

（二）"一体化"的区域协同：单兵博弈到区域抱团

泸州应紧紧围绕"全省第二经济增长极、南向开放重要门户、川渝滇黔结合部区域经济中心"定位，科学分析与四川省内自贡、内江和宜宾等环重庆主城区市县，以及重庆荣昌区、江津区、永川区等重庆主城区周边地区发展的关联性，通过立足资源禀赋丰富、区位环境优越、产业集聚良好等特色，充分发挥泸州制造业的先发及规模优势，抓住几个重点产业，精准发力，通过龙头带动、产业联动、科技推动等方式，促进产业集聚发展，同时可积极吸纳重庆的项目、资金、技术、信息外溢，加强本地企业与融合发展区域内企业的配套合作，优化产业空间布局，着力打造先进制造业集聚区。同时，充分发挥开发区和园区的平台优势，对接重庆两江新区、自贸区、中新合作项目，创造更有吸引力的投资环境，拓展新的开放领域和空间，扩大服务业领域的对外开放，为区域转型和开发区创新提供可复制的经验。

（三）"一体化"的制度协同：做好顶层制度设计

"成渝地区双城经济圈"建设，规划是龙头。一是主动参与"成渝地区双城经济圈"规划编制。当务之急是联合川南其他城市以及渝西城区，共同开展融合发展试验区规划研究，加强在空间布局、产业协作、基础设施等方面的衔接，率先探索一体化制度创新。二是理清体制机制改革方向和目标。实现融合发展试验区在产业导向、市场监管、生态环境、社会治理、民生保障等方面一体化。三是积极支持和配合融合发展试验区机构和管理体制改革。借鉴浙江"最多跑一次"、上海"只跑一次"、江苏"不见面审批"改革，整合政务资源，优化行政和投资项目审批制度，落实负面清单管理，提高行政服务效率，营造营商环境标杆区域。

（四）"一体化"的产业协同：构建现代产业体系

加强优势产业合作。加强川南渝西装备制造、新材料、绿色建材、电子信息、精细化工、食品饮料、消费品工业等产业的合作，推动川南渝西企业开展技术研发与生产合作，促进产业优势互补、互利共赢。例如，泸州市与江津区、荣昌区共同做大做强新能源汽车及零部件、汽车配件、医药研发、服装加工、智能家居、陶瓷、白酒、茶叶等产业；泸州市与永川区组建智能装备、大数据、龙眼、茶叶产业联盟，打造具有影响力的地域产业品牌；进一步扩大跨省异地就医直接结算联网医院覆盖面，推动川南渝西同级医疗机构检查、检验结果互认。

协同打造优势特色产业集群。做强做优千亿白酒产业，推动泸州老窖重回行业前三迈出实质性步伐，支持郎酒上市发展，推动川酒、绿地、环球佳酿以及中小酒企梯次成长，高质量建设"中国白酒金三角"核心区，打造世界级优质白酒产业集群。重点发展智能终端、信息安全、大数据、电子元器件、北斗等产业，加快培育电子信息产业集群，争创国家级大数据产业集聚区。大力推进高标准农田建设，打造成渝优质粮油战略保障核心区，确保成渝经济圈粮食安全。加强页岩气资源勘探开发和就地转化利用，建立页岩气开发利用共享机制，加大煤层气勘探开发，打造清洁能源产业集群。精深培育千亿新兴产业，大力发展装备制造、航空航天、新能源新材料、现代医药等产业集群，打造制造业协作配套基地。重点发展节能装备、废弃物处理及利用装备、污染防治装备、节能环保服务等产业，推进国家高端装备制造（节能环保）标准化试点，打造节能环保产业集群。重点发展高分子合成材料、精细化工材料、硬质合金材料、高端金属复合材料、锂钒钛材料、先进轻纺材料、新型建筑材料等，打造国家级新材料产业集群。重点发展清洁能源设备、工程机械、轨道交通、通用航空和航空发动机研发制造、汽车制造及零部件、化工容器设备等，打造装备制造产业集群。培育发展现代物流企业集团，组建川南供应链战略联盟，打造现代物流产业集群。积极发展现代医药、现代建筑业、电子商务、康养度假等新产业新业态。加快发展林竹、茶叶、生猪、肉牛、肉羊等特色农业及农产品深加工业，推进农村产业融合发展，打造优质特色农产品基地，例如鼓励江津富硒农产品、合江荔枝、合江真龙柚、泸州桂圆等特色产业合作，打造区域农产品公共品牌。推动富硒产业发展，规划建设国家农业高新技术产业示范区，加强农产品贸易推介及市场信息共享合作，川南渝西互相开辟直供渠道。

做强世界级优质白酒产业集群，发挥浓香型和酱香型唯一叠合区产区优势；集聚发展电子信息产业，加快推动以智能终端为主导的电子信息全产业链贯通、开放式互联，深度融入成渝双城电子信息产业生态圈，重点发展电子信息、智能制造、物联网、信息安全工程等产业；转型发展能源化工产业，发挥全国优质页岩气资源富集地和国家级绿色化工基地优势，加快页岩气勘探开发和综合利用，推进能源化工产业转型发展，助力全省打造中国"气大庆"，推进化工企业退城入园，优化化工产业布局，打造化工新材料产业链；培育壮大纺织产业，加快建设恒力智能化新材料项目，并依托项目布局产业链，积极引进新材料、高端纺织、服装加工等上下游企业，建设西南纺织制造中心；打造医药制造产业集群，培育壮大中药、化学药、生物制药和医疗器械四大产业，推进中药材种植基地建设，大力发展数字化、便携式诊疗设备、智能可穿戴健康管理设备和特色医疗器械产业，建立政产学研用一体的医药协同创新体系，打造国家级医药产业基地。

优化提升产业发展平台。大力提升国家级开发区承载能力，推动发展较好的省级开发区升级为国家级开发区，支持发展空间不足的开发区扩区调位。加快泸州高新区国家循环化改造示范试点园区建设，提升各类园区绿色发展水平。推进科技创新基础平台共享，鼓励联合创建重点实验室、工程实验室、工程（技术）研究中心、技术创新中心等创新平台，联合承担国家、省重大科技项目，共建产业技术创新联盟、产业技术研究院等区域产业技术创新组织。加强园区合作和平台共建，推动各类产业发展平台政策共享。规划研究川南渝西现代产业集中发展区。

加快培育大企业大集团。实施市场主体培育提升行动，支持白酒、装备制造、先进材料、现代物流等行业领军企业强化产业协同和高效分工，整合产业链和优势资源，开展跨地区、跨行业、跨所有制兼并联合，做强做优一批大企业大集团。支持企业、社会组织等组建区域产业联盟、协会商会，强化行业自律，统一行业标准，协同打造优势品牌。

加快老工业基地转型升级。培育现代产业体系，坚持以供给侧结构性改革为主线，加快推动产业转型升级，加快发展千亿白酒产业，千亿电子信息产业，以及由装备制造、航空航天、新能源新材料、现代医药等组成的千亿新兴产业。大力推进川南渝西老工业城市产业转型升级示范区建设，全面落实老工业基地和资源枯竭型城市转型升级支持政策，协同推进化解落后低效过剩产能。鼓励跨区域、跨行业、跨所有制并购重组，支持国有企业改革脱困、转型发展，鼓励市场化债转股，力争国有企业混合所有制改革取得实质性进展。建立低效、存量工业用地退出机制，联合推动企业搬迁改造，清理整合"散弱荒"园区，支持利用工业遗产发展文化创意、工业旅游等产业。

充分利用川渝毗邻地区生态、气候、中药材资源等优势，鼓励支持川南渝西科研院所、医药企业、医疗机构深化合作，创新药物综合研发。连片种植金钗石斛、佛手等药材，做强道地中药品牌支持川南渝西企业投资生物医药、休闲养生、度假养老和康体运动等产业，探索共建大健康产业发展示范区。

整合文化旅游资源，加强福宝景区和四面山景区互促互动，在规划设计、旅游线路打造宣传营销、运营管理等方面开展合作，探索推行两地旅游"一卡通、一票通、一线通"，建设无障碍旅游区，促进旅游一体化发展。推动"旅游+"

融合发展，联合争创国家 5A 级旅游景区或国家旅游度假区，共同打造一批精品景区和旅游线路。

（五）"一体化"的交通协同：基础设施互联互通

成渝地区双城经济圈建设，交通是基础。共同规划建设铁路、公路、通用机场等，共同推动加快铁路干线和国省干道建设，实现与周边机场、港口、轨道交通无缝衔接，全面提升通达通畅水平，为打造区域融合发展典范奠定基础。

推动干线铁路建设。加快推进渝昆高速铁路建设，协同推进渝贵高速铁路、蓉遵高铁泸州至遵义段前期工作，打通通往北部湾经济区及云南桥头堡的高速铁路大通道。加快隆黄铁路叙永至毕节段建设，积极推进成渝铁路成都至隆昌段、隆黄铁路隆昌至叙永段扩能改造，协同推动黄桶至百色铁路前期工作，形成川渝通往北部湾经济区更为畅通、快捷的南向大能力货运通道。共同谋划重庆—海州—宜宾沿江货运铁路、重庆—泸州（叙永、古蔺）—毕节城际铁路、南充—荣昌—泸州—毕节城际铁路，打造便捷联通区域节点城市的城际铁路和普速铁路网。加快建设重庆—泸州—宜宾沿江货运铁路、永川至泸州市域铁路（延伸至川南城际铁路）。加快成自宜时速 350 千米高铁建设，开工建设自贡至宜宾段；开工建设宜宾港进港铁路。

加速公路网络广覆盖。开工建设泸州至永川等项目，推进一批高等级干线公路项目，如泸永高速公路，安岳—荣昌—合江高速公路，不断拓展广覆盖基础公路网。协同推进江津—永川—海州高速公路（渝泸高速北线，即 G93 渝泸扩容高速）、江津—合江—赤水—叙永高速公路（渝赤叙高速）等项目前期工作同步开工建设。协同规划研究天府大道南延线——成自泸渝产业大通道，同步研究连接重要园区、旅游景区、交通节点的干线公路，消除毗邻地区"断头路瓶颈路"。推进客运交通公交化运营，提供一体化交通服务，实现不同客运方式客票一体联程和城市间一卡互通。

加快拓展内河航运能力。改善航道通行条件，推进长江干线航道宜宾至重庆段险滩整治等项目建设，积极推进泸州、宜宾、乐山三港整合，完善港口集疏运体系。共同呼吁加快推进三峡水运新通道建设，协同推进长江干线泸渝段生态航道整治，健全以长江为主通道的航道网络，联合运营长江上游水运外贸直通船和水上快运精品航线，共同打造长江上游航运中心。

建立健全航道及岸线开发互动机制。加快整合泸州、宜宾等地港口资源，建立铁公水多式联运长效机制，合力打造长江上游（四川）航运中心。推进长江黄金水道川境段浅滩整治，加快岷江龙溪口至宜宾段航道整治、沱江（内江至自贡至泸州段）航道升级等项目建设。强化支线机场能力，加快宜宾机场迁建工程建设，力争2019年建成投运。积极发展通用航空，科学进行通用机场选址。协同打造以泸州为中心的川南渝西进出川门户型综合交通枢纽，支撑旅客联程联运和货物多式联运发展，推动综合运输服务一体化智能化。

协同建设国际陆海贸易新通道。大力发展多式联运，提升国际班列运营效能。深化区域互联互通，共同推动西部陆海新通道建设，建立航空物流集散联盟，实现"铁海空"多式联运。研究推动泸州客运机场、永川货运机场合作，规划研究泸州轨道交通，研究推进沱江航道整治等内容。

构建泛在普惠信息网络。加快通信枢纽和骨干网络建设，推进网间互联带宽扩容，实现城市固网宽带全部光纤接入、无线网络在主要公共区域全覆盖。推动电子政务平台跨部门、跨城市横向对接和数据共享，建立统一的地理信息公共服务平台，建设公共服务、互联网应用服务、重点行业云计算数据中心和灾备中心，支持开展5G网络试点，打造智慧城市群。鼓励电信企业逐步取消城市群固定电话长途费，实现区域通信一体化和电信市场一体化。

（六）"一体化"的生态协同：高效推动联防联治

共同加快建立健全生态文明制度。构建分区环境管控制度，划定并严守生态保护红线、环境质量底线、资源利用上线和生态环境准入清单（"三线一单"）。建立资源环境承载能力监测预警机制，建设全覆盖的生态环境监测监控网络体系。加快建立多元化的生态补偿机制，探索建立生态补偿标准体系，建立生态收益地区与保护地区之间、流域上游与下游之间的横向生态补偿机制，严格实行生态环境损害赔偿制度。

加强跨区域水体监测网络建设，建立河流监测信息共享机制。推动工业（化工）污染、畜禽养殖、入河排污口、环境风险隐患点等协同管理。开展跨界河流联合巡查，积极探索边界河流环境污染纠纷案件溯源协查，对边界突发事件实行联合应对处置。开展流域污染治理跨区域合作试点。建立健全流域上下游重大项目环评、入河排污口审批沟通协调机制，强化流域上下游技术标准、政策法规等内容沟通对接。落实水污染防治行动计划，实施沱江等重点流域综合治理，清理整顿长江入河排污口，不断提高地表水水质优良比例。

加强大气污染联防联控联治，建立流域联防联控协调机制，开展区域联合环境监管执法，推进交界区域城镇垃圾、固废、污水处理设施和环保监测设施共建共享。协同实施工业源、移动源、生活源、农业污染源综合治理。落实大气污染防治行动计划，推进大气污染协同控制、协同减排，持续改善大气环境质量。

加强生态合作，建立健全跨省市林业有害生物防治、森林防火和野生动植物保护等联防保护机制。协同开展长江上游珍稀特有鱼类国家级自然保护区管理，打击非法捕捞和非法采砂，保护渔业资源及其生态环境。联合开展森林保护修复合作，探索建立长江上游全面禁渔示范区，共同推进长江上游生态廊道建设，统筹沿江山水林田湖草系统治理，协同推进川东南石漠化敏感生态保护红线区域、盆中城市饮用水水源—水土保持生态保护红线区域等生态保护与建设，联合实施山地丘坡耕地治理、矿山环境治理、岩溶地区石漠化治理和天然林资源保护等重大生态建设工程，加强金沙江、沱江、岷江等重点区域水土流失治理和地质灾害防治。支持开展川南森林城市群建设和国家级、省级园林城市创建行动。

加强区域环境风险防范，建立流域突发环境事件应急联动机制及信息互通渠道，定期开展长江干流区域突发环境事件应急演练，协同开展塘河流域综合治理。建立健全跨省市日常联合执法、环境违法行为查处协调机制及危险废物跨省市转移协调机制。

探讨以泸州市为中心的川南渝西融合发展试验区的产业融合发展、协调发展方式，充分依托区位优势错位发展，以生态环境保护工作支撑经济高质量发展。大力发展绿色低碳循环经济，实施绿色低碳发展行动，大力发展壮大节能环保、清洁能源、清洁生产产业，深入实施清洁能源替代工程，因地制宜发展大数据等绿色高载能产业；实施资源节约综合利用行动，加快化工、轻工等涉水类园区循环化改造，建设一批高环保标准、高技术水准的资源循环利用基地，推进固体废弃物和垃圾分类利用、集中处置。

共同向上呼吁，探索建立跨地区环保机构，围绕改善生态环境质量，解决突出生态环境问题，防范环境风险，深化跨地区污染联防联控协作、应急物资共建共享，推动形成跨地区环境治理新格局。

探索建立跨地区重大项目审批事项、重点行业企业基础信息、环境违法案件、危险化学品陆运和水运信息等方面的信息互通机制，保障跨地区、同流域应急物资储备的针对性，确保科学、及时、有效应对各类事故。

协同推进环境保护。加强水污染联防联控和流域突发环境事件应急联动，建立跨区域、跨流域环境执法合作机制，全面落实河长制、湖长制。深入开展沱江流域（内江段）水环境综合治理与可持续发展国家级试点，编制釜溪河、越溪河等流域综合治理实施方案。完善区域大气污染联防联治机制，建立统一的监控信息发布平台，共同推进实施大气污染防治行动计划。加强土壤污染防治工作，深入开展土壤污染详查，加大土壤质量管控力度。强化生态保护红线、环境质量底线、资源利用上线和环境准入负面清单的编制和应用。推进川渝交界区域城镇垃圾、污水处理设施和环保监测设施共建共享。

统筹岸线保护与建设。深入实施长江岸线保护和开发利用总体规划，落实水域岸线及其用途管制，合理设置港口码头和生态保护区。实施长江干流和重要支流岸线生态修复工程、非法码头和采石塘口还林还绿，岸线森林公园和国有林场林相改造提升项目。严禁在长江干流及主要支流岸线1千米范围内新建布局重化工园区，严控新建石油化工、煤化工等项目。依法查处距离长江干流和主要支流岸线1千米范围内存在违法违规行为的化工企业，并限期整改，整改后仍不能达到要求的依法关闭。对化工、农药等危重污染产品进行严格的航运及物流管理。

（七）"一体化"的市场协同：市场融合有序进行

鼓励川南渝西符合条件的金融机构互设分支机构，加强金融风险防范协同，共同推动金融服务产品创新，提升金融服务实体经济能力和水平。积极推进金融市场一体化，支持组建川南渝西担保公司，支持设立川南渝西融合发展投资基金。

促进消费市场有机融合和优化一体化营商环境。搭建会展平台开展产销对接，互设地方名优特新产品展示专卖店。积极引导川南渝西的特产进入彼此市场，扩大产品市场影响力。推动市场相互开放，共同推进"放管服"改革。建立城乡统一建设用地市场，各市、县优先保障区域一体化重大项目用地需求。加快建立区域统一市场规则，健全执法、企业年报等制度协同机制，推动监管互认、执法互助、联合执法。加快统一的市级社会信息平台建设，建立市场主体信用信息共享和联合奖惩机制。

推进就业市场一体化，协同构建一体化发展的人才支撑。人才是最重要的生产要素，是创新的主体。把打造西部创新创业人才高地作为成渝城市群发展的重大举措，让人才"引得来""使上劲""留得住"。一是根据各功能区定位，以规划引人才，以产业引人才，以市场引人才，避免区域间人才引进的恶性竞争，实现不同类型、不同层次人才的优化配置。二是加强各类创新创业服务平台、知识产权交易平台、人才共享服务平台等公共服务设施建设，营造有利于创新创业的环境，让人才"使上劲"，使其技术与知识"用得上"。三是推行区域协调一致的人才政策。大力推进公租房、廉租房建设，降低引进人才居住成本。改革行政审批制度，全面推广"最多跑一次"等改革经验，降低准入门槛，让各类人才"留得住"，成为成渝地区双城经济圈发展的第一要素。四是建立川南渝西流动人口就业及相关社会保障工作交流机制，联合打造功能完善的就业服务平台，健全人才柔性流动机制，促进劳动力自由流动。

实施川渝市场监管互认，推动建立川渝信用"红黑名单"共享和互认机制，共同探索建立跨地区协同监管和守信联合激励与失信联合惩戒机制。加强知识产权执法保护跨区域跨部门协作，共同打击和遏制知识产权侵权假冒行为，推动川渝知识产权信息库共享。

推广自由贸易试验区改革经验。加强中国（四川）自由贸易试验区川南临港片区、综合保税区协同开放合作力度，优化"自贸红利、区域共享"机制，探索形成可复制、可推广的经验，在川南渝西一体化发展先行区实现全覆盖。探索建设内陆自由贸易港，加强信息交流共享，共同申报战略性互联互通示范项目。加大集成攻关，争创一批跨区域的重大制度创新成果，促进成果共享及广泛应用，共建内陆开放新高地和沿海沿边沿江协同开放示范区。发展壮大四川自由贸易试验区产业发展基金，引导和鼓励民营资本参与自贸试验区建设。

加快功能载体建设和产业集聚发展。以高铁片区、安宁片区，临港片区为依托，建设航运物流核心区、保税物流加工区、高端制造聚集区、自贸新城中心区、区域金融服务区、国际商贸集聚区六大功能区，大力发展临港特色产业，着力打造进出口加工中心、大宗商品交易中心、进出口商品集散中心。

协同推进区域开放发展和开放口岸建设。实施"1区+N园"协同改革，促进"自贸红利·区域共享"。加强与省内市州和滇东黔北地区合作，探索共建改革协同区，扩大泸州港服务范围。深度融入"一带一路"建设和长江经济带发展，加强与京津冀、长三角、粤港澳大湾区、北部湾经济区、泛珠三角区域交流合作。强化大通关协作机制，加强泸州港、宜宾港与成都青白江铁路港及长江武汉港、南京港、上海港等合作，打造四川主要水上外运口岸。推进泸州港、宜宾港国家临时开放口岸建设，积极创造条件申建国家开放口岸。支持宜宾、泸州机场按照国家开放口岸标准改扩建。支持川南渝西4市3区开通至北部湾和广州、深圳的铁海联运班列。建设"蓉欧+东盟国际班列内江基地"，布局分拨仓储、跨境电商、保税物流等现代物流综合港。推进泸州港、宜宾港保税物流中心（B型）系统运作，争取国家在川南渝西新设综合保税区。深入推进海关、检验检疫、海事、金融、税务、政务服务等领域系统集成和"首创性"制度创新。全面提升口岸能级，做强做大综合保税区、进境粮食指定口岸、进口肉类指定监管场地、跨境电商综合试验区，积极创建国家水运开放口岸、汽车整车进口口岸。

推动区域开放合作。深化川渝滇黔区域合作，支持建设川渝合作示范区（合江片区），推动隆昌与荣昌合作共建产业园区。发挥川滇黔市（州）合作与发展峰会等合作平台作用，推动与昭通、遵义、毕节、六盘水等地产业联动，建设赤水河流域合作综合扶贫开发试验区。加强川南经济区与成都平原经济区、攀西经济区等区域联动发展，积极对接京津冀、长三角、粤港澳大湾区、北部湾经济区，深化与武汉、上海等沿长江城市的合作，深度融入长江经济带发展。支持川南高校创造条件扩大招收南亚、东南亚留学生的规模，建设东盟留学生基地。积极参与中国—东盟框架合作和中国—中南半岛、孟中印缅、中巴等国际经济走廊建设，扩大南向国际产能合作。

（八）"一体化"的公共服务：公共服务共建共享

协同推动公共服务便利共享。推动建立基本公共服务标准体系，以标准化促进基本公共服务均等化、普惠化、便捷化。建立创新跨区域服务机制，推动基本公共服务便利共享。建立异地就医直接结算、医学检验结果互认和应急联动机制，完善住院费用异地直接结算。推动重大传染病联防联控，推进社会保险异地办理，探索开展养老服务补贴异地结算试点。

建立社会治理联动机制。推进跨市政务互通、信息共享，统一规范政务服务建设标准，实施政务便民利民措施，推动政务事项跨市通办，整合公共交通、社会保障、医疗卫生等领域公共服务资源，努力实现川南便民服务"一卡通"。加强应急管理合作，共建食品安全、旅游安全、灾害防治和安全生产等保障体系。建立社会治安综合治理联动机制，率先在全省实现区域综治工作中心信息化平台信息共享。协同加强流动人口的管理和服务，推动毗邻地区城市管理无缝对接，探索建立城市管理联动机制和网格化综合巡检制度。

促进教育资源合作共享。推动基础教育合作，全面实现义务教育阶段儿童异地就近入学。加强高等教育跨区域合作，推动高校与国内外科研机构开展合作，联合开展协同创新和学科建设。打造地方性、应用型高职教育联盟，探索组建职业教育集团，建设一批骨干示范中职学校、优质特色职业院校。依托区域优质学前教育、中小学资源，鼓励学校跨区域牵手帮扶。推动区域高校全面合作，加强与国际知名高校合作办学，搭建区域职业教育一体化协同发展平台。支持川渝两地学校合作办学，推动两地中职学校、高职院校、本科院校横向联系。

加强医疗卫生联动协作。优化配置医疗卫生资源，采取合作办院、设立分院、组建医联体等形式，扩大优质医疗资源覆盖范围。建立以居民健康档案为重点的全民健康信息平台和以数字化医院为依托的医疗协作系统。统筹规划建设区域性医疗中心，建立医教研协同机制，联合打造省部级乃至国家级重点实验室和临床重点专科。鼓励发展一批品牌医联体或跨区办医，推动同级医疗机构医学检查、检验结果互认，建立双向转诊合作机制。加强公共卫生及疾病防控合作，达成联防联控合作机制和资源共享机制。加强旅游急救体系建设，依托西南医科大学，建设区域医疗中心。规范发展医疗联合体，推动川南渝西4市3区的医疗机构与成渝两地医疗机构建立合作关系，推进远程会诊应用。全面建立分级诊疗制度，完善服务网络、运行机制和激励机制。建立医保异地结算协作机制，建立医疗损害异地专家鉴定及医患纠纷异地专家调解制度。完善重大疫情联防联控和应对突发公共卫生事件联动机制，建立医疗急救网络和调度指挥急救协作机制。

健全就业、养老、医疗等社会保障合作机制。进一步推进公共就业服务信息共享，为所有的城乡劳动者提供就业失业登记、就业指导、职位发布、就业政策咨询等均等化服务。建立跨市劳动保障监察执法联动机制，加强劳动人事争议调解仲裁机构交流。建立社会保险参保信息共享机制，深化社会保险关系转移接续服务，深入推进异地就医直接结算，推动工伤保险参保登记、劳动能力鉴定信息共享。研究建立退休人员社会化管理同城衔接机制。推动两地养老保险关系转移接续合作，建立社保待遇领取资格认证协查、异地就医违规协查和劳动保障监察协查机制。进一步扩大跨省异地就医直接结算联网医院覆盖面，按照国家、省规划和部署积极推进两地异地普通门诊和药店刷社会保障卡或使用电子医保凭证直接结算服务，探索工伤调查协作机制。

加强应急管理合作，共建食品药品安全、灾害防治和安全生产等保障体系，加强防汛抗旱信息及资源共享合作。建立传染病重大疫情和突发公共卫生事件联防联控机制及灾害事件紧急医学救援合作联动机制。建立社会治安综合治理联动机制，推动建立健全涉及国家安全、反恐防暴、社会政治稳定方面的情报互通共享和线索核查机制。

加强文化合作，推动文化旅游融合发展。加强文化政策互惠互享，推动文化资源优化配置，全面提升区域文化创造力、竞争力和影响力。加强广播电视产业跨区域合作发展，推动美术馆、博物馆、图书馆和群众文化场馆区域联动共享。深化旅游合作，统筹利用旅游资源，推动旅游市场和服务一体化发展。共同开展聂荣臻、朱德等老一辈红色名人的研究，合作举办红色名人事迹展；共同开展长江流域汉、宋石刻文化调查、研究及展示利用；共同开展酒文化及生态文化的研究及利用；共同开展历史文化名城（镇）资源的保护修护；促进影视产业资源、服务、产学、基地共享共建共同发展。

（九）"一体化"的平台协同：加快平台载体建设

高标准建设川南渝西融合发展试验区。全面贯彻"推动成渝地区双城经济圈建设"总体部署，落实省委"一干多支、五区协同"发展战略，支持自贡、泸州、内江、宜宾与渝西城市共建川南渝西融合发展试验区，协同建设承接东部地区产业转移创新发展示范区，优化区域发展空间格局，促进形成要素自由有序流动、基本公共服务均等、资源环境可承载的区域发展格局。积极完成与重庆市荣昌区、永川区、江津区的重点融合项目，泸州市应与重庆市荣昌区、永川区、江津区在基础设施、产业协同、平台建设、国土空间、生态环境、资源要素、公共服务七大领域共同谋划完成一批重大项目、重大工程、重大政策、重大改革，打造更多跨区域承载国家战略的实施载体，建成成渝地区双城经济圈的一体化发展示范区域。打造成渝地区双城经济圈重要节点和新的增长极，推动川南渝西在成渝地区率先实现一体化发展。试验区以农业生态本底为基础，以公园城市为目标，重点聚焦开放引领下的产业发展和城乡融合发展建设，发挥绿水青山的生态效益、经济效益和社会效益，形成"产业驱动城市、城市服务产业"的动力机制，在成渝中部形成多中心的城市群，建设长江上游美丽中国先行区，支撑中部崛起，助力成渝地区打造国家高质量发展新的增长极。按照"大组群+小组团"发展模式，以"不与主城区粘连、不集中连片开发"原则，分别在泸州市、永川区、荣昌区、江津区四大组群内选择基础条件较好的乡镇，作为核心组团启动建设，以点带面，用两年时间探索建立区域一体化合作体制机制，基本形成可复制推广经验，进而在两市两区全面拓展。力争通过5~10年，全面建成承载国家区域协调发展战略的融合发展试验区，区域地区生产总值达1.5万亿元，集聚人口1500万人，建成成渝地区新的增长极。

加强展会平台建设，举办川南渝西农业博览会、产业发展大会，借助中国国际酒业博览会、中国（泸州）西南商品博览会、中国（泸州）农产品交易博览会，打造和提升一批具有知名度和影响力的区域展会品牌。

发挥毗邻地区综合保税区、自由贸易试验区以及其他口岸功能平台作用，加强大通关合作，推进保税货物跨关区"区区流转"业务试点，对符合条件的企业实行自行运输、分送集报，促进两地海关特殊监管区域间货物高效流转。

鼓励引导企业、高校、科研院所跨省市开展产学研用合作，共建研发中心、产业技术研究院、制造业创新中心等平台。在农业、生态环境保护、人工智能等领域开展联合研究和技术转移，组织高校、科研院所开展科技成果转移转化对接活动，促成一批科研成果异地转化。

（十）"一体化"的组织协同：强化高效机制构建

加强组织领导。成立泸州市最高规格领导小组，匹配专门机构和编制，挂牌设立"成渝地区双城经济圈泸州推进办公室"，加强对接、统筹推进顶层设计、规划布局、项目包装、区域协作等工作，对接国家及成都、重庆"两级两省市"工作部门和机构，牵头制定泸州市年度工作方案，落实工作责任，加快推进相关工作。

谋划政策项目。围绕成渝地区双城经济圈建设成为"具有全国影响力的重要经济中心、科技创新中心、改革开放新高地、高品质生活宜居地"的目标定位，结合当前国省市"十四五"规划编制窗口期，由各部门组建工作专班，研究提出一批支撑性、引领性、标志性的重大工程项目、重大平台和务实管用的重大支持政策、重大改革举措，积极主动加强与国、省相关部门的对接，力争将需要国、省支持和事关泸州长远发展的重大事项列入规划纲要，并同步纳入国、省

"十四五"规划纲要和专项规划。积极在深化与成都干支联动、全面融入重庆协同发展等方面，由交通、产业、科技、自然和规划、生态、商务（自贸区）、医教等部门及相关区县分领域、分区域、分层次、分阶段谋划包装储备一批重大项目工程，形成项目清单、责任清单，分年度统筹推进建设。

建立"1+N"规划政策体系。高标准研究制定融入成渝地区双城经济圈发展的指导意见，围绕基础设施互联互通、现代产业协同发展、城乡区域融合发展、生态环境共同保护、公共服务便利共享、川渝融合发展先行试验区建设等方面，研究形成一批差异化配套政策和精准化支持政策，形成"1+N"规划政策体系。

建立分工协作机制。打破行政区划壁垒，破除"一亩三分地"和"盆地"意识，围绕生产要素自由流动、基础设施互联互通、公共服务设施共建共享、生态环境联防联控联治等关键环节，探索建立分工协作模式，加强政府、企业、民间组织等多层次实质性合作，推动协同发展；探索建立跨市基础设施、公共服务和生态环境建设项目成本分担和利益共享机制。

深化体制机制改革。深化"放管服"改革，大力推进简政放权，持续清理规范行政许可和中介服务事项。推动区域内企业服务一张图，建设西部最佳政务服务示范区。深化要素市场化改革，建立绿色信贷服务体系，完善直购电、富余电量、留存电量市场化交易政策和增量配电业务改革试点配套政策，建立健全天然气上下游价格联动机制。探索推进土地制度一体化改革，稳步提升土地要素市场化配置比例，提高产业用地亩均产值。加快户籍制度改革，推行居住证制度，全面放开落户限制。

第九章 宜宾建设践行新发展理念的"长江公园首城"

——目标定位及路径研究

2020 年 7 月 30 日召开的中共宜宾市委五届九次全会审议通过了《中共宜宾市委关于深入贯彻习近平总书记重要讲话和省委十一届七次全会精神加快建成成渝地区经济副中心的决定》。围绕"加快建成成渝地区经济副中心"和"四川省域经济副中心城市"这"两个副中心"主题，该决定明确了将"高质量建设长江上游区域中心城市，全力打造成渝公园城市示范市"作为 10 个重点任务之一，为宜宾城市建设提出了新的发展目标、勾画了新的发展蓝图。

突出"长江公园首城"特点，建设公园城市示范区，是宜宾落实成渝地区双城经济圈国家战略的重要举措，对推动宜宾高质量发展具有重要意义。一是有利于突出生态价值，践行"两山"理论，能够进一步发挥宜宾的生态和环境优势，促进绿水青山向金山银山转化；二是有利于推进宜宾建城营城优城向统筹"人城境业文"的"8 部曲"[①] 发展逻辑转变，通过公园城市示范区的建设，优化城市环境和服务品质，增强对人才和创新要素的吸引力；三是有利于发展新经济，加快新旧动能转换，通过塑造城市新场景，优化土地利用和空间治理方式，增强对新经济、新业态的吸引力，促进产业结构转型和升级；四是有利于彰显宜宾人居文化特色，通过将生态、农业和城镇空间统筹协调，形成生产、生活和生态的和谐包容格局；五是有利于提升宜宾城市治理的法治化和现代化水平，促进城市的精明、高质量发展。

---

① 西南财经大学・重庆工商大学联合课题组研究认为，"长江公园首城"建城营城优城的发展逻辑是"精筑城、广聚人、强功能、兴产业、促开放、塑文化、优生态、善治理"这"8 部曲"，这也是在公园城市建设文献中的首提。

一、公园城市理论渊源及成都实践的借鉴

2018 年 2 月，习近平总书记在视察天府新区时，首次提出了"公园城市"的概念。他指出，要突出公园城市特点，把生态价值考虑进去，努力打造新的增长极，建设内陆开放经济高地。

（一）公园城市世界探索

"公园城市"是习近平总书记基于世界上类似于公园城市建设的探索和实践所作出的高度概括和凝练。

从世界角度审视，16 世纪的"乌托邦"、17 世纪的"太阳城"、18 世纪的"理想城市"、19 世纪的"田园城市"、近代的"生态城市""绿色城市"等理论代表了各个时代人们对城市的理想追求；从文献层面梳理，《雅典宪章》《马丘比丘宪章》《新城市议程》和我国春秋时期的《周礼·考工记》、宋代的《营造法式》、清代的《工程做法》等文献体现了关于城市可持续发展、追求人本关怀的共识。

世界上不少国家在城市发展模式上，注重生态价值与城市功能的交融，形成了若干可供参考的范例。新加坡"花园城市"、莫斯科"森林之都"、伦敦"国家公园城市"、东京"生态城市"、布里斯班"森林城市"给我国公园城市建设提供了有益借鉴。

（二）公园城市是体现新发展理念的城市发展新模式

公园城市不是"公园"和"城市"的简单叠加，有其深刻的内涵，不是城市有公园，而是城市建在公园中。"公"为全民共享，体现公共属性；"园"为生态多样，体现生态属性；"城"为生活宜居，体现空间属性；"市"为创新生产，体现经济属性。公园与城市的交集是人，人是公园和城市的主体。

公园城市建设和治理的"密码"蕴藏在"新发展理念"之中。实际上，推动公园城市建设，一方面是对绿色发展这一发展理念的贯彻落实，另一方面也是对创新、协调、开放、共享这四个发展理念的实践落地。这是因为公园城市开发建设及治理，必须建立在尊重自然规律和城市经济发展规律的前提之下，以伤害自然换取一时的发展最终会危及人类自身甚至威胁地区的文明发展，或者只是单纯保护城市生态环境而无经济发展的思路，也必然导致城市的衰落。

第一，坚持"创新发展"，构建公园城市产业生态圈创新生态链。创新无疑是建设公园城市的首要任务。创新驱动直接决定一座城市的极核引领力，进而决定在新一轮世界城市竞合中的能级位势。

第二，坚持"协调发展"，显著提升公园城市的综合承载力。协调既是城市规划的重要方法，又是城市发展的最终目标。只有统筹处理好资源约束和发展战略、整体形态和社会经济、空间设计和人民需求的关系，才能有效破解城市综合承载力的刚性约束，建设公园城市示范区才可能最终取得成功。

第三，坚持"绿色发展"，提高公园城市可持续发展力和生态质量。绿色是实现公园城市永续发展的内在要求，是公园城市的底层逻辑，也是公园城市建设的基本选择。

第四，坚持"开放发展"，提升公园城市整合全球资源的能力。建设公园城市，从根本上讲就是要在新时代探索城市发展的新路子。这就要求公园城市建设必须"打开门户"，必须实现思想理念的超越、生活方式的包容、国际环境的营造。

第五，坚持"共享发展"，实现城市治理能力和治理体系现代化。共享是公园城市发展治理的出发点和落脚点，也是中国特色社会主义共同富裕本质在公园城市建设与治理上的集中体现。

践行新发展理念的公园城市建设，顺应了世界城市文明发展的历史趋势，集成各个时代理想城市的形态特点，创新公园城市规划建设管理营造路径，创造更多可阅读可感知的生态文明物化载体，引领城市建设发展理念、方式、路径发生根本性变化，为当今世界应对城市病凸显、包容性下降等现实挑战提供了"中国方案"，亦必将更好地凝聚世界对习近平生态文明思想的价值认同和全球共识。

（三）公园城市建设的成都实践

作为公园城市首提地和先行地，天府新区围绕"突出公园城市特点，把生态价值考虑进去，努力打造新的增长极，建设内陆开放经济高地"的总体要求，紧抓服务"人"、建好"城"、美化"境"、拓展"业"，全力刷新公园城市建设"进度条"。2019 年，天府新区在新的发展条件下推进"二次创业"，开启美丽宜居公园城市建设的新篇章。① 成都公园城市建设规划是成都市委市政府投入巨资，在成都市天府公园城市研究院会同清华大学、同济大学、中国社会科学院等若干省外著名高校科研院所所承担的八大课题基础上形成的，规划主要分为时代背景与现实意义、理论内涵、规划策略与场景营造四部分。基于联合国人居署研

---

① 参见《天府新区：公园城市首提地"人城境业"总相宜》，http://www.sc.xinhuanet.com/content/2019-04-22/c_1124398107.htm。

究的指标体系，结合我国国情，成都围绕"人、城、境、业"四大方面，形成了公园城市建设的指标体系。①

2020年7月15日，中共成都市委十三届七次全会通过了《中共成都市委关于坚定贯彻成渝地区双城经济圈建设战略部署　加快建设高质量发展增长极和动力源的决定》，明确聚焦"一极两中心两地"目标定位，以建设践行新发展理念的公园城市示范区为统揽，推动城市战略思维、规划理念、建设方式、治理体系、营城逻辑全方位变革，拓展和优化城市空间结构、功能体系、动力机制、城市品质、治理格局等弹性空间，不断增强人口和经济承载力，加快建设高质量发展增长极和动力源，全面建成美丽宜居公园城市、国际门户枢纽城市和世界文化名城，提升国家中心城市国际竞争力和区域带动力。

（四）"人城境业文"是公园城市体现新发展理念的具象化

天府新区和成都在公园城市建设中没有明确提出"塑造'文'"的问题。天府新区和成都在公园城市建设中只提"人城境业"四个维度，而忽略"文"的维度，无疑是欠妥的。物质是公园城市建设的基础，而文化是公园城市建设的灵魂，经济能够展现公园城市的实力，而文化能够展现公园城市的魅力。从理论的视角审视，"人城境业文"无疑是新发展理念在公园城市建设中的具象化。在建设"长江公园首城"中，提出"人城境业文"的统筹，增加"文"的维度，无疑进一步丰富了宜宾建设"长江公园首城"的统筹系统。

"人"在公园城市中的"共享"，是公园城市建设的根本目的，是新发展理念中的"创新、协调、绿色、开放"理念的出发点和最终归属。公园城市将城市核心是人作为根本价值取向、以满足人民对美好生活的需求作为建城营城优城的根本方向，是对工业时代传统城市发展观念的深刻反思。公园城市反对人与自然、人与城市的割裂，以公共底板上的生态、生活和生产，在和谐与包容中不断增强人民的获得感和幸福感，注重的是解决社会公平正义，构建"人在城中、城在园中、园在景中"的城市生产、生活和生态大格局，更加彰显城市发展的人本性、公平性、普惠性、开放性、包容性和多元性。

"城""境""业"和"文"均涉及新发展理念中"创新、协调、绿色、开放"。因为，"城"的现代化需要"协调"，要注重解决公园城市建设过程中的城市化、工业化和农业现代化发展中的不平衡问题；"境"的和谐包括了"生态环境""营商环境""消费场景""开放环境"等，与"绿色"和"开放"理念息息相关；"业"包括了一二三次产业方方面面，涉及供给侧结构性改革、动力机

---

① 参见《围绕"人、城、境、业"四大方面　成都详解公园城市建设顶层设计》，https：//www.thecover.cn/news/1911061。

制转换，需要科技、体制机制等方面的"创新"；"文"的塑造既要传承，又离不开"创新"。

二、宜宾建设"长江公园首城"的内涵

建设践行新发展理念的"长江公园首城"，彰显了公园城市的宜宾特色和宜宾站位。宜宾地处长江流域核心带，而且是举世公认的长江第一城，即首城。因此，建设"长江公园首城"是践行新发展理念的公园城市战略谋划的宜宾行动，是宜宾贯彻落实习近平新时代中国特色社会主义思想城市篇的重要实践。

"长江公园首城"是宜宾建设成渝地区双城经济圈公园城市示范区的独特"代码"和经济地理标志，是公园城市体系中的"宜宾属性"和"宜宾表达"。

首先，"西南半壁，长江首城，大美宜宾"。宜宾，地处金沙江、岷江、长江三江汇流地带，自然山水的垂青带给宜宾"长江首城"的美誉，茂密的森林植被、众多的河流湿地、通江达海的壮美山川，让宜宾的美浑然天成。据悉，目前我国建城时间超过2200年的城市仅有38个，而始终保留在原址、没有迁徙过的城市只有16个，宜宾便是其中之一。[①] 宜宾是长江上游开发最早、历史最悠久的城市之一，自汉高后六年（公元前182年）始筑僰道城，历经县、州、府建置变化和"僰道""戎州""叙州""宜宾"等地名更替。建城以来，宜宾水路交通发达，历代都是区域经贸物流中心，自古素有"填不满的叙府"之说。在陆路交通网形成前，云南、四川大凉山等地区物产，均通过宜宾水路外运全国乃至世界各地。截至2018年，宜宾境内有历史文化遗迹和文物保护单位2009家，非物质文化遗产项目84个。提出建设"长江公园首城"后，社会各界的第一印象就是，这座公园城市绝不是别的城市，而是"非宜宾莫属"。

其次，公园城市是全国各地城市建设的目标和努力方向。宜宾以公园城市示范区为抓手，推动成渝地区双城经济圈建设和长江经济带建设，既要体现公园城市建设的共性又要体现宜宾特质，形成中国特色、"经济圈"特点、宜宾特质的公园城市建设的先行实践和创新探索。

再次，建设"长江公园首城"，彰显了宜宾建设"长江生态第一城"的政治宣言。让长江首城天更蓝、地更绿、水更清、城更美，不仅是宜宾全市人民的共同期许，也是宜宾市委市政府义不容辞的责任。建设"长江公园首城"，宜宾主

---

① 参见《长江首城宜宾庆祝建城2200年》，http://www.scpublic.cn/news/wx/detail? newsid = 118357。

动作为、勇于担当，以最强的政治自觉肩负起建设长江上游生态屏障和维护国家生态安全的重大使命，为美丽中国建设做出宜宾贡献。

最后，宜宾还有"酒城""竹城""江城""门户之城""区域中心城市""文化名城"等称呼，但是这些城市美誉和"别称"并不是宜宾独有的，而"长江公园首城"对于建设公园城市示范区的宜宾而言，具有"独一无二"的特质。尤其是，"长江公园首城"体现了宜宾在成渝地区双城经济圈和长江经济带建设中争当公园城市建设"排头兵"的担当和作为，彰显了宜宾在成渝地区双城经济圈建设和推进长江经济带建设中"宁做鸡头不做凤尾"的文化自信。

三、宜宾建设"长江公园首城"的优势与短板

建设"长江公园首城"，体现了宜宾在推动成渝地区双城经济圈和长江经济带建设中人与自然和谐共生；反映了宜宾在推动成渝地区双城经济圈和长江经济带建设中对"绿水青山就是金山银山"的践行与探索；表达了宜宾在推动成渝地区双城经济圈和长江经济带建设中对绿色发展方式和生活方式的重构；凸显了宜宾在推动成渝地区双城经济圈和长江经济带建设中把良好的生态环境作为最普惠民生福祉的社会责任；彰显了宜宾在推动成渝地区双城经济圈和长江经济带建设中筑牢长江生态屏障的责任担当。

建设"长江公园首城"，是一个系统工程，涉及面极为广泛。因此，建设"长江公园首城"是宜宾制定"十四五"规划和面向 2035 年的远景发展规划的关键抓手。宜宾地处四川、云南、贵州三省接合部，金沙江、岷江、长江三江交汇处，以"长江公园首城"建设成渝地区双城经济圈和长江经济带公园城市示范区的优势突出，但短板也不容忽视。

（一）宜宾建设"长江公园首城"的优势突出

宜宾地处成渝双核中部区域和成渝贵昆四大城市"X"交汇处的中部顶点，从历史、区位、空间来看，宜宾在成渝地区双城经济圈建设中都具有重要战略地位，建设"长江公园首城"条件优越。

一是得天独厚的自然生态本底。宜宾素有"万里长江第一城""中国酒都""中华竹都"的美誉，地处四川、云南、贵州三省接合部，金沙江、岷江、长江三江交汇处。宜宾有蜀南竹海、世界地质公园兴文石海等国家级、省级风景名胜 34 处，是中国优秀旅游城市、中国最佳文化生态旅游城市、四川新五大精品旅

游区之一。宜宾的生物资源种类繁多，有动物资源近1000种，高等植物5000多种，全市地表水水质优良达标率100%①，是长江上游生态屏障的重要支撑，建设"长江公园首城"生态本底厚重。

二是成渝地区双城经济圈和四川省经济副中心。宜宾是川南重要经济中心，是长江黄金水道的起点，也是"一带一路"与长江经济带的交汇之处，得天独厚的南向门户枢纽区位使宜宾在我国"一带一路"建设中发挥着重要作用。2019年全市经济总量达到2601.89亿元、居全省第3位，增长8.8%、居全省第1位，综合实力实现历史性跨越。在川南渝西地区，宜宾的常住人口与户籍人口数均名列前茅。近年来，宜宾作为传统产业强市，依靠酒、茶等多产业协同发展，取得杰出成绩。宜宾市正围绕市委、市政府"加快建成成渝地区经济副中心"和"加快建成全省经济副中心"的"双中心"战略定位，聚焦10项重点任务，积极推动各项工作超常规、高质量发展，2021年和2025年将分别建成四川省和"经济圈"经济副中心。"长江公园首城"建设的经济基础坚实。

三是基础雄厚的现代产业格局。宜宾是四川省重要的工业基地，多年发展形成了以"中国酒业大王"五粮液、全国创新型企业丝丽雅等行业领军企业为核心，以智能制造、轨道交通、汽车、新材料等为特色的现代产业体系。2019年规模以上工业增加值比2018年增长10.4%，增速分别高于全国、全省4.7个和2.4个百分点。宜宾也是四川省重要的特色效益农产品基地，竹、茶、牛、猪、蚕等特色农业优势明显，竹、茶、酿酒专用粮、油樟面积均居全省第1位，蚕桑面积居全省第2位，肉牛、生猪出栏量均居川南地区第1位。建设国家创新型现代产业发展示范市，宜宾正着力加快发展先进制造业、新材料、节能环保产业等绿色低碳循环经济，初步形成了建设"长江公园首城"现代绿色产业体系。

四是大公园格局显露端倪。② 2020年以来宜宾全市新建、改（扩）建城市园林绿化工程项目共19个，新增公园绿地面积约200公顷，升级改造绿地80余公顷；中心城区竹文化主题公园、机场东连接线、花海大道景观带、街头绿地等地点种竹近47公顷；江安县长江公园已建成绿地10公顷，兴文县花千谷公园、僰王公园、石竹公园3个公园已建设完成，新增公园绿地面积10.95公顷；竹文化生态产业园、宜宾岷江生态修复项目、翠屏山公园升级改造项目等10个园林绿化工程项目建设正在全力推进。为践行公园城市理念，加强城市周边山体的保护，宜宾还启动了中心城区"六山"（翠屏山、七星山、龙头山、白塔山、催科山、半边山）保护提升整治。与此同时，围绕打造高品质生活宜居地，宜宾持续

---

① 参见《宜宾市情（2019版）》。
② 参见《公园城市绘就宜居生活——解读市委五届九次全会精神系列报道之三》，http://www.jj831.com/2020/0814/333402.shtml。

对"三江六岸"实施长江生态修复工程和大规模绿化行动，加快两海示范区、森林康养基地建设，推进文旅融合发展，大力发展夜间经济，助力成渝地区双城经济圈高品质生活宜居地建设，初步形成了建设"长江公园首城"的大公园格局。

五是底蕴深厚的特色历史文化。宜宾有2200多年建城史、3000多年种茶史、4000多年酿酒史，是国务院命名的国家历史文化名城。宜宾历代名人辈出，孕育了周洪谟、尹伸、包弼臣等历史名人，李硕勋、赵一曼、阳翰笙等革命先烈和文坛大师，杜甫、黄庭坚等历史文化名人曾寓居宜宾，形成了长江文化、酒文化、僰苗文化、哪吒文化、抗战文化等特色文化。历史与文化荟萃，自然与人文交融，滋养了诚信、包容、创新、图强的宜宾儿女，塑造了这座国家历史文化名城的个性和风貌。宜宾具备了建设"长江公园首城"的厚重文化底蕴。

（二）宜宾建设"长江公园首城"短板与瓶颈

宜宾建设"长江公园首城"势在必行。从新发展理念的角度看，宜宾建设"长江公园首城"建设还存在亟待突破的短板与瓶颈。

一是"创新发展"还存在瓶颈和短板。宜宾近年来创新发展取得了可喜的成绩，但仍然存在一些问题。比如，研发投入不足。据有关统计数据，2019年宜宾R&D投入为29.4亿元，R&D经费投入强度（R&D经费与GDP之比）为1.13%。大幅度低于四川省1.87%的水平。[①] 再如，部分项目推进缓慢，重大项目特别是重大产业项目储备不足；新兴产业发展不平衡，个别产业引进龙头企业成效不明显；引进高校的科研机构实质性落地较少，关键性成果转化不多，对建设"长江公园首城"的创新发展支撑作用还有待发挥。宜宾市城市建设行业存在大量的人才缺口，专业技术人才数量不足，高水平专业技术人才数量更为稀少。

二是"协调发展"还存在瓶颈和短板。宜宾中心城区与其他县的不平衡发展较为明显，县域经济不大不强，支撑公园城市的县域产业培育有待加强。宜宾不同区县间发展呈"剪刀差"扩大状况。这背后既有资源禀赋、历史原因、区位条件等方面的差异，也体现了发展方式、增长质量和核心竞争力的差异。整个宜宾城市建设用地指标短缺，"长江公园首城"建设的用地需求缺口较大，协调发展任重道远，这不仅影响到"长江公园首城"的经济增长速度，也直接影响到宜宾"十四五"及未来发展后劲与潜力。

三是"绿色发展"还存在瓶颈和短板。随着城市的快速扩张，城市人口加

---

① 参见《2019年四川省R&D经费投入简报》，http：//www.scsti.org.cn/scsti/kjtjxx/20200925/37308.html。

快聚集，城区水、电、气等资源消耗总量以及生活污染物的排放总量快速激增，居民在衣、食、住、行、游等方面还未完全形成勤俭节约的低碳生活方式，在创建全国文明城市过程中，不少实地点位还存在问题需要整改，全社会与"长江公园首城"相适应共建共享的生态工作还需大力推进。宜宾的环保能力建设还有待加强；传统粗放发展方式在某些领域还存在；绿色投资不足，导致绿色技术创新的积极性不高，在技术投资和运行费用上面临较大困难；"三江六岸"的美学性、保护性、景观性、配套性的投入建设仍有待加强。

四是"开放发展"还存在瓶颈和短板。宜宾民营企业的开放作用发挥不够，进口方面，国有企业处于主导地位，占比高达86.7%。在全部获权企业中，有进出口实绩的企业仅121户，占全市获权企业数的20.7%，国际竞争力不足；贸易主体区域分布不均，多位于市辖区，其余区县贸易发展迟缓；贸易产品多为劳动力密集型，技术含量较低；贸易以航运为主，南向陆路运输规模小，2018年宜宾铁路运输货物1540万元，仅占全市进出口总额的0.2%。对外投资结构单一，范围有限，2018年宜宾对外投资总额为7545.65万美元，与贸易体量相比仍有较大差距。受中美贸易摩擦影响，宜宾贸易对象多为东南亚、南亚、南美、中东以及非洲的发展中国家市场，潜在的政治动荡、法律制度不完善等，增加了宜宾从事对外贸易及南向开放风险。整个宜宾城市的国际化氛围与"长江公园首城"目标定位还存在差距。

五是"共享发展"还存在瓶颈和短板。近年来，宜宾在民生工程上下了大功夫，但是仍然存在一些值得注意的问题。比如，没有智能停车场，公交线路较少，新能源汽车充电桩不足，中心城区堵车现象严重等。再如，营商环境有待进一步优化，便捷高效审批机制还未完全建立；信息化程度不高，资源共享通道还未完全建立等；优质义务教育、优质医疗资源等还需要与"长江公园首城"建设相适应。

四、"长江公园首城"目标定位和发展指标体系

建设"长江公园首城"，宜宾要对表对标公园城市的科学内涵，国内外生态型城市建设的探索、路径和成功经验，契合宜宾资源禀赋和风格，形成中国特色、长江特点、宜宾风格的公园城市建设新路径。

(一)"长江公园首城"目标定位

聚焦"两个经济副中心"建设，以"践行新发展理念的长江公园首城"为

统揽性目标，以"加快建成泛成渝经济区川滇黔结合部区域经济中心""加快建成川南科技创新转化应用示范区""加快建成国家和成渝地区南向开放门户枢纽""加快建成长江生态第一城"为"长江公园首城"的支撑性功能定位。

以践行新发展理念的"长江公园首城"建设，推动城市战略思维、规划理念、建设方式、治理体系、营城治理逻辑的全方位变革，拓展和优化城市空间结构、功能体系、动力机制、城市品质和治理格局，不断增强人口和经济承载力，使宜宾成为成渝地区双城经济圈经济副中心和四川省域经济副中心，成为成渝地区高质量发展的重要增长极和动力源，成为长江经济带和成渝地区双城经济圈的公园城市典范。

（二）"长江公园首城"发展指标体系

1. 指标构建依据

围绕"人、城、境、业、文"五大维度，结合公共覆盖、生态环保、生活高质、绿色生产、特色文化五个目标，贯彻"园中建城、城中有园、城园相融、人城和谐"的规划理念，并且结合宜宾市的资源禀赋和发展实际，探索构建体现新发展理念的"长江公园首城"发展评价指标体系。

2. 指标构建原则

一是坚持国家标准与宜宾特色相结合。指标选取需要有指导意义的理论支撑，且要有与花园城市、宜居城市、生态城市等城市理论相似的指标，但同时针对"长江公园首城"发展的战略重点和短板问题，建立符合宜宾市实际、具有宜宾特色的公园城市发展评价指标体系。

二是坚持系统性和层次性相结合。"长江公园首城"指标的选取需要有一定逻辑关系和层次配比，指标选取应由浅入深、由基础到核心，运用层级分类、层次分析，凸显评价体系架构的合理性和可比性，选取的所有指标在全局上要能够反映公园城市评价体系构建的目的性，避免指标象征区域相互覆盖或单一片面。

三是坚持传统指标与创新指标相结合。"长江公园首城"指标的选取要保留趋势性和代表性强的传统指标，新增体现新发展理念的指标，形成更为全面的评价指标体系，力求全面反映宜宾市在"人、城、境、业、文"五大方面的成效以及推动长江公园首城建设重大决策部署的落地落实和推进情况。

四是坚持过程评价与结果导向相结合。公园城市是以绿道、水网串联，山水生态底、郊野公园群、城镇绿化网无缝衔接的全域公园体系，公园城市的建设是一个循序渐进的过程。因此指标体系构建既要全面衡量当前宜宾市公园城市发展的现状，又要通过评价结果引导未来"长江公园首城"发展着力方向。

3. 指标体系内容

"长江公园首城"发展指标（具体内容及说明见附录）分为核心指标和基础

指标，其中基础指标大多是借鉴于花园城市、园林城市、生态城市等指标数据，核心指标则通过解读公园城市科学内涵以及建设发展的基本组成要素人、城、境、业、文进行确定，具有明显的针对性。一切的核心是以人为本、美好生活，根本是生态优先、绿色发展，关键是优化布局、塑造形态，目标是回归城市建设的初心，创造人民心中的美好生活。

以"人"的维度构建相应的指标体系。其指标主要考虑人民生活水平，就业、养老、医疗、文化体育等公共服务设施，以及生活环境，旨在以数值衡量民生改善水平。

以"城"的维度构建相应的指标体系。其指标主要考虑交通、通信等基础设施状况，以居民日常生活的方便程度和生活高质为目标进行指标选取。核心指标均涵盖居民日常生活活动，居住建筑单位面积能耗、公共建筑单位面积能耗、公交出行分担率三个指标分别代表居住活动、休闲活动及交通活动。

以"境"的维度构建相应的指标体系。其指标主要考虑生态环境、生活环境、消费场景、营商环境、法治环境等，主要包括植物、绿地、空气、用水用电、生活垃圾等方面的情况。

以"业"的维度构建相应的指标体系。其指标主要考虑现代化产业指标体系、绿色生产状况、研发水平、战略性新兴产业、新经济发展状况。

以"文"的维度构建相应的指标体系。其指标主要考虑大中小学教育水平、科研机构、文创、天府文化和宜宾特色文化挖掘状况。

以上的指标体系，可以由简到繁，不断完善。同时，根据指标的权重和分值，形成"长江公园首城"发展指数，以此来考量宜宾建设长江公园首城的进展和水平、质量等。

4. 评价方法

采用熵值法，对原始数据进行同趋化处理和无量纲化处理，消除指标量纲影响，从而保证综合指标的可靠性。该指标体系用于评价区（市）县公园城市发展水平时，若个别指标暂无分区（市）县数据，使用全市数据替代。

5. 任务分工

完善评价指标体系。市统计局、市发展和改革委员会牵头，市级各部门配合，共同完成"宜宾长江公园首城"评价指标体系的构建工作，着力规范评价指标的统计标准和口径范围，并根据国家标准及时进行完善。

采集指标基础数据。市级相关部门依据职能职责负责收集、处理、核对相关指标数据。数据采集部门按国务院《政务信息资源共享管理暂行办法》要求，及时提供数据资源（正式发布1个工作日内），由市统计局、市发展和改革委员会汇总。

开展通报和综合评价。市统计局、市发展和改革委员会负责指标数据收集、整理，完成原始数据标准化处理和指数计算工作，根据指标体系开展综合评价和比较分析，开展年度综合评价，及时形成评价报告并上报市委、市政府。

逐步将结果纳入考评。市统计局、市发展和改革委员会和市级相关部门要密切配合，紧密跟踪国家公园城市指标体系构建进程，保持宜宾市长江公园首城评价指标体系的开放性，确保地方评价指标体系与国家评价指标体系着力方向一致、测评重点一致、指标算法一致。目标管理部门会同相关部门根据各区（市）县功能定位和发展阶段，差异化设定考核权重。待国家公园城市评价指标体系与标准出台后，由目标管理部门将综合评价结果纳入全市年度目标综合考评系统。

五、"长江公园首城"的建设路径

宜宾加快建设长江公园首城的基本思路：以习近平新时代中国特色社会主义思想和党的十九大精神为指引，坚决贯彻落实习近平总书记重要讲话精神，全面落实中共四川省委十一届七次全会精神，以及中共宜宾市委五届九次全会关于《中共宜宾市委关于深入贯彻习近平总书记重要讲话和省委十一届七次全会精神加快建成成渝地区经济副中心的决定》精神，以"两个经济副中心"的蓝图，按照"精筑城、广聚人、强功能、兴产业、促开放、塑文化、优生态、善治理"的建城营城优城逻辑及其系统举措，形成"长江公园首城"的"人城境业文"的"五维一体"。

（一）精筑城

宜宾要始终将公园城市理念和城市美学价值贯穿到"长江公园首城"城市规划建设治理营造全过程，做强城市功能、做靓城市颜值、做优城市品质，全面提升城市宜居性、舒适度。要按照"长江公园首城"的城市定位，顺应自然生态肌理，借势山水禀赋，优化城市空间布局、建筑形态和天际轮廓，拥江发展、师法自然、守正出新，规划建设一批反映宜宾文化、展现天府韵律、彰显门户形象的"新中式"精品力作和标志建筑，分区分步重造国际时尚、秀美大气的枢纽型城市空间形态。做靓城市天际线、"三江六岸"的河岸线和山脊线，坚持"景区化、景观化、可进入、可参与"理念，统筹构建生态景观体系，绿道体系，沿江、流域、湿地公园游憩体系；高品质呈现"酒都+国际范、江城+时尚范、竹海+文创范"等城市韵味。

宜宾确立"长江公园首城"的战略方向，就是要保持生态型生活特质，在经济高速增长阶段不忘城市初心，始终将宜人、宜业、宜居、宜游、宜养和宜学作为城市持久的竞争力，开辟未来城市发展新境界。从"幸福感"和"宜居度"维度对城市生活品质进行评价，从自然环境宜人性、城市安全性、交通便捷性、环境健康性、公共服务设施方便性、社会人文环境舒适性六个方面建设好"长江公园首城"。兼顾好生产生活生态的平衡性，现代化开放型产业体系和现代化公共服务体系的协调性。

（二）广聚人

在"长江公园首城"建设过程中，人气非常重要。宜宾要进一步优化安居乐业的环境，规避"圈子定律"所引致的"高铁一通，人去楼空"的窘境。因此，宜宾要将大学城、科创城"双城"建设和三江新区建设作为人口净流入的重要吸纳地。

在"长江公园首城"建设过程中，宜宾要构建以"双城、三园（高教园、高职园、大学科技园）、四基地（产教融合实训基地、科技创新基地、全国创业孵化示范基地、'一带一路'国家留学生基地）"为载体和支撑的新格局。在三江新区，要推进学教研产城一体发展，深入拓展大学城、科创城建设，加快集聚优质科教资源，围绕名优白酒、智能终端、装备制造、先进材料等重点行业，组建产教联盟、搭建平台载体、培育示范企业，打造"长江国际科教创新城"，建设特色鲜明、优势突出、西部地区一流、国内知名的国家产教融合示范区，以此来吸引更多的人口和人才到宜宾学习和创业。

宜宾要通过大数据监测各大学校区的学生人数，尽可能地为师生解决后顾之忧；构建相应的激励与约束机制，促进各大学校区学生在校率逐步递增；积极争取各大学校区能够在宜宾有更多的招生指标。支持宜宾学院升格为宜宾大学，争取国外或港澳大学能够在宜宾设立校区，以弥补成渝地区双城经济圈大学缺乏境外大学校区的短板，成为"经济圈"名副其实的大学教育"第三城"。

（三）强功能

在"长江公园首城"建设过程中，宜宾要建强建优川南地区对外开放合作的重要门户功能。宜宾要有效整合国家级经开区、综合保税区和省级经开区、高新区，进境粮食指定口岸、保税物流中心（B型）、国家临时开放口岸、中国（四川）自由贸易试验宜宾协同区等开放开发平台，中国国际名酒文化节、国际茶业年会和中国国际竹产业发展峰会暨竹产品交易会等重大展会平台，全面融入西部陆海新通道，建设长江上游国家重要开放口岸，发展更高层次的开放型经济，打造四川南向开放合作先行区。

宜宾要充分发挥位居长江经济带、丝绸之路经济带和中印缅孟经济走廊的叠合部，辐射吸纳川滇黔 3 省 8 市 3700 余万人的独特优势。"铁公水空"立体交通体系配套方面，除了成贵高铁、川南城际铁路之外，要加快渝昆高铁建设，加快高速公路建设步伐，形成至成都、重庆、贵阳 1 小时交通圈，至西安、兰州 5 小时交通圈，至长三角、珠三角、北部湾 7 小时交通圈，真正成为四川南向开放枢纽门户和沿江开放高地。积极推进与钦州、防城港等江铁海联运，推动宜宾—西昌—大理—瑞丽铁路建设，促进高端资源要素流动，着力营造国际化、法治化、便利化的营商环境。推动国际产能合作，建设长江上游国家重要开放口岸，发展更高层次的开放型经济，打造四川南向开放合作先行区。

宜宾在"长江公园首城"建设过程中，要加快三江口 CBD 商务区、酒文化特色街区等核心商务区项目建设，完善宜宾高端商务业布局，加快建成区域性商业中心。持续实施城市"双修"，优化城市商圈布局，提升临港片区人流物流信息流的集聚度，增强产业支撑力和人口集聚力，发展社会事业。

宜宾要加快建设长江上游区域性教育文化医疗中心，推进宜宾市一中新校区、宜宾市第一人民医院西区院区、宜宾市妇幼保健院迁建等一批教育医疗项目，不断完善教育医疗基础设施。鼓励宜宾学院等高校设立医学院，将五粮液华西医养产业链延伸至宜宾。深化宜宾教育改革，高质量发展基础教育。推进分级协同的医联体建设，建立城市医疗集团。加快完善重大疫情防控体制机制，建立健全公共卫生应急管理体系。补齐民生短板，推进中心城区民生基础设施补短板三年行动，加强就业和社会保障，建立西南人力资源服务业产业园，集中力量打造（川南）人力资源人才和信息平台。建立川渝人社公共服务一体化信息平台，推动川渝两地人社公共服务信息数据共享、业务协同，增强社会服务水平。

（四）兴产业

宜宾在"长江公园首城"建设过程中，要规避过早"去工业化"所带来的城市能级后继乏力而又不得不"再工业化"的弊端。所以，宜宾要以智能化提档升级传统制造业，大力发展先进制造业，包括运用"互联网+制造业"改变传统制造业模式，从单纯生产制造转向供应链协同，捕捉柔性化生产模式的核心竞争力，打造基于信息经济和知识经济的开放创新系统。

宜宾要坚持"聚焦产业链、培育新动能"，通过"建链、聚链、补链、延链、扩链和强链"的产业链发展逻辑，着力通过一年打基础、三年大发展，打造三江新区"先进制造业集聚区"。加快编制出台电子信息产业、新能源汽车三电产业、轨道交通产业、医用卫生产业基地等重点产业规划，为承接东部产业转移做好铺垫，加快打造川渝产业合作"新增长极"。宜宾要着力围绕全市"5+1"现代工业体系建设，聚力培育主导产业，不断激发传统产业活力，重点打造以优质白酒为主的 2000 亿元食品饮料产业，以智能终端为主的 1000 亿元电子信息产业，以汽车、轨道为主的 1000 亿元装备制造产业，以生物基纤维、锂电材料、核燃料元件为主的 1000 亿元先进材料产业，以页岩气、精细化工为主的 1000 亿元能源化工产业集群，积极打造千亿绿色化工产业基地、千亿纺织产业基地、500 亿元医用卫生应急产业基地等，形成"长江公园首城"高质量发展和强韧性的"芯片"。

宜宾要大力发展文旅康养产业。宜宾文化既保留了本地古老民族文化的特征，又体现出与巴蜀文化、中原文化的深度融合，同时对外来文化秉持兼容并蓄的风貌。宜宾在 2000 多年来的发展历史中，形成了"容纳百川、奔腾不息、兼容并蓄、开明开放、崇尚自由、追求真理"的江文化，同时也孕育出了酒文化、竹文化等在内的传统东方文化。宜宾要以文创思维，做大夜间经济，打造"醉美宜宾·浪漫三江"夜间经济品牌；实施"百座城市公园"工程，高标准高质量推进"两海"生态文化旅游示范区建设，积极创建国家 5A 级景区和打造国家级文化旅游品牌，引领带动李庄古镇、五粮液古窖池、冠英街文旅特色街区等重点景区发展，统筹推进翠屏山、世界樟海、长江第一湾等景区建设，打造金秋湖、天宫山等文旅产业园区，构建全域旅游格局，加快打造长江上游国际生态文化休闲旅游目的地；推进国山森林康养基地、大雁岭森林康养基地、僰王山景区等康养基地建设，发展森林康养产业；大力发展体育赛事产业，新建宜宾体育活动中心、全民健身中心，改扩建叙州区体育中心、南溪文体中心等一批体育基础设施，鼓励支持南溪区发展文体产业，打造川南体育赛事中心，整体提升各类赛事活动中心运营效能，高规格组织开展宜宾国际马拉松、国际自行车、长江漂游节等重大体育赛事活动，不断提升文化体育服务供给品质，加快建设长江上游区域性体育中心。

宜宾要大力发展"6+3"优势特色农业，落实习近平总书记"要因地制宜发展竹产业，发挥好蜀南竹海等优势，让竹林成为四川美丽乡村的一道风景线"[①]等重要指示和四川省委推进四川由农业大省向农业强省跨越等要求，围绕竹、茶、樟、蚕、猪、渔等特色农业产业建基地、搞加工、创品牌、活流通，跻身成渝现代高效特色农业带，争创国家农业绿色发展先行区。

---

① 参见《四川：推进竹产业高质量发展 建设美丽乡村风景线》，http：//www. isenlin. cn/sf_4CIDFA8D6A3F48A7A998F199E5EADC7F_ 209_ IAE976E771. html。

（五）促开放

宜宾要加快建成成渝地区双城经济圈南向开放枢纽门户。加快宜宾三江新区建设，深化自由贸易试验区协同区改革，完善铁公水空现代化立体交通网络，打造成渝地区双城经济圈南向开放先行区，重点对接中新合作机制、粤港澳大湾区、北部湾经济区、东盟及东南亚地区，加强各类型开放平台建设，推动知识、技术、数据、人才等创新要素加速流动和整合集聚，办好各类重大展会活动，不断完善枢纽门户功能，发展更高层次的开放型经济，构建"开放发展、四向联动"新格局，成为长江上游的区域大城、门户枢纽之城。

在建设"长江公园首城"过程中，宜宾要着力营造国际化的氛围场景。建设"长江公园首城"，宜宾还要加大开放和国际化力度。宜宾要按照习近平总书记在 2020 年中国国际服务贸易交易会全球服务贸易峰会上的重要讲话精神，进一步扩大服务业开放领域，分类推进重点领域标准研制，逐步建立与国际接轨的服务业标准，包括中外文标识的商品与服务、外语接待与服务、外语网站，重点景区及窗口行业的多语种服务，注重国际服务专业机构培育，发挥宜宾有四川专业外语大学校区的优势，以外国人的思维逻辑演绎好"宜宾故事"和"白酒文化"等，以宜居宜业宜游宜养宜学和安全的宜宾优势，吸引境外人员到宜宾学习、创业和旅游。宜宾还要探索自由贸易试验区的创新制度安排，争取更大的消费品关税降税目录，实行便利快捷的免税购物、离境退税等政策，以更大幅度地吸引和聚集境外消费。

（六）塑文化

宜宾要全力推进大学城、科创城建设。作为全省唯一的学教研产城一体化试验区、全国首批国家产教融合型试点城市、四川首批省级创新型城市，宜宾要进一步加强与四川大学、电子科技大学、上海交通大学等 18 所高校在产教融合方面的科技创新协同，形成中国白酒、汽车等领域的产业应用型科技创新中心；着力加强科技创新承载平台打造，建设长江上游绿色科技创新中心。

宜宾要深度挖掘巴蜀文化、天府文化、哪吒文化、僰苗文化、中国白酒文化、中国竹海文化、中国石林文化、抗战文化等文化内涵，以现代文创手法演绎和表达好"长江公园首城"故事，彰显"长江公园首城"的文化魅力和文化自信。

（七）优生态

宜宾要严守生态红线和底线，共抓大保护，不搞大开发；着力强化"三线一单"约束机制，构建宜宾市"三线一单"管控体系及信息管理平台；强化生态环境空间管控，推进生态保护红线勘界定标。严格生态红线管控，落实天然林保护制度，创建国家生态文明建设示范区，在六个方面走在长江经济带和成渝地区双城经济圈城市的前列。

宜宾要落实长江岸线保护和开发利用总体规划，统筹规划全市岸线资源，严格分区管理与用途管制，加强"三江"岸线保护，打造"三江"流域基干防护林带和林水相依风光带。探索长江生态补偿的体制机制，确保"长江公园首城"的"天蓝、地绿、水净、空清、食优"，成为长江经济带及成渝地区双城经济圈的高品质生活宜居地。

（八）善治理

建设"长江公园首城"，宜宾城市的治理体系和水平一定要契合"长江公园首城"的目标定位，一定要能够维护最广大人民群众的根本利益，能够真正让他们体会到当家作主的感觉，从法治上和其他方面保证社会公平正义，增强人民群众的获得感和幸福感。

在"长江公园首城"的建设过程中，宜宾要全面推进城市治理的现代化和法治化，弘扬社会主义核心价值观。在精细化的城市治理中，既解决目标问题，也解决观念和导向问题；既注重实效和当前，也使宜宾每一项政策都符合长期的改革目标和原则，高度体现"诚信、包容、创新、图强"的宜宾城市精神。

宜宾要将建设"长江公园首城"融入"两个经济副中心"建设，融入"十四五"规划和面向2035年的远期规划之中，按照其建设路径发布"城市机会清单"，加强年度考核。到2025年，宜宾初步建成践行新发展理念的"长江公园首城"；到2035年，宜宾践行新发展理念的"长江公园首城"成为全国典范和标杆。

第十章　重塑门户枢纽　凸显绿色发展

——把雅安建设成为成渝地区双城
经济圈西部绿色发展先行示范区

成渝地区双城经济圈是成渝经济区和成渝城市群两大战略实施在新时代承前启后、继往开来、与时俱进的"升级版"和"双城记"新格局，是国家总揽我国区域协调发展的又一重大战略。

考虑到成渝地区双城经济圈对西部地区高质量发展的引领带动使命，以及成都都市圈未来发展的潜力，按照雅安独特的资源禀赋和区域经济空间拓展规律，笔者建议将雅安建设成为"成渝地区双城经济圈西部绿色发展先行示范区"，作为成渝地区双城经济圈纵深推进的腹地、回旋空间和成都都市圈下一步扩围的"后手棋"。

一、雅安在成渝地区双城经济圈的区位优势

雅安是成渝地区双城经济圈唯一与甘孜、阿坝、凉山三州接壤的地级市，是通向藏、羌、彝民族地区以及川藏、川滇的咽喉要道，是成渝地区双城经济圈链接我国最大彝区和西藏的重要川西门户枢纽，比较优势十分突出。随着川藏铁路的建设，雅安将成为中巴经济走廊南向开放新门户，战略区位突出，更是稳藏安康西向协同发展的大后方基地，有助于增强国家经略周边能力。

雅安是长江上游生态屏障的绿色明珠，被习近平总书记誉为"天府之肺"，以大数据产业为代表的绿色科技和绿色产业方兴未艾；雅安是大熊猫国家公园（四川）门户，雅安的大熊猫文化、古丝绸之路文化、红色文化、绿色文化、藏彝文化交融，可以建设大熊猫公园城市特质的高品质康养宜居地。

二、雅安在成渝地区双城经济圈的战略方位

（一）从中国对外开放格局来看，雅安是成渝地区双城经济圈南向开放的门户枢纽

从中国"一带一路"的开放格局来看，南向开放主要是中南半岛（越南、老挝、柬埔寨、缅甸、泰国等国）和南亚次大陆（印度、巴基斯坦）。因此，成渝地区双城经济圈中以雅安为支点的成都—雅安—云南—缅甸的开放通道和成都（重庆）—雅安—西藏—印度的开放通道都属于南向开放通道。随着川藏铁路的建设，雅安即将成为成渝地区双城经济圈经西藏至南亚次大陆国家南向国际贸易大通道的新门户。

（二）从西部大开发的新格局来看，雅安是成渝地区双城经济圈西向协同联动西藏和四川三州推进西部大开发形成新格局的桥头堡和前进基地

雅安地处成渝地区双城经济圈的西部，是成渝地区双城经济圈连接我国最大彝区和西藏的西向门户枢纽。雅安重要的战略区位，有助于其作为经济圈西向协同联动西藏和四川三州西部大开发形成新格局的桥头堡和前进基地，向西传导经济圈辐射能量，形成成渝地区双城经济圈建设对西藏高质量发展的带动效应和对四川三州地区高质量发展、巩固脱贫攻坚成果的扩散效应。

从远期看，随着川藏铁路的通车和成昆高铁的布局，雅安与西藏、云南的交通网络必将更加完善。雅安将建设成为成渝地区双城经济圈通往中巴经济走廊和中南半岛的南向新门户枢纽。从近期看，随着西部大开发建设的深入实施，为进一步贯彻落实《中共中央　国务院关于新时代推进西部大开发形成新格局的指导意见》，将雅安建设成为成渝地区双城经济圈西向带动的桥头堡和前进基地，协同阿坝、甘孜和凉山的高质量发展、巩固脱贫攻坚成果，助力西藏自治区的高质量发展，将极大地增强成渝地区双城经济圈在中国西部地区的增长极作用和辐射带动作用，成为新时代推动西部大开发形成新格局的"战略芯片"。

三、雅安建设成渝地区双城经济圈西部绿色发展先行示范区的目标界定依据

深入贯彻落实中央财经委员会第六次会议精神，牢牢把握"一极一源两中心两地"战略定位，聚力抓好"七项重点任务"，抓牢融入成都平原都市区、推动成渝地区双城经济圈建设的战略机遇，把雅安建设成"成渝地区双城经济圈西部绿色发展先行示范区"。

雅安建设成渝地区双城经济圈西部绿色发展先行示范区，是践行习近平总书记重要指示的具体举措。习近平总书记到芦山地震灾区视察时做出"雅安是长江上游重要的生态屏障，素有'天府之肺''动植物基因库'之称"，"雅安本来就有绿色生态优势"，"要突出绿色发展"的重要指示，为雅安推动绿色发展，建设绿色发展先行示范区，提供了根本遵循，指明了发展方向。

雅安建设成渝地区双城经济圈西部绿色发展先行示范区，是新时代推进西部大开发形成新格局的必然选择。《中共中央　国务院关于新时代推进西部大开发形成新格局的指导意见》，对加快推进西部地区绿色发展提出明确要求，包括建设市场导向的绿色技术创新体系，加快绿色产业发展，推动重点领域节能减排，大力发展循环经济，探索低碳转型路径，加强跨境生态环境保护合作等。加快形成西部大开发新格局，推动西部地区高质量发展。

雅安建设成渝地区双城经济圈西部绿色发展先行示范区，是国家对雅安定位的继往开来和与时俱进。2016年，国家发展和改革委员会、住房和城乡建设部联合印发《成渝城市群发展规划》，将雅安定位为"进藏物资集散地、川西特色产业基地、交通枢纽，国际生态旅游城市"，其中就内含了"门户枢纽"和"绿色发展先行示范"。

雅安建设成渝地区双城经济圈西部绿色发展先行示范区，是将雅安绿色发展示范市的四川定位，延伸为成渝地区双城经济圈定位的"升级版"。中共四川省委十一届三次全会为雅安指明了未来五年发展目标——加快建设绿色发展示范市。《成都平原经济区"十三五"发展规划（2018年修订）》将雅安定位为"进藏物资集散地、川西区域性中心城市、特色产业基地、交通枢纽以及国际生态旅游城市，建设绿色发展示范市"。成渝地区双城经济圈地处长江上游，绿美生态是其重要本底，与京津冀、长三角和粤港澳相比，生态优势更加凸显。雅安的绿美生态资源不仅是雅安跻身成渝地区双城经济圈最硬核的竞争力所在，也是

雅安推动成渝地区双城经济圈建设的"金山银山"，更是成渝地区双城经济圈的"生态加分"。雅安建设绿色发展先行示范区，重点以绿色发展为主基调，在生态建设、生态文化旅游、大数据及绿色载能产业、优质农产品供给等方面，凸显雅安在成渝地区双城经济圈建设中绿色发展的先行先试优势。

四、雅安建设成渝地区双城经济圈西部绿色发展先行示范区的战略定位

一是对标"经济圈"的重要经济中心定位，将雅安建设成为"经济圈"西部重要的绿色经济中心。牢固树立"绿水青山就是金山银山"的发展理念，坚持生态立市，坚持生态优先、绿色发展，筑牢长江上游生态屏障，加快生产体系、生活模式、生态环境绿色化转型，推动建立以产业生态化和生态产业化为主的生态经济体系，将生态优势转化为经济社会发展优势。深入实施生态环境提升工程，加快建设绿色雅安。打造生态价值新高地，建设国家生态文明先行示范区。

二是对标"经济圈"的科技创新中心定位，将雅安建设成为"经济圈"西部重要的绿色科技创新中心。深入实施"产业发展双轮驱动"战略，加快构建绿色产业体系，推动生产方式绿色化和产业结构优化升级，大力发展绿色载能产业和大数据产业，加快文教新城、川西大数据产业园等特色产业基地建设。依托"天府之肺"、"动植物基因库"、国家熊猫公园主要承载地、茶马古道等资源，提升旅游休闲、文化创意、健康养生等产业品质和能级。融合科技、人文等元素，培育发展生物科技农业、创意农业、观光农业、"互联网+农业"等新产业新业态。实施园区循环化改造，培育绿色新动能。加快融入成渝地区双城经济圈万亿级特色产业集群和国家级战略新兴产业集群。打造绿色创新发展新高地，建设全省绿色新材料产业基地和全国的大数据产业典范。

三是对标"经济圈"的改革开放新高地，将雅安建设成为"经济圈"西部向南开放新门户枢纽和内陆开放高地新支点。充分发挥南丝绸之路重要驿站的区位优势，积极参与南向开放战略。加快川西大数据产业园、川藏物流（旅游）产业园等开放平台建设，完善铁公水现代化立体交通网络，建设川西交通枢纽，打造成渝地区双城经济圈南向开放先行区。重点对接中新合作机制、粤港澳大湾区、北部湾经济区，加强各类型开放平台建设，推动知识、技术、数据、人才等创新要素加速流动和整合集聚，不断完善枢纽门户功能，发展更高层次开放型经

济，构建"开放发展四向联动"新格局，成为成渝地区双城经济圈内陆开放枢纽和内陆开放高地重要支点。

四是对标"经济圈"高品质生活宜居地，将雅安建设成为国家熊猫公园高品质绿色宜居地。坚持生态优先、绿色发展，以建设公园城市为抓手，加快建设美丽宜居之城，努力将生态优势转化为发展动能。加快新型城镇化和美丽乡村建设，形成布局合理、功能完善、环境优美、绿色低碳、和谐宜居的现代城乡形态。大力推进成渝地区双城经济圈生态建设示范区、生态文化旅游区、水电消纳产业示范区、大数据产业示范区和优质农产品供给区建设，构建"青江水润、碧绿典雅、四季见彩"的"雅致安逸的成都大都市区西"的大美公园形态，不断提升和擦亮"天府之肺熊猫家园"城市名片。打造高品质绿色宜居新高地，建设大熊猫国家公园城市。

五、雅安建设成渝地区双城经济圈西部绿色发展先行示范区的重点任务

着力围绕加强交通基础设施建设、加快现代产业体系建设、增强协同创新发展能力、优化国土空间布局、加强生态环境保护、推进体制创新、强化公共服务共建共享等方面，有所为有所不为，精准聚集雅安发力点，制定雅安行动方案和任务清单。

（一）突出"外联内畅"，加强交通基础设施建设

铁路通道补短板。加快推进成都平原城市群铁路公交化运营，加密成雅动车发车频次，提升公交化服务水平。协同成都市争取先期开工蒲江至成都天府枢纽站货运铁路，尽早打通成都至雅安铁路货运通道。加快推进雅眉乐自铁路、雅甘铁路前期工作。加快推进北郊至碧峰峡山地轨道交通前期工作。协同推进成昆高铁、雅眉乐自铁路、雅甘铁路前期工作，尽快建设川藏铁路雅林段、雅眉乐自铁路雅安段。

公路网络补短板。加快推进京昆高速公路扩容、峨汉高速、泸石高速、成雅快速通道等重大项目建设。协同推进邛崃经芦山至荥经高速、荥峨高速、雅马高速等前期工作。与成都市共同推进成雅快速通道建设。优化完善市内交通路网规划组织，合理加密市域交通路网，提升市内路网基础设施和运输网络与出雅大通道间互联互通接驳通行效率。到2030年，形成由多条高速公路组成的"两纵两

横一环"的高速公路网和国、省、县三级道路组成的"四纵四横"一般干线公路网，总体形成"六纵六横一环"的雅安市干线公路网。

增设航线补短板。加快落实《雅安市民用航空发展规划》，做好名山通用机场前期建设工作。

深化港口协作补短板。加快推进雅安无水港（凤鸣物流园）建设。加强与广西钦州港，重庆珞璜港，省内宜宾港、泸州港等的深度合作，打造无水港外运口岸。

重大交通物流枢纽设施建设补短板。加快推进川西物流中心、川藏物流（旅游）产业园、川滇藏商贸物流园、雅安市物流园区、雅安市 LNG 物流建设，推动雅安铁路、公路等资源统筹整合，配合推动国家物流枢纽建设联结成网。加快建设宜宾港·雅安无水港项目，加强与宜宾港、重庆珞璜港、广西钦州港的合作，共建陆港联运通道。加快推进川藏铁路物资保供基地、进藏物资集散地建设。统筹规划多式联运集疏系统，有效拓展"铁、公、水"多式联运业务。大力推进绿色运输、绿色仓储、绿色包装，推广先进运输组织形式，打造绿色物流示范基地，创建全国绿色货运配送示范工程城市。

规划建设川藏铁路成雅大港区及陆港新城。依托川藏铁路、川藏公路建设的陆路交通运输大通道和场站，以川藏铁路名山站为载体，以铁路货运为核心、以公路货运为主体、以公铁联运为优势，争取成为以物流运输、交通集散、战略储备、应急仓储为主的国家陆港型物流枢纽。加快构建物流分拨中心、专业配送中心、末端配送网点三级网络为主的城市配送体系，建设区域性商贸物流节点城市。按照"人城境业文五位一体"的要求，规划建设"成雅陆港新城"，与川藏铁路成雅大港区配套。

（二）突出"互补联动"，加快现代产业体系建设

大力发展绿色载能产业，全力推进水电消纳示范区建设。下大力气加快推进水电消纳产业示范区试点建设，锚定建设成渝地区双城经济圈的水电消纳示范区目标，实施"千亿产业"行动，把雅安建设成为全省绿色产业发展的新增长极。加大绿色载能项目引进和培育力度，加快形成经济高质量发展的新支撑，努力创造发电企业、供电企业、用电企业和雅安绿色产业振兴的共赢局面。全力打响雅安"成渝地区双城经济圈电价洼地"品牌。以高端产业和产业高端为切入点，着力构建高效、绿色、低碳、循环的产业体系，促进产业向价值链中高端跃升，培育五大千亿产业集群。

大力发展大数据产业，加快建设大数据产业示范区。充分发挥资源禀赋和前期政策"洼地"优势，加大大数据技术产品研发、工业大数据、行业大数据、

大数据产业主体、大数据安全保障、大数据产业服务体系聚集力度，争取成为成渝地区双城经济圈的大数据产业示范区。大力实施大数据技术产品研发提升行动、工业大数据深化创新应用行动、行业大数据深化创新应用行动、大数据产业主体培育行动、大数据安全保障提升行动、大数据产业服务体系建设行动，促进大数据产业的高质量发展，实现雅安绿色产业发展的"变道超车"。积极参与共建"国家数字经济创新发展试验区"，全力打造成渝地区双城经济圈数字经济创新发展标杆。

大力发展康养文旅产业，加快建设中国大熊猫文化国际旅游目的地。以国家医养结合试点市建设为契机，大力发展"全域、全时、全态、全景、全程"大健康产业，重点发展森林康养、阳光康养、医疗康养、温泉康养、运动康养、旅居养老等特色产业，打造中国生态康养典范城市。推进多态融合，培育康旅、文旅、茶旅、农旅等融合发展新业态，提升大熊猫、茶马古道和红军长征文化三大品牌影响力，突出大熊猫、茶马古道两大世界级旅游文化品牌，全面提升雅安旅游的品牌影响力和市场竞争力。努力创建国家全域旅游示范区，初步建成国际生态旅游城市。

大力发展绿色农业，打造优质农产品供给地。以三条百公里百万亩乡村振兴产业带为依托，以"高产、优质、高效、生态、安全"的路径，彰显精细化都市农业特色，进一步将调结构、提品质、促融合、降成本、补短板作为农业供给侧结构性改革的重点，通过农业科技创新、农业科技推广、农业科技园区建设，提升农业的技术水平和发展质量，加快建设国家绿色（有机）农业示范。全力打造成渝及藏区特色优质农产品保供示范基地，为成渝地区双城经济圈的高质量发展夯实"三农"根基。

（三）突出"资源整合"，增强协同创新发展能力

协同集聚重大科技创新资源。聚焦大数据产业，以川西大数据产业园为载体，按照"一城多园"模式合作共建西部科学城。推进攀西战略资源创新开发试验区建设，积极参与成德绵国家科技成果转移转化示范区建设。加速推进雅安跻身国家数字经济创新发展试验区，协同打造成渝科创走廊等，打造西部创新高地。

协同推进核心技术攻关和成果转换。完善重大科技攻关项目协同推进机制，推进重大科技成果转化专项，实施重点企业研发活动全覆盖行动，建立鼓励企业加大研发投入机制，加快构建"众创空间—孵化器—加速器"的创业孵化链条，聚焦新兴技术和产业发展需求，配合建立关键核心技术攻关协作机制，培育具有核心竞争力的重大战略产品。全力打造国家科技成果转化服务示范基地。

协同优化创新生态。发挥市场对创新资源配置的决定性作用、政府对创新活动的引导和服务作用，深化创新体制机制改革，激发创新活力。突出抓激励，深化职务科技成果所有权或长期使用权改革，探索建立以贡献大小为导向的收益分配机制。突出优环境，大力发展科技金融，推动科技成果转化孵化。突出借"外脑"，开展国际创新交流合作，推进国际科技创新合作平台建设。

（四）突出"统筹规划"，优化国土空间布局

构建优美和谐的生态空间。科学合理布局和整治生产空间、生活空间、生态空间，加强生态空间管控，优化区域发展空间布局，构建"七区四廊多点"的生态安全格局。优化城镇与乡村之间、功能区与功能区之间的生态空间结构。加强区域生态廊道和自然保护地建设，通过山林绿地、郊野公园、区域绿道串联，提升区域生态环境品质，构建以山水为脉、林地共生、城绿相依的自然格局。

加快"三区"建设。围绕构建"一核两翼"市域发展新格局，进一步优化区域空间布局。推动东部片区领先发展，着眼中心城区定位，在城镇布局、人口集聚和产业发展等方面发挥引领作用，提高综合承载能力和城市功能，加快建成东进融入成渝地区双城经济圈的先行区。推动南部片区加快发展，建设南向开放的首位区，打造协同凉山州跨区域合作先行示范区。推动西北片区转型发展，着力打造服务成渝、辐射康藏的生态文化旅游融合发展试验区，打造协同甘孜州跨区域合作先行示范区。

（五）突出"联防联治"，加强生态环境保护

加大污染治理力度。出台全面加强生态环境保护打好污染防治攻坚战的实施办法，构建生态和环境监测网络、预警体系和协调联动机制，完善生态环境事故应急预案。深入实施大气、水、土壤污染防治行动计划，加大扬尘污染防治力度，狠抓生态系统保护和修复，大力推进污染防治攻坚战"八大关键性战役"。严把环境保护准入关口，认真落实长江经济带战略环评生态保护红线、环境质量底线、资源利用上线和环境准入负面清单制度。

协同推进绿色发展。推进资源节约和循环利用，建立健全企业能源管控体系，全面实行清洁能源替代，深化工业废弃物、农业秸秆综合利用，加强节能减排，推广节能技术和产品应用，推行环境污染第三方治理，强化绿色货运，着力打造绿色工厂、绿色园区、绿色矿山，加快构建适应绿色发展的空间体系、产业体系、城乡体系和制度体系，筑牢长江上游生态屏障。

完善全域生态保护的体制机制。推进成渝地区生态环境标准一体化，争取中央、省生态补偿试点，落实上级出台的横向生态补偿机制。争取成立成渝地区双

城经济圈生态补偿专项资金，加大生态产品价值实现力度。

（六）突出"改革开放"，推进体制机制创新

持续推进全面深化改革。以经济体制改革为重点，加快政府职能转变。实行政府权责清单制度，进一步厘清政府和市场、政府和社会的关系。以优化营商环境为重点，加快国资国企改革，大力支持民营经济发展，建立市场主体轻违规行为容错纠错机制，促进中小企业健康发展。持续深化"放管服"改革，提升"互联网+政务服务"质量。深化法治政府建设，推进数字政府建设。

大力培育开放型经济。积极承接成渝产业转移和沿链配套，探索构建"总部在成渝，基地在雅安""研发设计在成渝，转化生产在雅安"合作模式，以大开放姿态积极承接成渝两地的产业转移。以川藏铁路成雅大港区建设为契机，争取创建保税物流中心（B型）。同时，雅安要积极争取成为全省第三批自贸协同改革先行区。利用好中国西部国际博览会、中国重庆投资洽谈暨全球采购会、"四川—澳门合作发展周"等开放平台，促进重大开放招商活动。

（七）突出"民生工程"，公共服务共建共享

提升公共服务水平。加快"川西教育中心"建设，积极发挥高校、科研机构、企业的优势，以项目合作、人才培养、科研开发和技术转化为纽带，推进产教深度融合。推进川西医养中心建设，着力打造川西医疗高地、康养胜地。推动医疗、养老、文化、旅游等多业态深度融合发展，全力打造成渝地区双城经济圈高品质康养宜居地。加快智慧城市建设，推动区块链、大数据、物联网、人工智能等新一代信息技术与实体经济深度融合。创建国家公共文化服务体系示范区和全国文明城市。

提升公共服务便捷度。打破行政壁垒和条块分割，促进公共服务资源的合理流动与优化配置。健全基本公共服务协调机制，打破雅安和成渝地区双城经济圈就业市场、社会保障等方面的行政壁垒，率先在养老保险关系无障碍转移、跨省异地门诊医疗直接结算、进城务工人员随迁子女就学等方面实现突破。以户籍制度改革为契机，打破城乡二元结构，支持户籍便捷迁徙、居住证互通互认，促进区域内劳动力自由流动。

提升公共服务精准度。加强跨区域、跨部门、跨层级数据资源整合共享，推动大数据智能化技术在公共服务领域广泛应用，提升公共服务的精准度。利用区块链、人工智能、物联网、云计算等先进技术，发挥"技术+模式"的引领带动作用，打通园区、厂区、社区等环节，在卫生应急、社会治理等领域实现精准服务、精准治理。

第十一章　践行新发展理念，建设国家茶叶公园城市

——雅安市名山区"十四五"发展定位研究

"十三五"时期，是名山决战脱贫攻坚、重建攻坚、决胜全面小康取得决定性成就的五年，是全面贯彻新发展理念、加快推动经济社会高质量发展具有里程碑意义的五年，开创了转型发展、高质量发展新局面。此后五年，是名山抢抓国家重大战略机遇、推动成渝地区双城经济圈雅安桥头堡建设成势见效的关键时期，发展具有多方面优势和条件，必须积极投入成渝地区双城经济圈建设，强化区域功能协作，主动融入成都公园城市示范区，着力构建"三城驱动、一带连接、一环贯通"公园城市建设体系，努力建成国家茶叶公园城市的先行示范区；突出转型发展、跨越发展、高质量发展，培育特色产业集群，提升城镇承载能力，不断增强区域竞争优势。

一、聚力建设国家茶叶公园城市

凸显和擦亮名山"蒙顶山茶"金字招牌，建设国家茶叶公园城市，是名山落实成渝地区双城经济圈国家战略和雅安建设国家绿色示范市的重要举措，对推动名山高质量发展具有重要意义。一是有利于精准对标雅安建设国家绿色示范市的要求，践行"两山"理论，进一步发挥名山的生态和环境优势，促进绿水青山向金山银山转化；二是有利于推进名山建城营城优城向统筹"人城境业文"的"精筑城、广聚人、强功能、兴产业、促开放、塑文化、优生态、善治理""8部曲"发展逻辑转变，通过国家茶叶公园城市建设，优化城市环境和服务品质，增强对人才和创新要素的吸引力；三是有利于发展新经济，加快新旧动能转换，通过塑造城市新场景，优化土地利用和空间治理方式，增强对新经济、新业

态的吸引力，促进产业结构转型和升级；四是有利于彰显名山人居文化特色，深入推进乡村振兴战略，通过将生态、农业和城镇空间统筹协调，形成生产、生活和生态的和谐包容格局；五是有利于名山围绕蒙顶山茶产业链和供应链的建链、聚链、补链、延链、扩链和强链，提升蒙顶山茶的附加值和含金量，将茶叶产区转变为茶业全功能聚集区；六是有利于提升名山城市治理的法治化和现代化水平，促进城市的精明性高质量发展。

名山建设践行新发展理念的国家茶叶公园城市，彰显了公园城市的名山特色和名山站位。"蒙顶山茶"是中华民族的品牌，名山建设国家茶叶公园城市是践行新发展理念的公园城市战略谋划的名山行动，是名山贯彻落实习近平新时代中国特色社会主义思想城市篇的重要实践，是名山作为成渝地区双城经济圈雅安桥头堡的独特"代码"和经济地理标志，是公园城市体系中的"名山属性"和"名山表达"。

建设国家茶叶公园城市，名山要对表对标公园城市的科学内涵，国内外生态型城市建设的探索、路径和成功经验，契合名山资源禀赋和风格，形成中国特色、四川和雅安特点、名山风格的公园城市建设新路径。

名山要以践行新发展理念的国家茶叶公园城市为统揽，推动城市战略思维、规划理念、建设方式、治理体系、营城治理逻辑的全方位变革，拓展和优化城市空间结构、功能体系、动力机制、城市品质和治理格局，不断增强人口和经济承载力，使名山成为成渝地区高质量发展的重要增长极和动力源，成为长江经济带和成渝地区双城经济圈的公园城市典范。

名山要围绕"人、城、境、业、文"五大维度，结合公共覆盖、生态环保、生活高质、绿色生产、特色文化五个目标，贯彻"园中建城、城中有园、城园相融、人城和谐"的规划理念，并且结合名山的资源禀赋和发展实际，探索构建践行新发展理念的国家茶叶公园城市发展评价指标体系。名山要按照"精筑城、广聚人、强功能、兴产业、促开放、塑文化、优生态、善治理"的建城营城优城逻辑及其系统举措，围绕"蒙顶山茶"生产、加工、交易、金融、服务、人才、物流、文化等，形成三次产业联动和"人城境业文"的"五维一体"。

名山要始终将公园城市理念和城市美学价值贯穿到国家茶叶公园城市规划建设治理营造全过程，做强城市功能、做靓城市颜值、做优城市品质，全面提升城市宜居性、舒适度。要按照国家茶叶公园的城市定位，顺应自然生态肌理，借势山水禀赋，优化城市空间布局、建筑形态和天际轮廓，师法自然、守正出新，规划建设一批反映名山文化、展现天府韵律、彰显门户形象的"新中式"精品力作和标志建筑，分区分步重造国际时尚、秀美大气的枢纽型城市空间形态，做靓城市天际线、河岸线、湖岸线、山脊线和城市视角线，坚持"景区化、景观化、可进入、可参与"理念,统筹构建生态景观体系,绿道体系,沿江、流域、湿地公园游憩体系;高品质呈现"茶业+国际范、茶业+时尚范、茶业+文创范"等城市韵味。

名山要聚焦国家茶叶公园城市建设,保持生态型生活特质,在经济高速增长阶段不忘城市初心,始终将宜人、宜业、宜居、宜游、宜养和宜学作为城市持久的竞争力,开辟未来城市发展新境界。从"幸福感"、"宜居度"和"安全性"维度对城市生活品质进行评价,从自然环境宜人性、城市安全性、交通便捷性、环境健康性、公共服务设施方便性、社会人文环境舒适性六个方面建设好国家茶叶公园城市。兼顾好生产生活生态的平衡性,现代化开放型产业体系和现代化公共服务体系的协调性。

二、全面塑造城市发展新优势

打造成渝地区双城经济圈雅安桥头堡。立足名山突出的区位优势、交通优势、资源禀赋,持续优化区域空间布局,助力雅安中心城区东拓扩容计划,积极推动全域公路、空运等开放大通道建设,打造融入成渝地区双城经济圈 1 小时畅达通道,充分深度挖掘开发得天独厚的生态旅游资源、历史文化底蕴等优势,提升核心竞争力,突出差异化发展,建设成雅同城化融合发展先行区,打造雅安东进融入成渝地区双城经济圈建设的标杆示范。

建设承接成渝地区双城经济圈产业转移示范区。坚持以成雅工业园区为主战场,加快推动"总部+基地""研发+生产""飞地经济"等产业协作模式,精准对接成渝地区汽车及零部件、智能制造等产业转移,着力优化营商环境,完善开放合作机制,进一步加强与成渝地区双城经济圈合作联动,全面拓展合作领域,推动实现在发展中承接、在承接中发展,争当全市承接成渝地区产业转移领头雁、前沿地,为全市承接成渝地区双城经济圈产业转移发挥示范作用。

建设成渝地区双城经济圈大数据产业协同发展基地。围绕服务川西大数据产业园发展,加强大数据产业分工和功能配套。规划布局物流大数据、康养大数据、旅游大数据产业,引进高端互联网科技企业。积极探索发展基于大数据的创新创业孵化培育、大数据交易和数据加工服务体系,发展优质地产、商务会展、商务酒店、商业街区、美食街等,优化完善教育、医院、公交首末站、城市公园、文体娱乐等公共服务设施,完善引才留才机制和人才服务体系,积极探索人才跨区域的"飞地"模式。

建设成渝地区双城经济圈高品质康养休闲目的地。依托良好的生态资源优势，突出错位发展，打造景城一体、产城融合的国家级康养示范基地，推进康养与医疗、体育、农业、旅游、教育、文化、旅居等深度融合，因地制宜构建多元化、多层次的康养服务供应链，大力发展康养地产，开发生态康养项目，建设康养综合体、康养度假区，塑造"世界茶谷·康养绿城"品牌，强化宣传推介，努力争创省级健康服务业示范县（区）、全国康养产业示范园、国家康养旅游示范基地。

建设成渝地区双城经济圈优质农产品供给地。围绕打造蒙顶山茶优势农产品基地，积极争创国家级现代农业园区，推动壮大以茅河为核心的茶苗繁育基地，不断扩大"蒙顶山茶"知晓度和影响力。积极谋划与筹建国际茶业博览会、国际茶艺师大赛、国际茶业博物馆等，重构蒙顶山茶消费场景，打造"蒙顶山茶"国际消费中心，进一步加大与世界茶叶产区的国际化交流与合作，将名山建设成为未来的"世界茶谷"。围绕建设商品猪肉战略保障基地，扩大生猪增产保供能力，打造商品猪肉供应基地。围绕构建两小时果蔬供应经济圈，布局建设特色果蔬现代农业园，打造优质果蔬供应基地。

建设川藏物资贸易集散地。抢抓川藏铁路建设机遇，以名山火车站为中心，依托交通网络和物流枢纽，扎实推进交通、物流等重点项目建设，形成川藏铁路成雅大港区门户，规划建设服务国家工程、协同川藏发展、集聚特色产业的开放平台，大力发展物流运输、交通集散、战略储备、应急仓储等主导产业，布局和完善配套生产性和生活性服务业，构建服务川藏铁路建设的保障体系，推动商贸物流业繁荣发展。

三、科学构建城市新格局

优化城市空间布局。推动形成"三城驱动、一带连接、一环贯通"的公园城市空间功能布局。主城以名山河为轴线拓展城市发展带，进一步推进人口聚集、产业聚集和功能聚集，增强中心城区综合实力和辐射能力，加快推动"雨名飞"同城化发展，为雅安中心城区东拓扩容贡献名山力量。新城以成雅工业园区为主要载体，以成雅快速通道为轴线构建产业新城发展轴，加快培育产业集群，大力推动百丈镇工业和旅游产业发展，以工业经济发展带动新城建设提升，着力打造"镇园一体、职住平衡"的城市新区。陆港新城建设，以名山火车站为中心，规划建设服务国家工程、协同川藏发展、集聚特色产业的开放平台，配套一批专业市场，进一步汇聚人流、物流、信息流、资金流，推动商贸物流业繁荣发展，构建服务川藏铁路建设的保障体系，打造协同发展的重要基地。加快推进"一带连接、一环贯通"，依托成雅快速通道及茶旅融合发展"1+7+N"空间布局，突出各镇（街道办）功能定位，加快建设"都市农业""酒香茶乡康养""康养度假""茶叶加工""民宿旅游""红色旅游+茶叶加工""商贸物流+果蔬""物流仓储+休闲农业""种养+旅游""茶树种业""乡村旅游""科普+旅游"等一批特色镇域园区平台，增强县域综合竞争实力与整体竞争力。

做强中心城区。坚持城市兴区，推进县城换挡升级。以名山河为轴线拓展城市发展带，进一步推进人口聚集、产业聚集和功能聚集，增强中心城区综合实力和辐射能力，加快推动"雨名飞"同城化发展，大力实施"城市扩容"行动，将蒙阳、永兴街道办事处和蒙顶山镇纳入主城区，主城区扩展至20平方千米，成雅新城建设规模达到5平方千米，集聚5万人。坚持筑城兴业、产城融合，着力打造六大功能片区。以蒙顶山生态旅游康养产业园片区为重点，打造医养康养旅游功能区；以西大街、东大街和原火柴厂片区城市有机更新为重点，打造生活配套、商业服务功能区；以世界茶都茶叶交易市场、茶马古城、陈家坝片区为重点，打造以金融、精品酒店、特色餐饮为主的现代服务业功能区；以五里口、同贯路到雅职院为重点，打造以汽贸、仓储物流、大数据为主的产业发展功能区；以平桥片区城市开发为重点，打造高端生活住宅区；以雨名快通沿线片区开发为重点，打造城市功能拓展区。

大力推进"三城"一体化发展建设。坚持产城一体、职住平衡、功能复合、配套完善，加快"景城一体"主城发展，重点围绕六大功能片区，大力推进文体旅游、生态康养、商业贸易、现代物流、金融服务、地产服务等现代服务业和大数据产业发展。加快推进城市有机更新，提升市政基础设施，巩固国家卫生城市创建成果，加强城市精细化管理，提升城市软实力。推进"产城一体"成雅新城开发建设，围绕成雅快速通道产业新城发展轴，加快培育产业集群，配套发展现代物流、文化创意等生产性服务产业，加快搭建创业孵化、金融服务等公共服务平台。在新城大道、生态大道等布局小型居住、商业服务等设施，提升教育、医疗服务能力，推进人才公寓、商业中心建设，建成商业区和工业区加气站项目，完善成雅新城基础设施和公共服务配套。以临溪河为重点，加快构建"一带、五廊、多点"的蓝绿网络，推进临溪河综合整治等项目建设，持续提升城市吸附力。推进"商贸一体"陆港新城规划建设，围绕构建临港产业生态圈，积极探索"组合型"城市结构，启动陆港新城规划编制工作，重点发展物流运输、交通集散、战略储备、应急仓储等产业，布局高原轨道交通装备制造产业，配套高原铁路运营保障等生产性服务业，完善医养康养等生活性服务业。统筹推进基础设施、生态环保、公共服务等配套项目建设。

四、着力建设高品质宜居城市

提升城市品质内涵。对标雅安建设国家绿色示范市的要求，以建设国家茶叶公园城市为统揽，构建生态景观体系，绿道体系，沿江、流域、湿地公园游憩体系，建设15分钟生态功能圈，达到300米见绿、500米见园，形成"园中建城、城中有园、城园相融、人城和谐"的公园城市美丽格局。

实施城市更新行动，分步有序推进西大街、东大街、下紫霞街片区等重点片区旧城改造和征迁工作，着力完善小区配套和市政基础设施，提升社区养老、托幼、医疗等公共服务水平，不断提升城市形象，满足人民群众生活需要。着力提升城区宜居环境，进一步完善城区基础设施，补齐民生短板，加快推动城市雨污分流管网、东龙山公园、皇茶大道中央公园、城区绿化和市政设施增彩添绿等重点项目建设。

强化城市功能协作，坚持将宜人、宜业、宜居、宜游、宜养和宜学作为城市持久的竞争力，主动融入成都建设践行新发展理念的公园城市示范区，依托良好的生态资源优势和1小时通勤圈，加快推进康养园区创新发展建设，承接成都都市圈康养休闲功能，构建"成都工作、名山生活"双城模式。

创新城市经营管理。创新城市经营模式。以经营的思想规划城市，以经营的手段建设城市，以经营的方式管理城市。加快引进知名城市运营商和专业化资本运作团队，参与城市经营、项目运作，规划建设一批精品工程。推行"投融建管营"一体化模式，推进已建成区加快由建设职能向管理职能转变，加速人口和要素集聚。

健全城市管理机制。加快城市管理重心下移、职能下沉，推进基层管理和执法队伍"两法"建设，强化数字化城管与网格化、智能化融合升级，推动城市管理向精细化、精准化转变。加大市容秩序治理，加强环卫作业基础设施建设，新建智慧环卫管理平台，推进城市生活垃圾分类全覆盖。加强社区环境综合整治，建设一批国家、省级和谐示范社区。

五、推进城市基础设施现代化

强化新理念、新技术、新模式在城市建设、管理、经营方面的运用，推进

"智慧城市""海绵城市""韧性城市"等新型城市建设，推动城市高质量发展。推进新基建和新一代信息技术与城市规划、建设、管理深度融合，提升城市市政基础设施数字化、智能化水平，大力实施智慧交通、智慧城管、智慧文化、智慧教育、智慧民生、智慧政务等工程，打造一批智慧小区、智慧医院、智慧广电。统筹推进新老城区海绵城市建设，规划建设一批海绵型建筑与小区、海绵型道路与广场、海绵型公园与绿地，就地消纳降雨，解决城市黑臭水体及内涝治理等问题。发挥综合管廊对提高城市综合承载力的重要作用，推进干线、支线综合管廊及缆线管廊建设，科学利用城市地下空间。在建成区结合城市更新计划，补齐韧性城市建设短板，提高韧性基础设施和韧性公共服务供给能力。留好应急反应的战略留白空间，建设应急避难场所，快速补位常态化的公共服务设施。

第十二章　简阳建设成都都市圈东部区域中心城市定位研究

2020 年 9 月 7 日，中共简阳市委十五届十三次全体会议制定出台了《中共简阳市委关于坚定贯彻成渝地区双城经济圈建设战略部署抢抓机遇加快建设成都东部区域中心城市的决定》，提出的"建设成都东部区域中心城市"的总体目标定位和建设国际空港门户枢纽城市、宜业宜居山水公园城市、东进区域智能制造高地的支撑性定位，立足新发展阶段、践行新发展理念、构建新发展格局，为简阳"十四五"期间高质量发展和 2035 年远景发展提出了新的期许、勾画了新的发展蓝图。

一、简阳在成都都市圈东部区域的空间方位

（一）成都都市圈新格局

《成渝地区双城经济圈建设规划纲要》明确指出，成渝地区发展需处理好中心和区域的关系，着力提升重庆主城和成都的发展能级和综合竞争力，推动城市发展由外延扩张向内涵提升转变，以点带面、均衡发展，同周边市县形成一体化发展的都市圈。

四川实施"一干多支"战略，将"主干"从行政区划的成都扩展升级为成德眉资同城化的成都都市圈，将加快成德眉资同城化发展作为四川推动成渝地区双城经济圈建设的先手棋，其核心就是建成面向未来、面向世界、具有国际竞争力和区域带动力的成都都市圈。加快成德眉资同城化示范区建设，建优成都都市圈，是成渝地区双城经济圈极核带动周边、促进区域发展的客观需要，有助于形成"一极一源两中心两地"的大极核。

《成渝地区双城经济圈建设规划纲要》提到，要充分发挥成都的核心带动功能，加快与德阳、资阳、眉山等周边城市的同城化进程，共同打造带动四川、辐射西南、具有国际影响力的现代化都市圈。《中共四川省委关于深入贯彻习近平总书记重要讲话精神　加快推动成渝地区双城经济圈建设的决定》《中共成都市委关于坚定贯彻成渝地区双城经济圈建设战略部署　加快建设高质量发展增长极和动力源的决定》《关于推动成德眉资同城化发展的指导意见》《成德眉资同城化发展暨成都都市圈建设三年行动计划（2020—2022 年）》等文件，从构想到行动，一步步明晰成都都市圈的建设路径——推动成德眉资同城化发展，推动行政区划的成都"主干"扩展升级为成德眉资同城化的成都都市圈"大一干"。

（二）简阳地处成都都市圈东部区域的中心

根据《中共成都市委关于坚定贯彻成渝地区双城经济圈建设战略部署　加快建设高质量发展增长极和动力源的决定》，成都将探索构建"大都市区—区域城市—功能区—新型社区"四级空间体系，建设网络化大都市区，全域统筹布局国家中心城市极核功能，加快实现由大城市向大都市转变；推动区域城市建设，加快推进撤县（市）设区，探索推动经济关联度高、地域相连的区（市）县共同构建区域城市，健全内部空间规划、产业发展、生态保护、基础设施建设等协同机制，提升各区域城市协同水平和能级层次。

2016 年 1 月，成都市人民政府工作报告中关于成都大都市区的定义是"成都市域及周边紧密联系的城市共同构成的同城化地区"，范围包括成都市域及成都周边的资阳、德阳、眉山市域全部区县，以及雅安市的雨城区和名山区，共 36 个区（市）县，总面积 3.23 万平方千米。

从空间格局来看，成都东部新区、简阳城区、淮州新城和龙泉山城市森林公园等东进区域的重要组成部分和重要建设区域，与德阳凯州新城、眉山东部新城、资阳临空经济区等构成了七城联动态势，形成了成都都市圈东部区域。简阳作为其中一颗闪亮的星，处于成都都市圈东部区域的中心位置，无愧为成都都市圈东部区域的中心城市。

二、简阳建设成都都市圈东部区域中心城市的内涵

简阳作为成都东进的主战场和东进区域"四城一园"的重要一极，建设成都都市圈东部区域中心城市，是践行新发展理念的公园城市战略谋划的简阳行

动，是简阳贯彻落实习近平新时代中国特色社会主义思想城市篇的重要实践，彰显了高质量建设走向世界未来之城的简阳特色和简阳站位。

（一）将简阳建设成为成都都市圈东部区域中心城市，是全面贯彻落实习近平总书记重要指示和省市全会精神的"简阳表达"

2020 年 1 月，习近平总书记主持召开中央财经委员会第六次会议并发表重要讲话，着眼世界百年未有之大变局和中华民族伟大复兴战略全局，深刻阐明了推动成渝地区双城经济圈建设的重大意义、总体思路、基本要求和重点任务，为新时代成渝地区高质量发展擘画了美好蓝图、提供了根本遵循。中共四川省委十一届七次全会站位国家全局、勇担历史使命，紧紧围绕推动成渝地区双城经济圈建设，系统回答了四川"怎么看""怎么干"等重大问题，明确将成都建设成为践行新发展理念的公园城市示范区为总揽；中共成都市委十三届七次全会对建设高质量发展增长极和动力源、践行新发展理念的公园城市示范区做出安排部署。因此，把简阳建设成为成都都市圈东部区域中心城市，是对省、市重大战略部署对表的"简阳表达"，顺应了建设践行新发展理念的公园城市示范区的时代命题，更是集国家战略与地方发展需求于一身，努力打造高质量发展示范区的重要探索实践。

（二）将简阳建设成为成都都市圈东部区域中心城市，是在成都都市圈东部区域打造高质量发展增长极和动力源的"简阳谋划"

《中共成都市委关于坚定贯彻成渝地区双城经济圈建设战略部署　加快建设高质量发展增长极和动力源的决定》提出，按照"筑城兴业、品质聚人"加快东进区域整体成势，推进天府奥体公园等九大片区综合开发，构建"航空+"全域航空经济生态圈，积极争创国家制造业高质量发展示范区，加快建设成渝相向发展的新兴极核和走向世界的未来之城。简阳作为当前东进区域中基础条件最好、发展水平最高的区域，自当肩负打造高质量发展增长极和动力源的区域使命，自觉从时代大势、历史使命、长远战略的高度，把城市发展置于区域大视野和现代城市化新进程，以国际化大都市的定位审视简阳城市发展，以"国际化"视野、"大都市"标准，推动简阳由县级城市向成都都市圈东部区域中心城市转型，凸显简阳在成都都市圈东部区域的城市实力与战略地位以及对周边区域的引领、辐射带动作用，进一步彰显城市特色和优势，推动成资同城化，奠定现代化"三新"简阳的功能载体和永续空间，更好支撑国家、省、市战略意图实现。

（三）将简阳建设成为成都都市圈东部区域中心城市，是进一步提升城市能级，推动简阳高质量发展的"简阳作为"

当前的简阳面临成渝地区双城经济圈建设、成德眉资同城化发展、成都东部新区成立等重大战略机遇，正处于蓄势待发的发展提速期、加快发展的战略机遇期、城市发展的转型蝶变期、追赶跨越的重要窗口期，也面临发展形势任务、空间格局、发展环境和发展条件前所未有的重大变化。尤其是，《区域全面经济伙伴关系协定》（RCEP）的正式签署，将使四川作为西部陆海新通道的门户枢纽地位更加凸显，其进出口的势能将厚积薄发。为此，简阳要未雨绸缪，充分利用好 RCEP 尚未正式运行的过渡期，充分发挥成都都市圈东部区域中心城市的市场能量，以创新姿态准备好各种条件，主动承接和拥抱 RCEP 所带来的利好，以更高的站位、更实的举措、更强的担当奋力推进经济社会高质量发展。提升简阳城市能级，不仅需要量的提升，推进产业基础高级化、产业链现代化，提高经济质量效益和核心竞争力，做大城市经济规模，提升城市的经济承载能力，也需要质的飞跃，推动城市形态有机更新，做优城市品质，提升城市的综合承载能力、核心竞争力和聚集辐射力。

三、简阳建设成都都市圈东部区域
中心城市的定位支撑

建设成都都市圈东部区域中心城市，既要对标习近平总书记对成渝地区双城经济圈"一极一源两中心两地"的战略定位，又要以成都市建设"践行新发展理念的公园城市示范区"为统领，更要契合简阳市情，抢抓成渝地区双城经济圈建设战略重大机遇，促进简阳市在"十四五"期间和面向 2035 年的高质量发展。在成渝地区双城经济圈建设背景下，简阳建设"成都都市圈东部区域中心城市"的定位要坚持"践行简阳使命、凸显简阳优势、提升简阳能级"三大原则，方能准确把握简阳在成渝地区双城经济圈中的战略定位。"践行简阳使命"是第一位的，也就是要以成都都市圈东部高质量发展增长极和动力源的"一极一源"为统揽。对标对表"一极一源"，简阳要以成都极核东部新主人翁姿态，充分利用天府国际机场和成都东部新区的溢出效应、放大基础设施配套衍生效应、产业森林大生态圈共生效应，秉承其人口聚集、田园生态环境和产业基础比较优势，抢抓新发展阶段机遇、践行新发展理念、融入新发展格局，以建设践行新发展理念的公园城市示范区为统揽，推动区域城市战略思维、规划理念、建设方式、治理体系、营城逻辑全方位变革，拓展和优化城市空间结构、功能体系、动力机制、城市品质、治理格局等弹性空间，奋起直追，厚积薄发，"弯道超车"，不断增强人口和经济承载力，加快建设成都都市圈东部高质量发展增长极和动力源，增强其区域发展带动力。

"三心合一"的区域中心城市特点的重要经济中心。对标对表重要经济中心，要努力将简阳建设成为成都都市圈东部区域具有中心城市特点的重要经济中心。简阳恰好位于市域的几何中心上，而且城市往各个方向辐射的人口基本相当，经济社会格局也大体平衡，是成都都市圈东部行政中心、经济中心、行政区域几何中心"三心合一"的区域中心城市。从理论上说，行政中心越接近几何中心越利于该区域的行政管理和经济聚集，该区域越容易成为具有区域中心城市特点的重要经济中心。天府国际机场的运行，成都东部新区的设立，轨道交通和城市快速通道的连接，简阳人口资源等各种要素存量及新要素的聚集，使简阳在成都都市圈东部区域城市中的先发格局十分显著，容易呈现马太效应，成为成都都市圈东部具有区域中心城市特点的重要经济中心指日可待。

商业航天及智能制造等科技成果应用转化特质的创新中心。目前，简阳正在以三大产业功能区建设重塑城市经济地理，形成以商业航天、高端装备制造、现代物流和电子商务等研发成果转化应用的科技创新中心。简阳要承接现代制造业和生产性服务业集聚，必须以科技研发和应用创新引导新兴产业大发展，聚焦产业链创新链，加快创新平台建设，加大科技创新投入，尤其是要增强成渝地区双城经济圈中的协同创新发展能力，集聚科技创新要素、丰富科技创新成果、提升成果转化能力、营造良好的创新生态，为新旧动能接续转换和城市加快转型注入强劲动力。将简阳建设成为商业航天、智能制造科技创新中心，就是要增强简阳在商业火箭、通信卫星、导航系统、智能成套设备等战略新兴产业和现代物流、电子商务等新兴生产性服务业的科技创新能力和成果转化能力，提升科技对高质量发展的引领和支撑作用，将简阳打造成为商业航天、智能制造应用型科技成果的创新策源地和转化地。

国际空港门户枢纽特征的改革开放新高地。天府国际机场是成都东进战略实施的逻辑起点，对简阳而言，天府国际机场是区域经济发展的一个强大引擎。依托天府国际机场构建立体综合交通运输体系，简阳才能进一步做强国际空港门户枢纽功能支撑。因此，简阳在未来发展中要把握天府国际机场、天府国际机场临空经济区、成资同城化等机遇，全面深化改革、加强区域合作、加快对外开放，引领带动成都都市圈东部区域深化改革、扩大开放。把简阳建设成为成都都市圈东部区域具有国际空港门户枢纽特征的改革开放新高地，就是对接融入"一带一路"、空中丝绸之路和西部陆海新通道，协同东部新区和资阳将天府国际机场临空经济区建设成为面向全球的国家级国际航空枢纽，在体制创新、制度变革、扩大开放、城乡融合等领域先行先试，共建共享开放通道、开放枢纽和开放平台，努力打造国家内陆开放战略前沿阵地和改革开放新高地。

天眼公园城市特点的高品质生活宜居地。习近平总书记赋予成都"践行新发展理念的公园城市示范区"的使命，中共成都市委十三届七次全会对建设高质量发展增长极和动力源、践行新发展理念的公园城市示范区做出安排部署，简阳作为成都都市圈东部城市群中心城市必然肩负践行"新发展理念的公园城市示范区"的使命。"高品质生活"指向满足人民群众美好生活需要，主要体现在让人民群众享有更好的教育、更稳定的工作、更满意的收入、更可靠的社会保障、更高水平的医疗卫生服务等方面；"宜居地"指向创造宜居宜业宜乐宜游良好环境。推动成渝地区双城经济圈建设，把简阳建设成为具有天眼公园城市特点的高品质生活宜居地，就是要聚焦"打造承载美好生活向往的未来城市"，加快建设国际化、绿色化、智能化、人文化现代城市，大力推进乡村振兴，使生态环境更优美、生活条件更舒适、人文氛围更和谐。要始终将公园城市理念和城市美学价值贯穿于"天眼公园城市"规划建设、治理营造全过程，做强城市功能、做靓城市颜值、做优城市品质，全面提升城市宜居性、舒适度。要按照"天眼公园城市"的城市品质，顺应自然生态肌理，借势山水禀赋，优化城市空间布局、建筑形态和天际轮廓，师法自然、守正出新，规划建设一批反映雄州文化、展现天府韵律、彰显国际空港门户枢纽城市形象的"新中式"精品力作和标志建筑，分区分步重造国际时尚、秀美大气的门户枢纽型城市空间形态。要着力凸显"天眼"地理标志性符号，重塑城市天际线、湖岸线、河岸线、山脊线和城市视角线，以美学视野和"人城境业文"的有机排列组合，塑造城市格局之美、肌理之美、风貌之美、生活之美。

四、凸显成都都市圈东部区域中心城市的新优势

成渝地区双城经济圈建设、成德眉资同城化发展、成都东进等国家、省、市重大战略，开启了简阳建设成都都市圈东部区域中心城市的新征程。成渝地区双城经济圈建设赋予了简阳成渝相向发展重要战略支点的历史使命，成德眉资同城化赋予了简阳成资同城化发展重要纽带的时代责任，共建面向世界的未

来之城和成渝相向发展的桥头堡，则是新时代赋予简阳和东部新区共同的历史使命。简阳建设成都都市圈东部区域中心城市，要立足作为四川"一干"连"多支"的重要节点、推进成渝相向发展重要的"窗口"和"门户"、成德眉资同城化发展的重要枢纽和桥梁、成都"五中心一枢纽"功能重要承载地，凸显门户枢纽优势和承接龙泉山东侧产业走廊的先进制造业基地的集聚优势。

凸显铁公水新门户枢纽优势。东进区域规划布局了 8 铁 8 轨 8 高 11 快的交通路网体系，涉及简阳的就有 4 铁 5 轨 7 高 11 快。下一步，简阳将对接东部新城快速路规划，按照"4×4"快速路盒子理念，加强与成都中心城区和东部新城"三城一园"的交通联系，构建现代综合交通体系。一是提升区域联动能力，形成高效衔接"7 高 11 快"的区域高快速路网，实现与"三城一园"和中心城区的便捷连接；二是打造外联内畅的道路体系，按照"4×4"快速路盒子理念，近远期结合布局"5 横 3 纵"的快速路网；三是加快城市主干路建设，衔接快速路网、顺应丘陵地形，布局三级主干路，路网密度达到 1.9 千米/平方千米；四是突出轨道引领，构建"5 轨 23 站"的轨道网络，实现轨道交通全生命周期覆盖。同时，在城区外围预留规划高铁、货运铁路的铁路走廊，积极争取成都城际外环铁路接入简阳南站。按照《成都港总体规划》，简阳所在的沱江港区是成都港的重要港区，以旅游客运为主、货物运输为辅，沱江港区上游至下游主要规划毗河码头群、小三峡码头群、淮州新城码头群、沱江第一湾码头群、简州新城码头群及简阳码头群 6 个码头群。

当前，成都和重庆两地正全面加强基础设施建设互联互通，推动成渝地区双城经济圈交通一体化发展，加快形成"成德眉资都市圈 1 小时通勤、成渝'双核' 1 小时直达、成渝地区主要城市 2 小时互通、毗邻省会 3 小时到达"的交通圈。作为成渝地区双城经济圈发展主轴上的节点城市和推进成渝协作的窗口、门户，简阳汇聚了空铁公水四类门户枢纽综合优势。

凸显空天产业的集聚优势。目前，成都航空航天产业生态圈已形成"双核心、两枢纽、三特色"的产业发展空间布局。成都空天产业功能区是成都航空航天产业生态圈 6 个产业功能区中，唯一被定位为重点发展商业火箭、通信卫星、遥感卫星、地面测绘运行控制系统、导航、遥感设备及应用，航空航天新材料和制品等产业，打造航空航天高端装备制造集群发展承载地的产业功能区。2020 年，空天产业功能区规模以上工业企业 86 户，国家级技术中心 1 个，省级技术中心 15 个，24 户企业与 15 所高校和科研机构建立合作关系。截至 2020 年 11 月，实现主营业务收入 79.21 亿元，完成工业性投资 73.49 亿元。2019 年以来，已引进中国航天科技、中国卫星应用产业协会、紫光股份、川能数产、星河动力、星空年代等重大产业项目和引领带动性项目。[①]

美国 2019 年发布的《航天报告——全球航天活动指南》统计，近十年来，全球卫星产业总收入呈现增长态势，世界太空市场中的政府和商业收入共增长了73%，达到 4238 亿美元。2019 年全球商业航天市场收入 3368.9 亿美元，占全球航天产业市场规模的 80%。据美林银行预测，到 2045 年世界航天产业规模将达到 2.7 万亿美元。据 FAA 数据预测，未来十年内将有 2619 颗卫星等待发射入轨，总商业发射次数为 412 次，预计全球商业发射市场超过 250 亿美元。数据显示，2015～2019 年我国商业航天市场规模总体呈逐年增长态势，2019 年我国商业航天市场规模为 8362.3 亿元，同比增长 23.5%。有业内人士预计，我国商业航天市场规模有望两年内迎来万亿级市场规模，需求量将稳步提升。截至 2019 年末，我国总计在轨运行卫星约 350 颗，2019 年发射约 80 颗，其中微小卫星发射占比高达 67.5%，预计未来 5～10 年我国的商业小卫星发射需求超 4000 颗。[②] 正是看到航空航天产业巨大的发展潜力，成都提出要积极打造航空航天经济先发城市，把航空航天产业作为未来发展为 6G 奠基的战略性、支撑性产业，尽快形成千亿级产业规模。作为简阳抢抓未来发展机遇的重要支撑、增强综合实力的战略选择、提升城市能级的关键所在，航空航天产业给建设成都都市圈东部区域中心城市的简阳带来了转变发展方式、推进经济高质量发展的新动能和新优势。

五、简阳建设成都都市圈东部区域
中心城市发展目标

依据《关于加快推进成都平原经济区协同发展的实施意见》《关于推动成德眉资同城化发展的指导意见》《成德眉资同城化发展暨成都都市圈建设三年行动计划（2020—2022 年）》《成都市东部新城空间发展战略规划（2017—2035年）》提出的发展目标，建议建设成都都市圈东部区域中心城市按照起步期、成长期、提升期三个阶段推进，全面增强现代产业协作引领功能、创新资源集聚转化功能、改革系统集成和内陆开放门户功能、人口综合承载服务功能，聚力建成面向未来、面向世界、具有国际竞争力和区域带动力的成都都市圈。

到 2022 年，地区生产总值要达到 500 亿元，城镇化率达到 60% 左右，基础

---

① 笔者根据《成都市实施"东进"战略　简阳城区分区详细规划（2017—2035 年）》整理。

② 参见《商业航天市场规模望两年内迎万亿级市场规模》，http：//www.ocn.com.cn/touzi/change/202010/wlqhu26104108.shtml。

设施一体化程度大幅提高，基本公共服务均等化基本实现，在机制建设、交通"同城同网"、公共服务便利共享等重点领域，成资临空经济产业协作带，简阳—雁江、简阳—乐至融合发展区等先行区域建设方面取得显著成效，城市能级明显提升，中心城区人口吸纳、要素集聚、辐射功能显著增强，成都都市圈东部区域中心城市框架基本成型。

到 2025 年，地区生产总值突破 620 亿元，城镇化率达到 65% 左右，发展能级大幅提升，空间结构清晰、城市功能互补、要素流动有序、产业分工协调、交通往来顺畅、公共服务均衡、环境和谐宜居的现代化都市格局基本形成，初步建成成都都市圈东部区域中心城市。

到 2035 年，地区生产总值突破 1000 亿元，城市总人口达到 114 万人（见表 12-1），城镇化率达到 80% 以上，高质量发展取得重大进展，基础设施、公共服务、城乡基层治理基本实现现代化，新经济新动能形成支撑引领能力，辐射带动成渝相向发展的作用更加凸显，基本建成"人城境业文"高度和谐统一的现代化城市。

六、简阳建设成都都市圈东部区域中心城市的路径抉择

简阳加快建设成都都市圈东部区域中心城市的基本思路是：以习近平新时代中国特色社会主义思想和党的十九大精神为指引，坚决贯彻落实习近平总书记重要讲话精神，按照《成渝地区双城经济圈建设规划纲要》，全面落实中共四川省委十一届七次全会、中共成都市委十三届七次全会精神，根据简阳市"十四五"规划和 2035 年远景目标，推动城市战略思维、规划理念、建设方式、治理体系、营城逻辑全方位变革，拓展和优化城市空间结构、功能体系、动力机制、城市品质、治理格局等弹性空间，不断增强人口和经济承载力，形成成都都市圈东部城市群高质量发展增长极和动力源，成为成都都市圈东部城市群"双循环"新发展格局中的强支撑。

（一）立足"枢纽+开放"，打造高质量发展区域增长极和动力源

充分发挥重要战略支点优势，主动融入"一带一路"、空中丝绸之路和西部陆海新通道建设，重点对接中新合作机制、粤港澳大湾区、北部湾经济区、东盟

表 12-1 成都都市圈东部区域 7 个城市指标数据

名称	空港新城	简州新城	淮州新城	简阳城区	德阳凯州新城	资阳临空经济区	眉山东部新城
规划面积（平方千米）	483	223	165	294	200（核心区规划面积33平方千米，起步区15平方千米）	99（资阳市另规划了192平方千米的协调发展区）	398（起步区30平方千米）
人口总数（万人）	31.7	19	24	93.6	9	18	20.5
距离成都市中心距离（千米）	50	30	48	48	60	68	65
总体定位	引领航空板纽经济的新极核，支撑国家内陆开放的新枢纽，汇聚全球创新的新家园	成渝走廊新支点，成都东进新中心	成都东北部的区域中心城市，国家级东进先进制造业基地	成都东部区域中心城市、国际空港门户枢纽城市、宜业宜居城市、水公园城市、东进区城智能制造高地	成渝走廊新节点，成德同城新通道，德阳经济新极核	国家级国际航空枢纽，国家级内陆临空经济发展示范区、西部重要的现代化空港新城、西部重要的创新创业基地	国际空港门户重要板纽、成眉临空一体化发展示范区
重点产业	航空产业、临空现代服务业、临空经济	先进汽车制造、高端智造、航天航空	环保、通航、高应急、光伏、职教	航空经济、智能制造、现代物流、国际消费、总部经济、农产品精深加工	高端装备制造、新一代电子信息产业、先进材料、节能环保产业	临空高端制造、临空综合服务、临空都市农业	智能制造、现代服务业、临空经济
城市空间结构	双轴一带、一港一核、六川六片	一体两翼	两心两轴、一板纽四组团	两轴两心多片区		一城一区三镇	三中心一基地
2035年规划发展目标 人口（万人）	117.5	80	60	114	20	40	—
2035年规划发展目标 建设用地规模（平方千米）	120	60	70	50	33	37.9	—
2035年规划发展目标 城镇化率（%）	91	—	—	80	—	90	—
2035年规划发展目标 地区生产总值（亿元）	—	—	—	1000	—	1000	—

资料来源：笔者根据相关资料整理所得。

及东南亚地区，积极参与建设川渝自由贸易试验区协同开放示范区和中国（四川）自由贸易试验区拓展区，依托天府国际机场构建空铁公水立体综合交通网络体系，加快打造成渝相向发展桥头堡。不断完善门户枢纽功能，发展更高层次的开放型经济，构建"开放发展、四向联动"新格局，成为成都都市圈东部区域中心城市、国际空港门户枢纽城市。

做强做优国际空港门户枢纽功能支撑。把天府国际机场作为简阳首位的机遇、最大的机遇，充分利用临港优势，与空港新城、成都国际铁路港经济技术开发区协同发展，构建东部区域一体化协同发展格局，实现区域内政策共享、基础设施共建，利用保税仓储、国际物流配送、进出口和转口贸易、出口退税等功能，推动开放经济发展。借势借力天府国际机场、成都国际铁路港，主动融入"一带一路"、空中丝绸之路和西部陆海新通道建设，面向国内国际两个市场，举办投资推介和重大经贸活动，推动简阳优质品牌、名优产品走向全国、走向世界。充分发挥简阳作为成都平原经济区重要支点和成都向东向南拓展、辐射川中、连接重庆、走向全国重要门户的优势，加快建设"1空7高14轨20快"立体综合交通运输体系，形成简阳城区到成都市中心城区及天府新区、到周边区（市、县）、到各镇（街道）3个"半小时交通圈"，全球"12312出行交通圈"和"全球123快货物流圈"，完善外联内畅、立体多元、绿色智慧的现代立体综合交通网络体系。推动交通一体化，加强公路铁路互补、公路和航空的高效衔接，加强城区和产业功能区与天府国际机场、东部新区枢纽站的密集航空、高铁、地铁、高速、快速通道的无缝衔接，推进与周边区域交通基础设施互联互通、运输服务共建共享。依托成都天府国际空港、成都东部区域空铁公水多式联运物流港，共建现代物流产业生态圈，加快推进简阳临空经济产业园和西部电商物流产业功能区建设，打造区域型商贸生产复合型物流枢纽和国家级电商物流枢纽。依托成渝铁路扩能改造、成都外环铁路建设等项目，建设铁路货运场站，推进多式联运与现代物流供应链、地方产业链、"互联网+传统运输业"深度融合，形成现代化的公铁联运、公铁水联运、空陆联运、水陆联运多式联运体系。

建设国家级电商物流新枢纽。推进功能区建设与升级，以省级物流降本增效综合改革试点为契机，依托新一代信息技术，着力突破基础设施的智慧化改造、运输车辆的智慧化管理、快递物流的安全绿色管理及公共物流信息平台的智慧服务四大智慧化改造关键点，进一步提升功能区的电商快递及供应链物流服务的层次和能级，全力打造智慧物流降本增效示范区。推动电子商务与现代物流融合发展。推动传统物流与电子商务融合，鼓励和引导传统商业企业以电子商务为拓展业务的手段，形成"实体经济+电子商务+现代物流"的发展模式，把线上和线下的业务结合起来，实现物流、信息流、商流、资金流"四流合一"。推进电子商务中的物联网建设和应用，充分利用新一代物联网、移动通信、云计算技术拓展电子商务应用，加大对电子商务物流信息系统的建设和推广，加快互联网、移动互联网、物联网、人工智能等关键技术在电子商务领域的广泛应用，以电子商务的最新技术为支撑，加快形成电子商务发展的新动能。以西部电商物流产业功能区为载体，大力发展新电商经济和现代物流等主导产业，构建以航空物流为特色的"供应链+仓储物流+运营"全价值链服务。推进园区融合发展。围绕培育新经济、新园区、新服务、新动能，实施"互联网+物流"园区培育计划，推动西部电商物流产业功能区与简阳临空经济产业园协同发展，加快传统物流园区适应电子商务和快递业发展需求转型升级，促进快递物流及智慧仓储、电商同步发展，形成产业集聚效应，加速产业集聚，壮大产业规模，提高区域辐射能力。同时持续完善功能配套，提高运营质量，提升园区品牌形象。提质增效构建产业生态圈。除搭建平台、扶持企业外，着力服务创新与应用创新协同推进，支撑体系与服务体系建设并重。强化专业服务支撑体系，进一步推进营销、金融、信息、网络硬件等服务平台建设；强化公共与集成服务支撑体系，重点推进融合政府管理和服务功能的公共服务、信用评估、标准制定等平台，进一步规范电子商务经营环境；强化交易服务支撑体系，重点聚焦特色产业，利用交通便利化和服务集聚化的优势，加快发展跨境电商。大力发展专业化电子商务服务业，构建电子商务产业生态圈。

打造 4.0 版临空经济园区。充分利用国际航运、口岸功能、保税物流、跨境电商等综合优势，优先集中发展与航空高度关联的航空物流、航空商务、航空服务等临空高端产业，强化产业物流、贸易物流、智慧物流三大服务功能，凸显简阳临空经济产业园产业发展的独特优势。坚持功能复合、职住平衡、服务完善、宜业宜居，以产业功能区理念打造"人、城、境、业"协调发展的产业功能区新形态。促进三生融合（生产、生态、生活）、四位一体（产业、文化、旅游和一定社区功能）发展，突出"产城融合"，走港、产、城三位一体融合发展道路，强化功能组团，以"城市组团"替代"功能分区"，避免出现功能单一的产业园区，避免出现新的城郊接合部。积极培育临空物流、总部经济等新经济业态，构建产业链、创新链、人才链、服务链等，把简阳临空经济产业园培育成为简阳临港产业转型升级和跨域发展的战略支点。

（二）立足"人口+腹地"，打造制造业高能级发展新优势

充分利用简阳人力资源充沛程度、市场辐射合理程度、现有空间承载能力的比较优势，坚持产业立市、工业强市，把发展以高素质劳动力为支撑的战略新兴产业作为主攻方向，做好新兴产业培育和传统产业新技术、新业态嫁接改造的加

法，落后产能淘汰的减法，数字化转型的乘法，营商环境和商务成本的除法，推动先进制造业聚集发展，产业链、服务链、创新链一体打造，推进新旧动能加快转换，建设全国知名的高端装备制造基地。

打造全国知名的高端装备制造基地。立足制造业优势，抢抓打造川渝先进制造业产业集群机遇，深度融入成渝轴线及成德眉资智能制造产业生态圈建设，重点发展以机器人、智能成套装备等为主的高端装配制造业，以高端化、智能化、绿色化、成套化为主攻方向，按照"建链、聚链、补链、延链、扩链和强链"的产业链发展逻辑，构建产业生态圈创新生态链，着力打造全国知名的高端装备制造基地。立足规模优势，以头部企业为引领推动产业链垂直整合和产业集群发展，以产能规模、庞大市场和创新能力为支撑形成新的比较竞争优势。抢抓重点行业兼并重组和调整生产布局的窗口期，采用"贸改投"或者直接投资的方式，吸引全球先进产业链或者拥有尖端技术，尤其是招引急需的"卡脖子技术"的头部企业入驻，力争头部企业把专业性、地区性总部和创新基地、生产基地布局简阳，壮大领军企业队伍，加快推进先进制造业产业聚集发展。加快推进制造业转型升级，推进互联网、大数据、人工智能和制造业融合发展，引导企业开展数字化、网络化、智能化改造，加快推进"互联网+先进制造业"新模式应用，实施"设备换芯""生产换线""机器换工"，建设智能工厂、数字化车间。大力发展服务型制造。坚持引进制造业与引进生产性服务业并举，项目引进与人才引进并重，实现制造业与服务业相互融合。鼓励开展总集成总承包、全生命周期管理、供应链管理等服务型制造新模式，加强制造业公共服务平台建设，加快打造科创空间等创新创业服务平台，提升园区承载能力，形成集聚效应，推动服务型制造业链协作与集群发展，建立制造企业、生产性服务企业、科研服务机构、金融机构之间良性互动的产业生态系统。共建产业联盟、创新平台，共享优势资源，鼓励企业在地区间开展产业链上下游配套，提升产业协同发展水平。

打造西部首个商业航天产业基地。围绕成都打造航空航天经济先发城市，把航空航天产业作为简阳未来发展的战略性、支撑性产业来培育，以成都空天产业功能区为载体加快构建航空航天产业生态圈、创新生态链，依托中国航天科技集团有限公司第七研究院等企业，争创国家级航天产业基地。按照高端导入、重点突破、错位互补、融合集成的发展思路，聚焦原材料、航天复材、商业运用、通信设备、维修、部附件等细分领域，大力强化与关联产业融合发展，构建以产业生态为优势的航空航天产业显示度和竞争力，打造以商业火箭、通信卫星、导航系统为代表的产业集群。充分利用成都空天产业功能区港口、交通、区位优势等，全面参与国际国内产业分工，加大航空航天产业承接力度，重点围绕航天装备、智能制造装备两大主导产业，瞄准六类"500强"企业精准招商，引进一批牵引性带动性较强的头部公司、一批高能级功能性平台和一批有航空园区运营经验的综合运营服务商。围绕成都加快建设"航空经济之都",与青羊总部经济区协同发展,共同做强成都航空航天智能制造核心区域,一体协调推进成都航空航天产业生态圈建设。

打造东进区域人才聚集新高地。借势借力中国西部(成都)科学城未来科技城建设,构建"双城、双圈、三区、四基地"("双城",即放生坝片区、高铁新城;"双圈",即航空航天产业生态圈、现代物流产业生态圈;"三区",即成都空天产业功能区、西部电商物流产业功能区、简阳临空经济产业园;"四基地",即科技创新基地、国家级创业创新示范基地、"一带一路"国际教育合作示范基地、西南应用型人才培育基地)创新平台,围绕航天装备、智能制造等主导产业,引进培育一批重大科技基础设施、科创平台、优质教育资源、高端产业化项目,聚焦"卡脖子技术",稳定和优化产业链供应链,着力把人才资源转化为产业资源。集中发展壮大航天装备、智能制造、临空物流、新电商经济等主导产业,大力引进主导产业发展急需紧缺的规划建设、经营管理、科技研发等领域人才,打造集专业楼宇(孵化器)、创新人才基地、公服生态综合发展平台等创新设施为一体的"空天+智造"高品质科创空间。按照"管委会+平台公司+校院企+产业基金"的建设模式,推进学教研产城一体发展,加快集聚优质科教资源,建成以应用型人才培养为主的产学研教育基地。鼓励高校设立特色学院,支持校企合作开展订单式人才培养,推动人才与产业精准匹配,吸引更多的人口和人才到简阳学习和创业。深化"人才+项目+资本"协同引才模式,探索建立"企业提需求、高校院所出资源、政府出政策"模式,推进产业链、创新链、人才链一体打造,形成产业聚集人才、人才引领创新、人才与产业良性互动的良好生态。

(三)立足"文化+生态",打造宜业宜居山水公园城市

厚植生态本底。聚焦"打造承载美好生活向往的未来之城",坚持以公园城市理念为引领,依托简阳独特的地形地貌和良好的生态本底,突出"山林环抱、水城相依"特色,塑造城市格局之美、肌理之美、风貌之美、生活之美,加快建设人城境业高度和谐统一的大美公园城市,彰显山水公园城市宜业宜居品质。厚植宜业宜居山水公园城市的绿色本底,认真践行美丽宜居公园城市建设理念,创新以生态为导向的城市发展模式,使绿色生态成为城市最优质的资产和最鲜明的底色。强化"三线一单"约束机制,严守生态保护红线和底线,共抓大保护,不搞大开发。逐步形成城市化地区、农产品主产区、生态功能区三大空间格局,强化生态环境空间管控,推进生态保护红线勘界定标、留白留青。科学编制城市

生态规划，合理布局城市生态基础设施，强化湖泊、湿地、林盘、河流等生态资源保护，注重山体形态和植被保护，维护整体山水格局的连续性，构建完整生态系统网络，建好山水林田湖城生命共同体。推进绿色生产体系、绿色基础设施体系和绿色供应链体系建设，提升产业生态化、生态产业化发展水平，推动生产和生活方式绿色化，创建国家生态文明建设示范区。

增强文化软实力。深度挖掘简阳文化传承和历史脉络，强化历史文化遗产保护利用，实施文化重现工程，延续历史人文景观，再现"简州八景"风貌，彰显"天府雄州"历史文化名片。展示雄州文化、天府文化的时代表达，高质量建设一批富有地域特质、彰显雄州文化、融入经典元素和标志符号的城市文化地标、文化公园和文化景观，推进"文创+"融合战略，打造一批具有国际知名度的文创园区、文创街区、文创小镇、文创企业和文体旅品牌，彰显"成都都市圈东部区域中心城市"的文化魅力和文化自信。讲好"东进"故事，持续开展城市对外宣传推介，推动巴蜀文明、天府文化、雄州文化在世界范围的传承与创新。传承弘扬"东灌"精神，培育"大道至简、阳光致远"的城市精神。

（四）立足"空间+后发"，提升城市承载能力

着眼于到 2035 年约 114 万人口规模需要，坚持以人民为中心的发展思想和新发展理念，统筹老城更新改造、新城区建设和乡村振兴，优化空间布局，优化城市结构，引导城市人口、生产力、基础设施和公共服务合理布局，转变城市空间开发和保护模式，提升资源环境承载力，实现城市精明增长和高质量发展。

彰显公园城市特质。始终将公园城市理念和城市美学价值贯穿到"成都都市圈东部区域中心城市"规划建设治理营造全过程，做强城市功能、做靓城市颜值、做优城市品质，全面提升城市宜居性、舒适度。要按照"成都都市圈东部区域中心城市"的城市定位，构建"城市—片区—新镇—社区—组团"五级城市单元体系。坚持城市公园化、全域景观化、风貌特色化，按照"绿核聚心、绿廊为楔、滨水呈带、聚山成链"原则，重构"一心、两带、六楔、多点"的城市绿地系统格局和"城市级—片区级—新镇级—社区级"四级公园体系，统筹生态景观体系，绿道体系，沿江、流域、湿地公园游憩体系，以沱江为核心骨架组织简阳城区蓝绿空间，串联各级城市公园，形成网络化的绿色空间，高品质呈现山水呼应、蓝绿交织的公园城市独特风貌。

打造高品质生活宜居地。着眼满足人民群众对美好生活的向往，以提品质强质量为导向，科学配置公共服务资源，有效增加优质公共服务供给，打造高品质生活宜居地。完善教育体系链，扩大优质教育资源供给，培育优质品牌学校，组建跨区域教育联盟，推动教育提档升级和产教融合发展。完善社区教育服务体

系，构建市民终身教育体系，力争引进重庆优质高等院校到简阳联办分校（研究院）。整合优质医疗资源，依托"双三甲"医院推进医联体、紧密型县域医共体建设和发展，推动区域医疗机构间检查结果互认、双向转诊畅通、分级诊疗快捷，实现异地门诊住院医疗直接结算。推进 15 分钟便民生活服务圈建设，完善"一站式"便民服务功能，优化养老、医疗保险、失业保险关系转移接续办理流程，推动职工基本养老、医疗保险、失业保险关系无障碍转移接续。推动户籍便捷迁徙、居住证互通互认。

第十三章　简阳市加快推进农业现代化思路及路径研究

——以园区建设为抓手构建现代农业"7+3"产业体系

党的十九届五中全会指出，优先发展农业农村，全面推进乡村振兴，坚持把解决好"三农"问题作为全党工作重中之重，全面实施乡村振兴战略，强化以工补农、以城带乡，推动形成工农互促、城乡互补、协调发展、共同繁荣的新型工农城乡关系，加快农业农村现代化。《中华人民共和国乡村振兴促进法》围绕统筹推进"五位一体"总体布局和协调推进"四个全面"战略布局要求，坚持农业农村优先发展，把党中央关于乡村振兴的重大决策部署转化为法律规范，为全面实施乡村振兴战略提供了坚实的法治保障。《中共四川省委关于制定四川省国民经济和社会发展第十四个五年规划和二○三五年远景目标的建议》提出，加快推动成渝地区双城经济圈建设，加快建设"10+3"现代农业体系，深入实施乡村振兴战略，实现巩固拓展脱贫攻坚成果同乡村振兴有效衔接。《成都市国民经济和社会发展第十四个五年规划和二○三五年远景目标纲要》提出，坚持把乡村作为极其宝贵的稀缺资源、未来发展的战略空间，推动城乡产业融合发展，加快农业农村现代化，全力打造农业高质高效、乡村宜居宜业、农民富裕富足的乡村振兴成都样板。《中共简阳市委关于制定简阳市国民经济和社会发展第十四个五年规划和二○三五年远景目标的建议》提出，把全面推进乡村振兴、加快农业农村现代化作为事关全局的重大问题，以更有力的举措、汇聚更强大的力量推进乡村振兴，促进农业高质高效、乡村宜居宜业、农民富裕富足。立足新发展阶段，简阳市必须切实落实四川省、成都市关于实施乡村振兴战略和加快推动成渝地区双城经济圈建设的决策部署，认真总结实施乡村振兴战略取得的成效和存在的问题，准确研判国际国内形势发生深刻复杂变化的趋势和乡村演变发展态势，牢牢把握区域发展的重大战略机遇，充分发挥农业大县优势，增强责任感、使命感、紧迫感，在更高标准、更高层次上推进农业农村现代化建设，在更高标准、更高层次上引导全市农业农村健康有序发展。

一、发展基础

乡村振兴战略深入实施。强化顶层设计，2018年乡村振兴战略实施以来，完成了《简阳市乡村振兴战略空间发展规划》《简阳市市域乡村建设规划》2个市域层面乡村规划和7个乡村振兴连片发展示范区规划编制。大力推进项目建设，签约引进天府·国际田园候机厅、一口吁吁高效农业生态园等6个重大项目，持续推进6个乡村振兴连片发展示范区建设，2019年全年完成投资8.6亿元，新增产业基地1.8万亩，新（改）建村组道路24千米、乡村绿道10千米、生产便道50千米，示范效应进一步提升。① 创新聘请四川农业大学开展2020年简阳市级乡村振兴考评激励，命名简阳市级先进镇5个、示范村（社区）30个。全国首个市（县）级农用土地大数据应用服务平台——天府惠农服务中心建成投用，被评为成都市乡村振兴"十大创新案例"。

农业发展转型加快。①农业综合生产能力持续增强。2019年实现农业增加值75.81亿元，实现粮食总产43.4万吨、油料7.9万吨、水果18.4万吨、蔬菜43.2万吨，出栏生猪60万头、羊53万只，是四川省养羊十强市（县）；水产品总产量2.93万吨、产值5.5亿元，位居成都市第一名。全市新创"三品一标"农产品12个。②现代农业园区有序推进。聚焦"7+3"产业体系建设，简阳市简州大耳羊现代农业园区成功创建成都市2020年度星级园区，并列入四川省省级培育园区。累计发展产业园区30.8万亩，新发展产业园区1.9万亩，新（扩）建果树、粮油等基地14个共计3.8万亩，累计建成高标准农田8.67万亩，农业规模经营率提升至60%。评选简阳市级现代农业园区4个，创建成都市三星级现代农业园区1个。③农旅产业融合发展加快。深入推进农商文旅体融合发展，"未来之星"家庭农场成功创建为农业主题公园，平泉街道荷桥村、平武镇尤安村被评为美丽休闲乡村。国家4A级旅游景区东来桃源通过初检验收，成功举办四川省第十届乡村文化旅游节（春季）分会场暨简阳第八届桃花节、第十三届樱桃节，简阳第十六届羊肉美食文化旅游节等主题活动，开展梨花节、桑葚采摘节、枇杷采摘节、猕猴桃采摘节、钓鱼节等"一乡一节"乡村旅游活动40余项。2019年，全年接待游客1600余万人次，实现旅游收入73.4亿元。

农村改革持续深化。2017年，简阳市开始试点进行农村集体资产清产核资，

---

① 本章涉及的数据均来自历年简阳市《政府工作报告》。

进行村集体资产股份制改革，率先创新推出"土地股份合作社＋专业合作社＋集体资产股份合作社＋集体资产经营管理公司"农村集体经济"四合一"模式改革试点，实现了土地规模经营，壮大了集体经济，提高了农民收入。2019 年，全面完成农村集体资产清产核资以及经济组织成员界定、股份量化，成功挂牌出让全市首宗农村集体经营性建设用地。发展壮大集体经济，积极探索"3＋N"集体经济增收模式，"四合一"改革试点扩大至 70%的建制村，搭建"四合一"平台246 个，由 626 个村（社区）集体经济组织调整为 331 个村（社区）集体经济组织，全市集体经济增长 21.5%，集体经济年收入超 100 万元的村（社区）增加至5 个，确认集体经济组织成员 18.7 万户、61.7 万人。全市累计流转土地 66.7 万亩。打通农村金融服务"最后一公里"，通过"农贷通"平台发放贷款 198 笔、总金额 2.15 亿元，发放"银政担"担保贷款 34 笔、总金额 4697 万元。农村居民人均可支配收入年均增长 10.88%，2019 年农村居民人均可支配收入 18009 元。城乡收入比由 2015 年的 2.16∶1 缩小到 2019 年的 2.08∶1。

脱贫攻坚成果持续巩固。两年脱贫攻坚、三年巩固提升、五年高标准全面小康任务全面完成。打赢脱贫攻坚硬战，深入实施基础扶贫、产业扶贫、新村扶贫、生态扶贫和能力扶贫"五大工程"，坚决聚焦"两不愁、三保障、四个好"目标，在基础建设、产业发展、政策兜底等方面全面发力，2017 年实现 116 个省定贫困村摘帽、25336 户 76813 名建档立卡贫困人口脱贫，彻底消除绝对贫困。在 2017 年度全省脱贫攻坚"1＋3"考核评价中，位列脱贫成效考核综合评价结果为好的 31 个有扶贫任务的县（市、区）之中。持续巩固提升脱贫成效，深入实施基础扶贫提升、产业扶贫提升、能力扶贫提升、人才扶贫提升行动，与乡村振兴有效衔接的制度机制初步构建，积极构建脱贫增收长效机制，2020 年贫困村集体经济收入较 2015 年增长 660%，2016~2019 年连续四年被评为全省"脱贫攻坚先进县"。

二、存在的问题

城乡区域发展不平衡仍是最大短板。受多种因素影响，农民持续稳定增收难度增大，尽管农民收入连年保持较快增长，城乡收入比由 2015 年的 2.16∶1 缩小到 2019 年的 2.08∶1，但绝对差额却从 1926 元扩大到 19396 元。基础设施建设较滞后，水、电、气、路、网等基础设施建设历史欠账较多，投入不足与重复建设问题并存，乡村生产道路质量不佳，高标准农田建设标准不高，高效节水灌溉设施建设滞后。新农村建设标准较低，农村面源污染、水域治理、垃圾处理等与整治要求还有较大差距。

产业融合层次有待提升。产业链条较短，现有初加工项目难以满足产业发展需求，农产品综合加工、精深加工比重低，农产品、食品加工生产标准化不足，生产水平等参差不齐，产品产量和质量难以支撑已有产品品牌，加工物流体系不健全，电商中心分布散点化、规模小。农业与二三产业融合不紧密，融合程度低、层次浅，产业集聚度不高，产业规模效应不明显，"大耳羊""晚白桃"等特色优势产业连片性发展较弱。乡村旅游处于起步阶段，目前旅游产品以观光为主，缺少深层次开发和高品位打造，大多数乡村旅游点配套设施不齐，在"吃住行游购娱"等方面尚难满足游客需求。

农村人力资源开发水平有待提升。户籍人口城镇化率呈下降趋势，简阳市2019年户籍人口 1171209 人（不含空港），其中城镇户籍人口 304329 人，较2018年减少 5860 人，户籍人口城镇化率为 25.98%，较 2018 年下降 0.4 个百分点，比成都市户籍人口城镇化率低 36.56 个百分点。常住人口及城镇化率增幅减少，2019 年简阳市常住人口 82.67 万人，比 2018 年增加 0.44 万人，较 2017 年减少 0.67 万人，常住人口城镇化率 47.9%，比 2018 年提高 1.58 个百分点，比成都市常住人口城镇化率低 26.51 个百分点。农村人口的明显外流难以提升简阳市农业可持续发展能力。按照到 2035 年简阳市总人口达到 114 万人，城镇化率达到 78%，城镇人口将达到 89 万人测算，农村常住人口将大幅减少，随着青壮年劳动力及其子女大量走出乡村，乡村人口空心化、老龄化趋势明显。同时，简阳市也面临经营人才、技术人才、管理人才严重不足，农村现有人才能力素质与乡村振兴需求不匹配的困扰。

内生动力有待激发。龙头企业带动能力不足，现有企业多以承包农用地的模式与农民合作，工商企业一次性买断式支付农民要素或产品价格，在没有相应的激励作用下，企业较难有动力让利于农民。家庭农场（种养大户）自我发展能力不足，缺乏与小农户的利益联结，且运营模式较为落后。集体经济运营缺动力，部分专业合作社"空壳化"。新型经营主体与农民的利益联结机制尚不够紧密，辐射带动农户能力有待提升。部分农民群众存在"等靠要"思想，认为乡村振兴是党委、政府的事，自身消极等待，没有真正激发出主动参与乡村振兴的内生动力。

三、实施路径

牢固树立新发展理念，落实高质量发展要求，持续深化农业供给侧结构性改革，围绕农村一二三产业融合发展，优化农业生产形态，强化农业科技支撑，以现代农业园区为载体，加快融入成渝现代高效特色农业带建设，构建现代农业"7+3"产业体系，建成现代农业强市。

（一）深化农村产业布局重塑

坚持以工促农、以城带乡、工农互促、城乡互补、全面融合、共同繁荣的新型工农城乡关系原则，按照"产业聚集、功能复合、特色突出、连城带村、集中连片"的发展思路，构建"一城两轴五区七园"现代农业产业发展格局。"一城"，即中国·简阳都市现代农业科技城；"两轴"，即沱江绿色发展轴、金简仁产村融合发展示范轴；"五区"，即脱贫振兴衔接示范区、都市农业示范、高品质粮油示范区、成德眉资融合发展示范区、临空农业示范区；"七园"，即简阳市简州大耳羊现代农业产业园区、简阳市伏季水果现代农业园区、简阳市生猪种养循环现代农业园区、简阳市蛋鸡种养循环现代农业园区、简阳市荷桥果渔现代农业园区、简阳市蔬菜现代农业园区、简阳市晚熟柑橘现代农业园区。

（二）构建"7+3"现代农业产业体系

推动七大优质特色产业发展。①巩固产粮大县地位，稳定粮油播种面积，大力推进高标准农田建设，全面推广"套种、间种、种养循环"等生产模式，加强新品种、新技术、新装备的应用，推动品种培优、品质提升、品牌打造和标准化生产，提升粮食供给保障能力。以北部云龙镇为核心基地，辐射带动三合镇、踏水镇、青龙镇、三星镇、宏缘镇重点发展粮油，打造粮油优势产区。②实施蔬菜提质增效行动，按照"保障型蔬菜+加工原料菜"的基本思路，以沱江沿岸为重点打造三大简阳蔬菜优势产区。以赤水街道、简城街道、新市街道为重点，打造标准化蔬菜优势产区；以江源镇、雷家镇、镇金镇临空区域为重点，打造可观赏性的蔬菜大地景观片区；以杨家镇为重点，适度规模发展设施园艺，大力发展茄果类、瓜类、叶菜类等有机蔬菜，打造生态有机蔬菜生产示范区。③实施简阳晚白桃、晚熟柑橘提质增效行动，以发展精品林果为主线，以品种改良、品质改进、品牌创建为重点，加强晚白桃种质资源保护，高起点、高标准建设智慧果园，打造一批精品晚白桃基地。以伏季水果现代农业产业园区为核心基地，辐射带动平武镇、禾丰镇、东溪镇、射洪坝街道发展优质晚白桃，打造简阳晚白桃优势产区。④以恢复生猪产能为核心，以规模化养殖单元、养殖小区、养殖大户为重点，加强标准化改造，鼓励楼房养猪，探索推广共享猪圈、集体猪场，推进养殖方式转变，提高规模化、标准化养殖水平，发展健康养殖业。依托青龙镇一口吖吖高效农业生态园，以青龙镇为核心基地，综合考量畜禽养殖卫生防疫距离要求，辐射带动三合镇、踏水镇、三星镇、宏缘镇等发展生猪产业，打造生猪养殖优势产区。⑤实施简州大耳羊提质增效行动，健全大耳羊良种繁育推广体系，加快推进现代化养羊模式创新示范，争创国家级大耳羊核心育种场。打响简州大耳羊产品品牌。依托简州大耳羊现代农业产业园，以平泉街道农建村、高坪村、太阳村、群乐村为核心基地，辐射带动禾丰镇、施家镇部分区域，打造简州大耳羊优势产区。⑥壮大简阳特色水产，深入实施"两园区三行动"战略，推广健康养殖、设施渔业等模式。以平泉街道梓桐村、荷桥村为核心基地，辐射带动禾丰镇、云龙镇、涌泉镇等区域发展特色水产，打造简阳水产优势产区。

夯实三大先导性产业支撑。①提升现代农业物质装备水平。强化农机装备技术支撑，围绕粮油育秧（苗）和机播（收）、水果采摘、精准施药、水肥一体化、蔬菜药材栽植和收获、畜牧水产养殖精准饲喂、环境控制、粪污综合利用、农产品初加工和储藏冷链、设施农业工厂化育苗、智能调控和信息化管理等急需装备技术，加强薄弱环节农机装备和技术的研发。推进农业生产全程全面机械化，大力推广适宜简阳市丘陵山区耕地、作物和适度规模生产的中小型、轻简化农业机械，积极开展"五良"融合全程机械化示范区创建活动。创新农机社会化服务，建设一批"全程机械化+综合农事"服务中心，推广运用农机应用程序、农机跨区作业平台。推进农机安全监管"放管服"改革，按规定开展"平安农机"创建活动。②加快农产品冷链物流体系建设。聚焦鲜活农产品产地"最先一公里"，重点推进蔬果冷储配送交易中心建设，优化提升冷链仓储物流能力，促进冷链物流集聚发展。支持农产品产地建设规模适度的预冷、贮藏保鲜等初加工冷链设施，鼓励农产品批发市场建设冷藏冷冻、流通加工冷链设施，建设适应市场需求的冷藏库、产地冷库、流通型冷库。优化农产品冷链物流节点布局，创建全市骨干冷链物流基地，完善田头小型仓储保鲜冷链设施，布局村级仓储保鲜设施、产地低温直销配送中心。重点以东部区域农产品加工冷链物流中心为全市骨干冷链物流基地，示范带动伏季水果冷链物流中心、电商冷链物流中心以及特色农产品冷链物流中心布局建设，同时推进各镇（街道）现有冷藏库提档升级，配套布设冷链物流服务站，以及村级仓储保鲜设施，构建起市—镇（街道）—村（社区）农产品冷链物流体系。③构建农业农村智慧产业体系。大力发展智慧农业，集成应用物联网、大数据、云计算等先进技术，提升现代农业设施装备、机械化水平和农业信息化服务水平。以大数据、云计算、物联网、3S技术、移动互联等现代信息技术为手段，建设一批农业物联网示范园区、基地、企业，开展农业物联网应用示范重点工程。积极开展技术示范，支持农业机械设备生产企业开发集成互联网、云计算、大数据、5G、区块链等新一代信息技术的产品，加强农机智慧控制系统和农业机器人推广应用。开展农业遥感、物联网技术攻关及试验示范，推广一批成熟可复制的农业物联网应用模式。在特色农产品优势区，支持现代农业产业园区、农业科技园区和涉农企业，率先开展现代信息技术示范应用，推动现代信息技术向农业全产业链深度渗透，打造精细型、生态型、共享型智慧农业样板，建设农业农村智慧产业体系全要素示范基地，建成一批集智能感知、智能传输、智能控制为一体的智慧农业示范基地。积极推进5G+智慧农业，紧扣现代农业产业体系，以省级现代农业产业园区为重点，着力打造5G智慧农业试验区，建设5G智慧农业产业园区，构建基于5G网络的智慧农业互联网。推进5G技术应用，以其高度数字化的生产和管理模式降低运营成本，深入挖掘农业种植的生态旅游价值，实现一二三产业高度融合发展，形成高度的可持续发展能力和可复制能力，为农业科技园区生产管理提供数字化解决方案样板，推动智慧农业跨越式发展。

（三）构建"10+22"现代农业园区体系

加快培育现代农业产业园区。围绕七大优质特色产业，以建设现代特色农业园区为抓手，坚持"一园一主业、园园有特色"，持续促进一二三产业融合发展，加快培育简阳市简州大耳羊现代农业园、简阳市伏季水果现代农业产业园、成都一口吁吁高效农业生态园、简阳市平息阳春玉桃产业园、中国·江源镇五丰农业产业园、简阳市永雄水产养殖科技示范园、简阳发宇种养循环现代农业产业园、简阳市尤安早桃现代农业产业园、简阳市千佛桃园、简阳市三星远诚现代农业产业园10个现代农业产业园区，加快推进22个镇（街道）园区建设，构建"10+22"现代农业园区体系。

打造农业科技园区。突出科技创新、科技应用、实验示范、科技服务与培训等功能，打造农业科技创新基地。加快简阳市农业科技创新孵化园、返乡下乡人员创业创新园区（基地）等现代农业科技创新平台建设，引导和培育农业科技企业入驻，围绕六大特色产业开展品种选育、生物防控、农业灌溉、农业信息化、农业机械作业、农产品加工及储运等农业实用技术攻关。依托禾丰—青龙10000亩优质水蜜桃示范基地等7个农业科技示范基地，打造一批农业科技示范园区，使之成为技术引进、成果转化的载体，科技人员创新创业的平台；建设创业园，整合创建一批具有区域特色的返乡下乡人员创业创新园区（基地），抓好示范引领和融合带动。

推动园区创新发展。按照"要素聚集、产业集群、经营集约"的原则，积极探索"管委会+专业投资公司"运营模式，建立完善以现代农业园区为基本单元的管理新体制，提升农业产业规模化经营能力、资源要素整合能力和社会治理效率。优化"领导小组+管委会+专业投资公司"决策管理运营机制，加快现代生产要素聚集，发挥技术集成、产业融合、智能化管理、核心辐射等功能作用，促进农业生产、加工、物流、研发、示范、服务等功能相互融合，以产业功能区空间形式对农业生产用地进行整合，形成现代农业产业集群。加快建设与产业功能区主导产业相适应的新型产业社区，实施镇（街道）级园区改造提升，采取促进产业升级、结构转型、设施建设、环境提升、环境治理等综合手段，推进产业园区"社区化"，打造生产、生活、生态相融的复合型产业社区。着力发挥区域联动优势，支持与雁江、乐至、金堂、仁寿毗邻的镇（街道）共建国家现代农业产业园，重点发展都市现代农业、特色农产品加工、文化旅游休闲、山地运动探险等产业。

（四）提升现代农业高质量发展水平

转变农业生产方式。①推进适度规模经营。积极稳妥开展农业招商选资、招大选强工作，建立重点项目准入制度、评估制度、风险防控制度、履约监管制度、"逢建必报"制度，健全农业重点项目运行的机制体制。鼓励工商资本、农业企业与农村集体经济组织和农民开展多种形式的合作与联合，实施一二三产业融合、城乡联动发展重点项目建设，推进农业适度规模经营。鼓励农民专业合作社、家庭农场和种养大户、农村致富能人，按照"大园区、小业主"模式，通过土地流转或与农户结成利益共同体等方式，发展"一村一品""一镇一业"特色优势产业，开展全国一村一品示范村镇创建。②推进农业标准化生产。实施农业标准化提升工程，开展现代农业全产业链标准化试点，参照绿色有机、出口备案等要求，积极推广设施统建、农机统配、农资统供、病虫统防、产品统销等标准化生产经营模式，全面推进贯标工作，分产业制定完善基地建设、生产规程、产品分级、冷藏运输、包装销售等全产业链各环节标准，实现全程有标可依。实施现代农业示范基地（园区）建设提升工程，加快集中连片基地建设，全面推进蔬菜、水果、花卉苗木等园艺作物标准化生产，鼓励经营主体在规模基地建设标准化种植园区和养殖场。重点推进河东优质粮油高产高效示范园、晚白桃标准化绿色生产示范园、标准化加工型蔬菜生产基地建设。建设简州大耳羊标准化养殖基地、简州大耳羊标准化养殖小区，推进标准化规模养殖场设施设备提档升级改造，加快优质肉猪及肉用大耳羊生态种养结合循环农业示范项目建设，探索区域农业循环利用机制。③促进农业绿色生产。实现化肥农药使用量负增长，加强农药、兽药废弃包装物回收处置和农作物秸秆、畜禽粪污资源化利用，支持有机肥加工生产和推广应用，推动水肥一体化，发展绿肥生产。推广健康养殖，建立病死禽畜无害化处理机制，支持发展循环生态农业。建立农业环境容量评价制度，稳步推进农产品产地分类划分和受污染耕地安全利用。开展果蔬茶有机肥替代化肥示范，开展农业绿色发展试点，创建农业可持续发展示范区、农业绿色发展试点先行区。

促进农业协同发展。坚持以融入区域协调一体化发展格局为战略牵引，积极投入成渝地区双城经济圈建设，认真落实《成渝地区双城经济圈建设规划纲要》、川渝两省市联合实施方案和《成都都市圈发展规划》，围绕"两基地、一示范区、四产业带、一中心和一集群"推动农业生产要素高效集聚，大力发展都市现代高效特色农业，共同打造成渝现代高效特色农业带。充分发挥成德眉资同城化的桥梁和纽带作用，积极推进"成德眉资"同城化发展，加强与川南和川东北地区协同联动，加快成都·大凉山农特产品加工贸易园区建设，提升区域协同发展水平。积极融入成都天府国际机场临空经济区"一区两片"建设，共建成资临空经济产业协作带，打造成渝发展主轴新兴增长极。全面推进简阳—雁江—乐至交界地带融合发展，以简阳市施家镇、雁江区老君镇、乐至县高寺镇为重点积极推动农旅产业深度合作，发展现代农业、温泉康养和文化旅游，打造成渝中部都市近郊旅游目的地、农副产品精深加工及集散基地、农产品现代物流园和成都都市圈优质农产品保供基地，建设成德眉资都市现代高效特色农业示范区。加强与德阳、眉山相关区（市）县的交流合作，助推成德、成眉同城化。推进与东部新区协同一体化发展，探索实施经济区与行政区适度分离改革，在规划统筹、政策协调、产业协作、协同创新、共建共享等方面取得实质性突破，共建临空经济产业带。

提升农业开放合作水平。①推进农业"走出去"。积极参与国内国际双循环，主动融入"一带一路"建设和长江经济带发展，围绕形成全省"四向拓展、全域开放"立体全面开放新态势，加强与空港新城协同联动，增强全球范围内资源要素配置能力，促进内需和外需、进口和出口、引进外资和对外投资协调发展，提升在全球产业链供应链价值链中的地位。借助天府国际机场"一带一路"的开放平台，增强国际投资贸易平台和口岸服务功能，积极参与建设川渝自由贸易试验区协同开放示范区和中国（四川）自由贸易试验区拓展区，争取设立进口种苗、冰鲜水产品、食用水生动物、水果、肉类口岸、综合保税区、保税物流中心（B型）等海关特殊监管区域。大力发展农产品跨境电商，加快推进西部电商物流产业功能区和临空经济产业园建设，建立与空港新城、成都国际铁路港经济技术开发区的协作联动机制，推动跨境电商和开放型经济加快发展。支持优势产业、企业"出川出海"。②促进农业"引进来"。抢抓RCEP的签署和实施为我国农业的发展带来的重大利好和发展机遇，主动与RCEP成员国开展实质合作，重点推动与日、韩等国的商品贸易，积极探索与东南亚国家开展农业优势产能合作。加强与"一带一路"沿线国家和地区在农业投融资、农产品贸易、农业技术创新等领域开展合作，利用外资开展产业融合、生态修复、人居环境整治和农村基础设施等建设，积极引进国外农业生产先进技术、优良品种、现代装备、经营模式、管理方式和现代服务，提升简阳市农业资源高效利用、高效种养技术、农产品精深加工等能力和水平。

创新发展航空都市农业。抢抓成都天府国际机场建成投运的重大历史机遇，依托毗邻机场优势拓展农业种养新领域，积极发展适于航空运输的高附加值鲜活农产品生产，探索种植花卉、特色优质水果、食用菌等时鲜农产品，开展高档家畜家禽订单化、定制化鲜活养殖，扩大农产品国际国内消费市场。以"互联网+空港+农业+旅游"为主线，强化农业大地景观、特色农业产业园的打造和旅游业的深度融合，打造体现航空文化内涵，集种植功能、景观功能和休闲游览于一体的都市农业景观带，发展空港农业旅游。

（五）擦亮特色农业品牌名片

打造区域公用品牌。立足资源禀赋、产业基础和传统农耕文化，结合发展特色优势产业，以农产品地理标志为依托打造区域公用品牌，引入现代元素改造提升传统名优品牌。围绕"简阳晚白桃""简阳羊肉""简州大耳羊"三个区域公用品牌，擦亮获国家级新品种审定命名的"简州大耳羊"和获得地理标志证明商标认证的"简阳晚白桃"名片。依托生态特色果蔬标准化示范基地，培育"简阳柑橘""简阳辣椒"等果蔬区域公用品牌。

打造特色农产品品牌。深入实施简阳晚白桃、简州大耳羊、优质蔬菜等优势特色产业振兴行动，打响简阳晚白桃、柑橘、草莓、核桃、大耳羊、优质蔬菜六大农产品品牌，提升"天府源·简字号"农产品国际影响力。大力发展"三品一标"农产品，创建"三品一标"农产品基地，建设绿色（有机）食品示范基地，开展农产品出口品牌建设试点。加快地理标志农产品的品牌定位、技术革新和品种开发，推动地理标志品牌与产业协同发展。支持新型农业经营主体开展"三品一标"农产品认证和品牌创建。

强化品牌推介与保护。强化品牌宣传推广，广泛借助电视、网络等媒体，依托中国西部国际博览会、农业博览会等平台，大力开展特色优质农产品产销对接活动，鼓励名特优农产品建立展销中心、专卖门店。深度挖掘农业品牌的核心价值与文化内涵，讲好"天府源·简字号"特色农产品品牌故事，提高影响力、认知度、美誉度和市场竞争力。强化对农产品地理标志商标、知名农业商标品牌的重点保护。严格质量标准，规范质量管理，强化行业自律，维护好品牌公信力。建立品牌目录制度和评价体系，对认证和授权的品牌产品实施动态监管，建立市场准入和退出机制。防止商标恶意抢注和侵权行为，从严查处制售假冒伪劣农产品行为。加大经营主体知识产权、品牌维护、品牌保护等培训，提高商标、品牌保护意识和能力。

（六）促进乡村产业深度融合发展

推动农产品加工业提质升级。强化农产品初加工，推进农产品产地初加工和商品化处理，降低农产品损耗，提升农产品商品价值。发展适度规模的产地初加工和商品化处理，做好农产品标识、分级、包装和品牌建设，延长农产品价值链。以推进水果、蔬菜商品化处理为主，适度发展粮油、畜禽、水产精深加工，提升农产品市场附加值。依托果蔬生产基地建立绿色新鲜果蔬商品化处理基地，依托粮食生产功能区建设粮食干燥、清洁化整理和绿色仓储设施，同步推进农产品保鲜、贮藏、烘干、分级、包装等初加工设施建设。

提升特色农产品精深加工水平。巩固提升现有粮油深加工以及简阳羊肉汤、镇金大米、石桥手工挂面、三星米花糖等优质老字号品牌的生产规模。重点打造禾丰农产品加工基地，建设辣椒、青菜、榨菜等加工型蔬菜基地，开发低温脱水蔬菜和调理蔬菜等深加工产品园区。以成凉工业园为载体，鼓励农业农产品加工企业入园发展，培育农产品深加工产业群，引进国内外现代化的粮油加工企业，发展稻谷加工、小麦加工、薯类加工和饲料加工等粮食加工业。实施农产品加工企业提升行动，引进培育一批木本油料精深加工和综合利用龙头企业，鼓励龙头企业通过兼并、重组、合作等方式跨区经营，做大做强，集群集聚发展。开展农产品及加工副产物综合利用试点，推广"生产基地+中央厨房+餐饮门店""生产基地+加工企业+商超销售""作坊置换+联合发展"等新模式，规划建设农产品加工特色园区，认定一批主食加工示范企业，推介一批中央厨房发展新模式，打造农产品精深加工示范基地。促进一二三产业融合发展，推动"园区+基地+农户"发展，实施"园区+物流+电商"行动，探索"园区+旅游+文化"模式，打造集品种培育、原料基地、加工转化、现代物流、营销平台、休闲旅游为一体的农产品加工示范园区，打造农产品精深加工示范企业和示范基地。

丰富农商文旅融合发展新业态。①实施全域旅游，推动农业"接二连三"持续发展，坚持"筑景、塑业、聚人"，整合全域山水田园、地域文化等资源，结合航空走廊、交通网络、绿道网络、水系脉络、特色资源，大力发展乡村旅游、文化创意等，延伸康养旅游产业价值链，推动农业与旅游、文创、康养、互联网等跨界融合，促进"农业+旅游""旅游+康养"等业态的深度融合，探索"特色镇+园区+林盘+景区"模式，打造环线农商文旅项目示范带。②打造精品景区。重点发展农业观光、休闲度假、民俗体验等乡村旅游产业。建设全国休闲农业与特色乡村旅游示范镇，重点打造以观光农业+原乡民宿为主题的三星原乡民宿小镇、以田园风情+农事体验为主题的平泉田园风情小镇。按照国家 A 级旅游景区和成都市林盘景区建设标准，加快推进家风荷乡、千佛桃源、粉黛花田建设。统筹乡村振兴连片发展示范组团建设，重点推进沱江沿线乡村旅游连片化发展，打造特色农旅融合示范区、文旅产业园区。③打造接轨国际的旅游胜地。推进巴蜀文化旅游走廊建设，规划建设一批 A 级旅游景区、旅游度假村、生态旅游示范区、主题旅游目的地，加快推进中国科幻影视文旅产业园、西南国际旅游集散中心等重大文旅项目建设，构建国际旅游—城市游憩—乡村旅游梯次旅游目的地发展体系，打造"国际范、中国味、巴蜀韵"的世界级休闲旅游胜地，创响"旅游胜地"城市名片。充分利用天府国际机场通道效应、过境效应和 144 小时过境免签政策，积极构建接轨国际的多元化旅游体系，建设国际化临空文旅消费圈。④打造文旅消费新场景。深度挖掘"简州四状元"、克芹故里、石桥码头文化等文化内涵，重现"简州八景"，整合状元台等景点资源，依托传统风貌街区、非物质文化遗产、文物保护单位等本底，打造一批独具特色的文旅项目。讲好"简阳故事"，把文化元素植入景区景点、融入城市街区及休闲空间，建设承载简阳记忆的创意设计与现代生活交融的文创园区、文创街区、文创空间，彰显城市魅力。积极承办世界大学生运动会等重大国内国际赛事活动，大力开展"一镇一节"乡村旅游活动，做强做优羊肉美食旅游节、龙舟赛等核心旅游节会，全面提升简阳知名度、美誉度，打响"魅力天府·乐在简阳"旅游品牌。

创新乡村产业融合发展模式。创新农村电子商务内循环模式，大力发展基地直采、订单农业、新零售，大力推进"产地直采+基地专供""互联网+订单农业"等模式，与农村本土市场相结合，借用本地原有的资源，在与当地、与线下的融合中推动业态转型，发展订单种植、特色种植、农产品礼品定制等新业态，推动供应链向乡村延伸，打通农产品进城的上行销售渠道。创新特色农产品"外向型发展新模式"，抓住天府国际机场通航机遇，依托临空优势区位，充分发掘航食产品、有机食品、出口型特色农产品市场，全力推动"原香简阳"特色农产品进入国内国际市场，形成农产品外向型发展的新模式。坚持出口导向、绿色导向，主动对接国际化标准，加快完善绿色优质农产品生产标准体系，推动地理标识认证与绿色、有机认证基地融合，推进地理标识和绿色标区域的双覆盖，实现与国际通行或公认标准有效接轨，建设出口农产品质量安全示范基地。创新新"互联网+农业+电商"运营模式，创新"互联网+农业"新运营模式，发展乡村直播，建立特色农产品网红打卡基地、农产品网红直播平台等特色网红销售模式。开展农产品直播带货、公益直播助农等活动，建设一批直播基地，培育行业直播经济集群，孵化一批网红品牌，培养一批网红带货主播，积极引进直播带货达人，促进直播电商、社交电商与新媒体、新零售融合发展。创新共享农业发展模式，积极引导农业企业和农民群众融合"互联网+"新思维，引入城市互助农业新模式，建立农业经济发展共享新平台，整合农机、农技、土地、人力、物流、仓储、信息、金融保险、生产资料、销售加工等产前、产中、产后的农业生产要素，充分挖掘利用互联网和大数据资源，把线下资源整合为线上资源，解决农业生产分散、抗风险能力差、协作水平低等问题，实现按需生产、多方得利。

创新利益联结机制。加快构建以农业龙头企业为核心、农民合作社为纽带、家庭农场和专业大户为基础，联结千万农户的新型农业经营组织联盟，打造农村产业融合发展联合体。探索和推广"龙头企业+村集体经济组织（专合社）+基地（景区）+农户""国资公司+龙头企业+村集体经济组织（专合社）+基地（景区）+农户""加工企业+村集体经济组织（专合社）+基地（景区）+农户"等利益联结模式。创新完善多种利益联结方式，鼓励新型农业经营主体与农户在平等互利的基础上探索保底分红、二次返利、购买保险、风险补助、应急资金支持等多种形式的利益联结机制。鼓励龙头企业通过设立风险资金、提供信贷担保、领办和参办农民合作组织，与农户建立稳定的合作关系。鼓励行业协会、家庭农场等设立共同营销基金，专项开展农产品销售，联合打造品牌，让农户分享合理的产业链增值收益。

（七）强化现代农业科技支撑

推进农业科技创新。①构建科技创新体系。深入开展乡村振兴科技支撑行动，加快建设省、市级农业技术创新中心、重点实验室、工程研究中心和工程技术研究中心。支持农业产业园区提质升级，争创国家农业高新技术产业示范区。推进产学研结合，加强与四川省农业科学院、四川省畜牧科学院、四川农业大学和成都市农林科学院的科技合作，推广"专家大院""科技小院""专家+协会+农户（村组）"等模式，加大农业新科技、新成果、新品种、新模式、新机制推广应用。实施农业科技引才引智计划，设立博士后流动站和农业科技智库，引进一批国内国际农业科技高端人才和专家团队。鼓励高校毕业生、企业主、农业科技人员、留学归国人员等各类人才回乡下乡创业创新，将现代科技、生产方式、经营模式引入农村。②提升农业生产技术水平，提高种养业创新能力。推进现代种业发展，调整优化粮油产业结构，大力发展以优质水稻、特种玉米、双低油菜为重点的粮油产业。推进农作物新品种试验展示示范基地建设，高标准建设沱东优质粮油产业功能区，建成种植规模化、生产标准化、经营集约化、全程机械化的粮油现代种植功能区，带动粮油产业标准化、机械化生产发展。建设晚白桃良种繁育体系，建立晚白桃母本园及品种选优园，建设苗圃、母本园、采穗园、繁育圃等基础设施，选育简阳晚白桃优良品系，应用标准化快速育苗技术、美植袋空气限根技术、营养袋轻基质育苗技术等新技术，缩短苗木繁育周期。③

提升农业机械化水平。落实国家农机购置补贴强农惠农政策，提高农机装备自主研制，支持高端智能、丘陵山区农机装备研发制造能力。积极开展水稻、玉米、小麦、油菜等主要农作物全程机械化示范推广，努力探索蔬菜机械化生产作业。加大购置补贴力度，通过作业补贴、购机地方累加补贴、农机试验示范场地建设等措施培育扶持农机大户、农机专业合作社等新型经营主体，提高农机作业服务市场化、专业化和产业化水平。

加快农业科技成果转化推广。①推进科技成果转化。落实科研成果转化及农业科技创新激励相关政策，支持科研院校开展科技成果转化股权和分红激励试点。抓好农业产业园区、农业科技园区建设，支持园区建设科技成果转化中心、科技人员创业平台、高新技术产业孵化基地、博士后流动站、院士专家工作站。建立健全科技成果转化工作网络，推进科技成果转移转化示范县建设。②加强农业科技推广。以提升农业科技成果推广转化率为重点，提高瓜类蔬菜双断根嫁接育苗技术、电热温床育苗技术、果树起垄栽培模式、果树避雨栽培模式、桃树长枝修剪技术、生猪经济杂交技术、仔猪早期断奶和早期补饲技术、山羊二元杂交技术、畜禽疫病综合防治技术、山羊高床养殖技术、稻鱼（虾蟹蛙鳅）综合种养、池塘"底排污"养殖、工程化水循环养殖等最新农业科技推广转化率，不断提高农业新品种、新技术推广应用面积。③丰富农村科普活动。持续实施科普惠农兴村计划，提高科普基地建设水平，拓展科普宣传渠道，建立科普惠农服务站、技术协作网。鼓励高层次人才参与科普活动，充分发挥科学技术协会、农业行业协会、专业学会、中介服务组织和产业化龙头企业等主体的作用，开展形式多样的农技社会化服务。

（八）推进现代农业经营体系建设

培育新型农业经营主体。①培育全产业链龙头企业。做大做强龙头企业，鼓励和引导工商资本到简阳发展现代种养业和农业产业化示范基地，向农业输入现代生产要素和经营理念，促进农业企业集群集聚发展。扶持标杆型龙头企业建设标准化和规模化原料生产基地，逐步推广"标杆型龙头企业+家庭农场""标杆型龙头企业+农民专业合作社+农户"模式。引导龙头企业创办或领办各类专业合作组织，实现龙头企业与农民专业合作社深度融合。支持龙头企业为生产基地农户提供农资供应、农机作业、技术指导、疫病防治、市场信息收集、产品营销等各类服务。②推进农民合作社质量提升。开展农民合作社发展质量提升行动，加强合作社规范化建设，建立健全管理制度，提高民主管理水平，实现组织机构运转有效、产权归属明确清晰、事务管理公开透明。鼓励农民以土地、林权、资金、劳动、技术、产品为纽带，开展多种形式的合作与联合，依法自愿组建联合社，开展互助保险和合作社内部信用合作试点。加大对运行规范的农民合作社的扶持力度，加强合作社监管。③推动家庭农场提质升级。实施家庭农场培育计划，扶持发展特色化、专业型种养大户和示范性适度规模家庭农场，扶持更多小农户发展现代农户家庭农场，鼓励发展种养结合的生态家庭农场。积极开展省级示范家庭农场创建。④发展新型农村集体经济组织。组建股份经济合作联合社集体资产管理公司、土地股份合作社、农民专业合作社三种经营主体发展壮大集体经济，盘活集体资产资源。支持以村（社区）为单位成立的股份经济合作联合社，全面负责集体资产资源的经营与管理，统筹财政投入的惠农资金、集体经济入股分红等。支持由股份经济合作联合社全资组建集体经营开发公司，将闲置的集体资产资源进行打包上市交易，发展乡村电商、中介服务、乡村旅游等实体经济，依法参与本村项目建设。鼓励土地股份合作社主要通过市场行为，收集集体建设用地、承包地资源，开展集体建设用地交易增减挂钩项目和土地的流转、预流转，改善村民居住环境，增加集体经济收入，形成农业产业规模经营。鼓励由业主、当地村民和集体经济等共同入股组建农民专业合作社，结合自身实际发展种植业、养殖业和乡村旅游业。充分发挥农村双层经营体制中"统"的功能，不断增强农村集体经济造血能力及带动"家庭经营"能力。深化供销合作社综合改革，把供销合作社系统打造成为城乡社区综合服务平台，开展生产、供销、信用"三位一体"综合合作试点，大力发展生态养生、休闲观光、乡村旅游等新兴服务业，为城乡居民提供文体娱乐、养老幼教、就业培训等多样化服务。

构建农村现代流通体系。①补齐农村物流基础设施短板。加强农村交通基础设施建设，增加农村交通基础设施的资金投入，合理规划和构建能够高效运转、适应物流配送的农村交通网络结构。加强仓储、配送、冷链等设施建设，推进商贸设施和到村物流站点建设，加快完善县乡村三级农村物流体系，合理布局和建设农产品仓储配送中心、大型冷库等，重点推进蔬果冷储配送交易中心建设，培育1~2个实力雄厚的冷链物流企业，推进田头小型仓储保鲜冷链设施、产地低温直销配送中心建设。完善农村物流节点，优化农村快递资源配置，健全以市（县）级物流配送中心、镇（街道）配送节点、村（社区）级公共服务点为支撑的农村配送网络。鼓励引导企业密集农村物流网络，构建双向流通渠道，解决"最先一公里"和"最后一公里"的问题。实施"互联网+"农产品出村进城工程，引进培育一批新型电商企业，推动市域农村电商规模化、集聚化、品牌化发展，以国家级电子商务进农村综合示范县建设为着力点，建立市公共服务中心+镇（街道）服务站+村（社区）服务点三级电子商务运营服务网络，推进产地市场与新型农业经营主体、农产品加工企业、电商平台的对接。②改造提升农产品市场。按照建设国际化的农产品供应链交易平台、协同平台和服务平台的标准，推进大华国际农产品物流交易中心提档升级。规范集散型市场和专业市场，在产业重点镇（街道）选择适宜地点新建七座标准化农贸市场，对已有农贸市场进行标准化改造，重点是完善市场设施配套，引导室内交易，加快农产品产地集散点建设。

提高农业社会化服务水平。①强化社会化服务基础。以涉农企业、农民专业合作社、村集体经济组织、惠农综合服务社、家庭农场为载体，建设一批功能多元、设施配套、服务优质、运行规范的"一站式"基层农业社会化服务平台，完善市、镇（街道）、村（社区）三级农业服务网络，实现社会化服务全覆盖。发展壮大农业专业化社会化服务组织，将先进适用的品种、投入品、技术、装备导入小农户。引导各类社会力量参与农业社会化服务，培育一批产业规模大、辐射带动力强的服务型联合社（体）。②拓展社会化服务内容。重点发展市场信息、农资供应、绿色生产技术、废弃物资源化利用、农机作业及维修、烘干仓储、物流、初加工及营销、土地托管、农业保险等农业生产经营性服务。推进气象预测预报、灾害预警等直通式服务。推动农技推广、动植物疫情疫病防控和农产品质量安全监管"三位一体"公共服务向乡村和农业生产经营主体延伸。③创新社会化服务方式。以促进小农户生产和现代农业发展有机衔接为重点，构建全程覆盖、区域集成的新型农业社会化服务体系。鼓励新型经营主体与小农户建立契约型、股权型利益联结机制，推行土地托管、政府订购、专项承包服务、协作联合、代耕代种、联耕联种、统防统治、农业共营等服务方式，提升小农户组织化程度。促进专项服务与综合服务相互补充、协调发展。探索发展乡村共享经济，共享农机、装备、农场、农房。

第十四章 融入"双城经济圈"

——遂宁的比较优势及路径抉择

遂宁市位于四川盆地的几何中心，享有"东川巨邑""川中重镇"之称，是成渝之间重要的节点城市和次级综合交通枢纽。遂宁的历史可追溯到夏商时期，今遂宁市境在夏商时期是古蜀国辖地，秦惠王灭蜀国后建立蜀郡，郡治置今遂宁市射洪县柳树镇。从遂宁的历史可以看出，遂宁无论是作为州、都督府还是县等级别大小，也无论辖区大小，历朝历代都把"遂"作为地名保留了下来，而且几乎都是政府驻地，由此可以看出遂宁的地位和重要性。特别是中华人民共和国成立后，遂宁的地位越发突出，逐步融合巴蜀两地文化并彰显自身区域特色，成为成渝地区双城经济圈中的重要节点城市。

一、比较优势：遂宁抢抓成渝地区双城经济圈建设机遇的立足点

从成渝地区双城经济圈空间布局看，成都、重庆两大中心城市双核辐射是该经济圈布局的主要特点。德国地理学家泰勒提出了中心地理论，认为城市的基本功能是作为其腹地的服务中心，对区域城市产生重大的辐射力和吸引力。成渝地区双城经济圈同时受成都、重庆两大中心城市辐射，因此便形成了一个双核辐射的城市经济带。根据引力模型分析，遂宁和内江两个城市距等引力线最近，处于成渝双核叠加、交叉辐射的区域，在资金流、人流、物流、信息流等方面具有交换点作用，对成渝城市群的经济拉动效果也将最大。从成渝地区双城经济圈发展规划看，遂宁既是联动成渝的发展轴心，也是接轨成渝的桥头堡，具有双重功能定位，既承担了成渝发展主轴上城市的重要节点、交通枢纽、资源要素交汇点等功能作用，也是成渝毗邻地区一体化建设的重要平台。所以，把遂宁建成成渝地

区双城经济圈中联动成渝的重要门户枢纽，与潼南共建川渝毗邻地区一体化发展先行区，发挥好重要节点城市和毗邻地区的功能和作用，对成渝地区双城经济圈的发展意义重大。

比较优势理论的创始人英国经济学家大卫·李嘉图，1871 年在其代表作《政治经济学及赋税原理》中提出了比较成本贸易理论（后人称为"比较优势贸易理论"）。该理论认为，国际贸易的基础是生产技术的相对差别（而非绝对差别），以及由此产生的相对成本的差别。每个国家都应根据"两利相权取其重，两弊相权取其轻"的原则，集中生产并出口其具有"比较优势"的产品，进口其具有"比较劣势"的产品。可见，比较优势理论主要是从地区产业优势的角度来倡导地区之间要合理分工、优势互补，实现整体效益最大化。后来，很多国内外学者在比较优势理论基础上，对区域比较优势做了进一步探索和研究。1933年提出的赫克歇尔-俄林要素禀赋理论认为，生产要素禀赋和使用比例的不同，导致各国出口丰富资源生产的产品，进口稀缺资源生产的产品；科斯 1937 年提出的交易成本理论，说明了产权明晰的制度环境也是区域的一大优势；波斯纳1961 年提出技术缺口理论，认为国际间的技术差异导致国际贸易，发达国家利用先进技术生产产品出口；波特 1990 年提出了钻石模型，明确提出国家或区域优势表现为产业优势；Thomas 和 Timothy（2008）将文化因素纳入了区域优势的比较中考虑；杨小凯（2003）提出内生比较优势理论，认为规模报酬递增的专业化经济是比较优势的来源；何天祥（2004）在总结区域优势理论的基础上，将区域优势认为是综合优势，并将生态优势纳入考量范围。无论是国外学者还是国内学者，基本上都是从区域利于企业生产的角度，对区域外部环境和内部环境条件进行比较分析。他们普遍认为，区域比较优势表现为区域优势条件和发展潜力，包括区位优势、自然资源优势、社会资源优势、制度环境优势等。

笔者在借鉴前人研究的基础上认为，城市发展优势是特殊的区域发展优势，是城市吸引和利用劳动力、资金、物质、资源、技术和知识等要素，并将其转化为生产力，实现生产效益的能力优势。在市场经济条件下，这种能力大小主要受区域人们的经济实力、文化底蕴、生态环境、城市建管、基础配套、资源要素、产业基础、科技创新、市场需求等因素的影响。我们综合考虑上述因素，并在高志刚（2006）、叶琪（2008）等学者构建的区域竞争力评价指标体系的基础上，研究突出城市在城市经济圈中的发展优势，探索城市怎样在城市经济圈的发展中突出自身优势特点、弥补短板缺陷，实现优势互补、差异竞争、错位发展，从而实现城市经济圈空间组织紧凑、经济联系紧密，最终实现高度同城化和高度一体化。

随着经济全球化的发展和我国开放程度的不断提高，市场需求对城市经济圈内城市的优势影响小，暂可不考虑。在反映城市在城市经济圈中比较优势的八大因素基础上，根据现有统计数据，我们尽量把每种影响因素用指标量化出来，构建了含 8 个一级指标、40 个二级指标的城市比较优势分析指标体系，如表 14-1 所示。

表 14-1 城市比较优势分析指标体系

	一级指标	二级指标
比较优势的影响因素	经济实力（a_1）	GDP（a_{11}）；GDP 增速（a_{12}）；人均 GDP（a_{13}）；公共财政预算收入（a_{14}）；人均财力（a_{15}）
	文化底蕴（a_2）	剧场、影剧院数（a_{21}）；每百人公共图书馆藏书（a_{22}）；文化站数（a_{23}）
	生态环境（a_3）	市城区空气质量日均值达标率（a_{31}）；区域单位面积工业废水排放量（$-a_{32}$）；二氧化硫排放量（$-a_{33}$）；单位面积工业烟（粉）尘排放量（$-a_{34}$）；建成区绿化覆盖率（a_{35}）；污水处理率（a_{36}）；生活垃圾处理率（a_{37}）
	城市建管（a_4）	建成区单位面积排水管道长度（a_{41}）；人均城市道路面积（a_{42}）；人均公园面积（a_{43}）；每万人拥有公共汽车数量（a_{44}）；人均生活垃圾清运量（a_{45}）；建成区单位面积公厕数（a_{46}）；城市道路清扫和保洁面积占比（a_{47}）
	基础配套（a_5）	公路路网密度（a_{51}）；人均邮电总量（a_{52}）；电话用户普及率（a_{53}）；互联网宽带用户占比（a_{54}）；万人卫生机构床位数（a_{55}）
	资源要素（a_6）	年人均供水量（a_{61}）；年人均天然气供气量（a_{62}）；人均金融机构各项存款余额（a_{63}）；人均金融机构各项贷款余额（a_{64}）；固定资产投资额增长率（a_{65}）；单位面积从业人员人数（a_{66}）；万人拥有在校大学生人数（a_{67}）
	产业基础（a_7）	规模以上工业总资产贡献率（a_{71}）；工业企业劳动生产率（a_{72}）；非农产业比重（a_{73}）
	科技创新（a_8）	科学技术支出占比（a_{81}）；R&D 内部经费支出占 GDP 比重（a_{82}）；专利申请量（a_{83}）

需要指出的是，上述八大因素是影响区域比较优势的主要因素，综合起来基本能够反映区域比较优势，但地方政务环境、政治生态、创新氛围等软因素也会影响区域比较优势，因考虑到诸如此类的因素量化困难，而且这几个城市在这些方面的差异不大，所以没有将其列入指标体系中。

二、基于熵权法：遂宁的比较优势考量与分析

在构建城市比较优势分析指标体系的基础上，我们需要对这些指标进行演绎推导，以揭示出哪些因素、哪些指标在其比较优势中起影响作用。鉴于熵权法在分析区域或城市竞争力方面应用很广泛，能够比较科学地推导相关指标的权重及得分，因此，笔者采用了熵权法来处理和评价遂宁及相关城市数据。

设：影响因素 r 对应指标的矩阵 $X_r = (x_{ij})_{m \times n}$。m 表示比较分析的对象个数；n 表示反映该因素的指标个数；r=1, 2, …, 8; i=1, 2, …, m; j=1, 2, …, n。

（1）对矩阵 Z_r 进行归一化处理，剔除量纲影响，并提高收敛性，得矩阵 $Y_r = (y_{ij})_{m \times n}$, $y_{ij} \in [0, 1]$。

1）对于越大越好的指标，$y_{ij} = (x_j - minx_j) / (maxx_j - minx_j)$。

2）对于越小越好的指标，$y_{ij} = (maxx_j - x_j) / (maxx_j - minx_j)$。

（2）计算矩阵 Y_r 的信息熵及各指标权重。

信息熵 $E_j = -1/\ln(m) \sum_{i=1}^{m} p_{ij} \ln p_{ij}$，其中 $p_{ij} = y_{ij} / \sum_{i=1}^{m} y_{ij}$，如果 $p_{ij} = 0$，则定义 $\lim_{p_{ij} \to 0} p_{ij} \ln p_{ij} = 0$；权重 $w_j = \dfrac{1 - E_j}{n - E_j}$ （j=1, 2, …, n）。

（3）计算因素 r 对应指标得分以及加权得分。

得分矩阵 $Z_r = w_j \times Y_r$，加权得分矩阵 $A = (a_{ij})_{m \times 8}$，其中 $a_{ij} = \sum_{j=1}^{n} w_j \times y_{ij}$。

笔者选取了与遂宁空间发展定位相类似的资阳、内江、南充、广安四个城市做比较分析[①]。我们利用基于熵权法的数据演绎，对原始数据进行处理，得出五个城市八大因素各自的得分矩阵，如表 14-2~表 14-9 所示。

表 14-2　反映五个城市的经济实力（a_1）的要素权重及评分

指标（权重）	a_{11}（0.22）	a_{12}（0.21）	a_{13}（0.19）	a_{14}（0.25）	a_{15}（0.12）	a_1（1）
遂宁	0.08	0.21	0.19	0.06	0.06	0.60
资阳	0.00	0.00	0.00	0.00	0.05	0.05

---

① 根据前面构建的城市比较优势分析指标体系进行，原始数据主要来源于《四川统计年鉴2020》、《中国城市统计年鉴2019》、这五个城市2020年度经济和社会发展统计公报以及四川发布网站。

指标（权重）	a₁₁（0.22）	a₁₂（0.21）	a₁₃（0.19）	a₁₄（0.25）	a₁₅（0.12）	a₁（1）
内江	0.09	0.16	0.13	0.04	0.00	0.42
南充	0.22	0.19	0.09	0.25	0.03	0.78
广安	0.07	0.10	0.13	0.12	0.12	0.54

表 14-3　反映五个城市的文化底蕴（a₂）的要素权重及评分

指标（权重）	a₂₁（0.31）	a₂₂（0.20）	a₂₃（0.49）	a₂（1）
遂宁	0.10	0.04	0.00	0.14
资阳	0.00	0.10	0.00	0.10
内江	0.10	0.00	0.00	0.10
南充	0.31	0.04	0.49	0.84
广安	0.16	0.20	0.10	0.46

表 14-4　反映五个城市的生态环境（a₃）的要素权重及评分

指标（权重）	a₃₁（0.23）	a₃₂（0.12）	a₃₃（0.06）	a₃₄（0.19）	a₃₅（0.10）	a₃₆（0.13）	a₃₇（0.19）	a₃（1）
遂宁	0.23	0.01	0.07	0.19	0.00	0.07	0.19	0.76
资阳	0.00	0.12	0.06	0.17	0.02	0.13	0.00	0.50
内江	0.01	0.00	0.00	0.02	0.02	0.00	0.17	0.22
南充	0.05	0.11	0.06	0.00	0.10	0.01	0.03	0.36
广安	0.08	0.06	0.05	0.13	0.06	0.10	0.19	0.67

表 14-5　反映五个城市的城市建管（a₄）的要素权重及评分

指标（权重）	a₄₁（0.20）	a₄₂（0.14）	a₄₃（0.17）	a₄₄（0.13）	a₄₅（0.08）	a₄₆（0.13）	a₄₇（0.15）	a₄（1）
遂宁	0.07	0.14	0.12	0.03	0.07	0.13	0.15	0.71
资阳	0.13	0.01	0.14	0.05	0.03	0.00	0.00	0.36
内江	0.20	0.00	0.00	0.13	0.06	0.09	0.00	0.48
南充	0.07	0.06	0.16	0.08	0.06	0.12	0.13	0.68
广安	0.00	0.08	0.17	0.06	0.00	0.01	0.07	0.39

表 14-6　反映五个城市的基础配套（a_5）的要素权重及评分

指标（权重）	a_{51}（0.16）	a_{52}（0.28）	a_{53}（0.23）	a_{54}（0.16）	a_{55}（0.17）	a_5（1）
遂宁	0.02	0.28	0.07	0.06	0.01	0.44
资阳	0.16	0.08	0.11	0.16	0.11	0.62
内江	0.08	0.06	0.00	0.00	0.09	0.23
南充	0.05	0.07	0.09	0.03	0.11	0.35
广安	0.00	0.00	0.23	0.05	0.00	0.28

表 14-7　反映五个城市的资源要素（a_6）的要素权重及评分

指标（权重）	a_{61}（0.20）	a_{62}（0.16）	a_{63}（0.14）	a_{64}（0.14）	a_{65}（0.15）	a_{66}（0.07）	a_{67}（0.14）	a_6（1）
遂宁	0.19	0.16	0.04	0.14	0.14	0.04	0.02	0.73
资阳	0.20	0.00	0.12	0.08	0.00	0.04	0.00	0.44
内江	0.00	0.07	0.00	0.00	0.15	0.07	0.09	0.38
南充	0.07	0.03	0.07	0.12	0.13	0.00	0.14	0.56
广安	0.01	0.03	0.18	0.00	0.14	0.10	0.03	0.49

表 14-8　反映五个城市的产业基础（a_7）的要素权重及评分

指标（权重）	a_{71}（0.33）	a_{72}（0.29）	a_{73}（0.38）	a_7（1）
遂宁	0.16	0.29	0.20	0.65
资阳	0.33	0.00	0.00	0.33
内江	0.05	0.13	0.12	0.30
南充	0.14	0.14	0.06	0.34
广安	0.00	0.07	0.16	0.23

表 14-9　反映五个城市的科技创新（a_8）的要素权重及评分

指标（权重）	a_{81}（0.38）	a_{82}（0.27）	a_{83}（0.35）	a_8（1）
遂宁	0.18	0.27	0.33	0.78
资阳	0.38	0.00	0.00	0.38
内江	0.11	0.27	0.35	0.73
南充	0.00	0.19	0.22	0.41
广安	0.00	0.01	0.29	0.30

根据表 14-2~表 14-9 得出的遂宁与资阳、内江、南充、广安在上述八个因素的分别指标权重及得分，并结合遂宁市发展实际，我们可以得出遂宁的比较优势和短板。

第一，从经济实力方面分析（见表 14-2），在上述五个城市中，遂宁综合得分仅次于南充。从反映经济实力的五大指标看，遂宁的经济增速、人均 GDP 在五个城市中均是最高；但经济总量较低，公共财政预算收入仅高于内江、资阳，得分位于倒数第三；人均财力得分与得分最高的广安相比差距较大。这说明遂宁经济规模较小，发展质量和效益相对较弱。但是我们也要看到，2018 年、2019 年、2020 年遂宁的地区生产总值增速分别居全省第 6、第 2、第 4 位。这充分反映了遂宁具备厚积薄发的比较优势，具有"弯道超车"的内生潜力。

第二，从文化底蕴方面分析（见表 14-3），在上述五个城市中，遂宁综合得分较低，与得分较高的南充、广安相比差距较大。从反映的指标看，剧场、影剧院个数为 7，处于中等规模；遂宁每百人公共图书馆藏书数量较少，只有 30.1 册，不到广安的一半；文化站个数只有 119 个，比与遂宁常住人口差不多的内江、广安都低。这说明，遂宁在文化底蕴建设方面还很薄弱，是其短板。

第三，从生态环境方面分析（见表 14-4），在上述五个城市中，遂宁综合得分最高。从具体七项指标看，市城区空气质量日均值达标率达到 95.7%，远高于其他四个市，得分最高；二氧化硫、工业烟（粉）尘等单位面积排放量都最低；生活垃圾处理率达到 100%；城区污水集中处理率达到 90.73%，低于资阳和广安；仅建成区绿化覆盖率相对较低，为 34.3%，低于最高的南充（44.28%）近 10 个百分点。这说明遂宁这些年来在抓生态文明建设上卓有成效。

第四，从城市建管方面分析（见表 14-5），在上述五个城市中，遂宁综合得分最高。进一步分析，各城市建管指标，遂宁人均城市道路面积、生活垃圾清运量、单位面积公厕数以及城市道路清扫和保洁等指标都优于其他四个城市，而建成区单位面积排水管道长度、人均公园面积以及每万人拥有公共汽车等指标得分较低。这说明，遂宁在城市建管方面，城市道路建设、城区保洁以及公厕建设等方面做得较好，排水设施、公园建设以及公交系统建设还有较大的改进空间。

第五，从基础配套方面分析（见表 14-6），在上述五个城市中，遂宁综合得分较高，仅次于资阳。其主要原因在于，遂宁互联网宽带用户占比、人均邮电总量等指标分数较高，而公路路网密度、电话用户普及率、万人卫生机构床位数等指标均比其他四个市的得分低。这里需要指出的是，相关城市的路网、航运、水利等基础设施我们没有定量比较，这需要我们进一步深化。但从整体上讲，遂宁的交通、通信等基础设施水平相对较好，支撑了遂宁区位优势的发挥。

第六，从资源要素方面分析（见表14-7），在上述五个城市中，遂宁综合得分最高。从各项指标得分看，遂宁年人均供水量、年人均天然气供气量反映自然资源情况指标的得分较高；人均金融机构各项贷款余额、固定资产投资额增长率反映资金资源情况指标的得分也较高；但单位面积从业人员人数、万人拥有在校大学生人数反映人力资源情况指标的得分较低。这说明，遂宁水、天然气等自然资源较为丰富，据悉遂宁市辖区内的安岳气田磨溪区块已探明天然气地质储量达4403.85亿立方米，于2015年底建成投运，年净化天然气能力达到100亿立方米以上；遂宁资本市场较为完善，资金资源较雄厚，目前主板上市企业达到7家，居全省第二；遂宁人力资源量多但质量有待提高，目前遂宁只有一所专科职业院校，缺乏本科学历教育院校。

第七，从产业基础方面分析（见表14-8），在上述五个城市中，遂宁综合得分最高。从各项指标得分看，工业企业劳动生产率、非农产业比重指标的得分最高，规模以上工业总资产贡献率仅低于资阳。这些数据反映了遂宁工业企业劳动产出较高，三次产业结构较为优化；但规模以上工业总资产贡献率不高，说明遂宁工业企业盈利能力和经营水平不高，这也揭示了遂宁产业层次较低。近年来，遂宁坚持以供给侧结构性改革为主线，致力于"优布局、调结构，育龙头、强配套"，天然气、新材料、电子信息等产业发展壮大，石化盐化、食品饮料、纺织等传统产业逐步转型升级，2019年中国有色金属工业协会授予遂宁市"锂业之都"称号。

第八，从科技创新方面分析（见表14-9），在上述五个城市中，遂宁综合得分最高。具体来说，遂宁R&D内部经费支出占GDP比重、专利申请量较高，科学技术支出占比得分仅低于资阳，特别是遂宁专利申请量得分比资阳、南充、广安都高，达到2293件，比南充多500多件。这说明遂宁对科技创新的重视程度较高，投入较大，社会创新能力和水平由此得到较快提升。

综上所述，遂宁的比较优势在于：经济发展速度快、后劲足；生态怡人、环境优美；城市建设水平较高、管护较好；自然资源丰富、资金资源雄厚；产业基础不断坚实，后发优势突出；科技创新力度大，社会创新热情高等。同时，遂宁也存在经济总量小、城市配套不完善、基础设施较为落后，区位优势发挥不够，人力资源层次低等短板。

三、强优补短：遂宁融入成渝地区双城经济圈 建设的路径抉择

通过对遂宁比较优势的分析，笔者以为，遂宁应该坚持"五大发展理念"，抢抓"一带一路"和"长江经济带"建设机遇，进一步做强比较优势、放大比较优势、发挥比较优势，弱化短板、转化短板、弥补短板，借助成都、重庆双核带动功能，积极融入成渝地区双城经济圈建设，率先闯出一条路，率先进行一定的探索，加快建成区域性中心城市，树立成渝地区双城经济圈一体化建设的标杆。

（一）以毗邻地区为依托建设遂潼一体化

推动遂潼一体化发展有利于加快成渝地区中部崛起，有利于探索经济区与行政区适度分离新机制及整体提升城市品质和人居环境。中共四川省委十一届七次全会明确支持遂宁建设联动成渝的重要门户枢纽和成渝发展主轴绿色经济强市，与潼南共建川渝毗邻地区一体化发展先行区。遂宁要抢抓这千载难逢的重大机遇，探索跨省际区域合作新模式新机制，让遂潼一体化发展成为川渝毗邻地区合作的样本、标本、范本。

遂宁和潼南两地要科学制定一体化发展方案，按照"统一谋划、一体部署、相互协作、共同实施"的总体要求，积极探索经济区与行政区适度分离的体制机制，全力推动遂潼川渝毗邻地区一体化发展先行区建设，着力为深化川渝开放合作、加快构建全域共兴协同发展新格局贡献力量。要构建一体化的机制，健全工作推进机制，建立重大政策协商机制，在体制机制和协助机构上有实质性融合，以政府协助层面上的融合，带动社会层面的融合发展。要谋划和明确一体化内容系统着力、统筹推进，在体制机制、基础设施、产业发展、生态环保、公共服务方面推进与潼南区一体化发展，即"五个一体化"，探索跨省际区域合作新模式新机制，为川渝毗邻地区一体化发展提供可复制可推广的经验。要优化空间布局，遂潼共建产业园区，打破地域限制和行政壁垒，统筹布局生态、生产和生活空间，形成集约高效、疏密有度、生态宜居的空间格局，推动两地中心城区相向发展。要强化提升遂宁和潼南中心城区"双中心"对周边区域的辐射带动能力，做大做强成渝地区双城经济圈的重要桥头堡和节点城市。

（二）以绿色发展为先导推进美丽遂宁建设

遂宁在绿色发展道路上进行了不断探索，早在 2010 年就率先制定了区域绿色经济指标体系，2012 年以来每两年召开一次"绿色经济遂宁会议"，绿色发展理念在遂宁早已生根发芽。在"十四五"期间，遂宁要以绿色 GDP 为先导，在经济发展新常态和供给侧结构性改革背景下顺势而为，从过去盲目追求 GDP 的规模和速度，向注重 GDP 的效益增长方向转变，向体现"天蓝、地绿、水净、空清、食优"五大生态文明需求的绿色 GDP 方向转变，化机遇和比较优势为发展新动力。

遂宁作为西部大开发的前进基地，正处在新型城市化、新型工业化、新型农业现代化的加速时期；根据经济增长规律，遂宁作为欠发达区域，其内生增长的回旋余地较大；遂宁不仅是"一带一路"建设和长江经济带建设的交汇点，还有成渝经济区、成渝城市群、成渝地区双城经济圈以及四川多极区域的支撑；遂宁创新创业战略正处于方兴未艾之时，战略性新兴产业、城乡统筹、改革效应正处于后发阶段。

遂宁要进一步加大绿色投资力度。绿色投资的"芯片"在于绿色技术，特别是环境保护技术、新能源技术、清洁生产技术、资源综合利用技术、生态农业技术等。目前，我国在绿色技术水平方面与国外发达国家的差距较大，特别是与日本、德国相比，较为落后，需要进行大量的投入加快发展。因此，遂宁应该根据历史基础和绿色技术存在的"短板"，有针对性地实现突破。

遂宁要加大重大节能技术与装备方面的投资力度。遂宁应重点围绕高效节能锅炉、高效节能机电系统、节能家电、高效照明、煤层气及余热利用等领域，推进重大技术和装备示范应用，形成一批节能技术装备基地。

遂宁要加大重要资源循环利用方面的投资力度。遂宁应该率先建成"城市矿产"示范基地，提升再生资源利用的技术装备水平。实施再制造产业化，支持旧件回收体系建设。实施产业废弃物资源化利用示范，促进伴生矿产资源、大宗工业固体废物、建筑废弃物等的大规模、高值利用，基本形成资源循环利用技术体系。

遂宁要加大重大环保技术装备与产品方面的投资力度。遂宁要强化重金属污染防治、污泥处理装置、机动车尾气治理、天然气开采过程高含盐废水处理装置、挥发性有机物治理、畜禽养殖清洁生产、高效垃圾焚烧和烟气处理、烟气脱硫脱硝、环保水煤浆等方面技术装备及产品产业化示范，形成一批具有技术研发、系统集成、装备生产、工程设计和建设能力的环保骨干企业和环保技术装备产业化基地。

总之，遂宁要继续实施好绿色发展战略，将人与自然和谐共生、共进共荣的生产方式、生活方式、行为规范以及价值观念，深入到、落实到经济社会发展各项事业中，在产业发展、城市建设、生产生活、生态文明等各个领域、各个环节，体现低碳、环保、循环、生态、节约等绿色发展思路，着力塑造遂宁特色的绿色产业、绿色旅游、绿色文化、绿色城市等绿色品牌，并不断提升绿色品牌效应和品牌影响力，建设"近者悦，远者来"的美丽遂宁。

（三）以转型升级为重点提升发展质量效益

各方面的数据显示，遂宁目前的主要短板还是经济发展的不足和滞后。因此，遂宁补短板的关键在于抓好经济发展。也就是说，加快经济发展是遂宁发展的主题，推进供给侧结构性改革是主线，重点要推进产业转型升级，提高供给结构对需求结构的适应性，提升发展质量和效益。遂宁要以建设绿色经济强市为目标，坚持特色发展、错位发展、差异发展、配套发展的思路，立足现有企业和产业基础，积极推进供给侧结构性改革。

遂宁要进一步改造提升机电与装备制造、天然气、纺织、化工、食品饮料、农产品精深加工等传统产业，加快发展壮大新能源、新材料、生物技术等新兴产业，运用"互联网+"等信息化技术，延伸产业链条，提升产品价值、改善产品结构，实现产品产出与群众需求相适应、相匹配，从而提高市场占有率和竞争力，实现产业生产链和产品价值链的双重升级，打造和培育优势特色产业集群。利用好区位优势，加快发展现代物流、会展、文化旅游、健康养老等现代服务业，提升服务质量、规模、特色和水平，服务于成渝城市群、中国西部以及珠三角、南亚海外市场及沿线区域，将遂宁建设成为成渝地区双城经济圈中的现代物流中心、会展中心和康养旅游目的地。

（四）以通道建设为载体变区位优势为发展优势

遂宁要进一步改善和优化交通体系。理论与实践证明，立体化的交通体系是融入经济圈的重要条件和经济走廊。遂宁要着力补齐交通基础设施特别是铁路、航运、公路和航空立体化链接的短板，将区位条件转变为交通优势，从而进一步促进经济发展。遂宁关键要以加快建设四川省次级综合交通枢纽为契机，抢抓规划建设综合立体交通走廊和城市群交通网络的机遇，进入成渝经济区、成渝城市群、成渝地区双城经济圈、"一带一路"、长江经济带建设的全国交通布局体系。

遂宁要着力加强铁路、公路、涪江航运、机场建设等对外交通建设，推进遂宁与成渝地区双城经济圈中城市间的互联互通，与中欧货运班列的链接，与各种交通方式、各种物流方式无缝对接，从而缩小与成渝地区双城经济圈中城市的交通时效距离，缩短人流、物流时间，减少融入成本，提高融入效率，为供给侧结构性改革提供便捷的交通资源。

（五）以厚植文化为灵魂加强智慧城镇建设

一个地区的资源集聚力、人才吸引力和发展承载力主要体现在城市发展水平上，而城市发展水平的核心还在于城市文化。遂宁在城市建设中，要将共享理念融入遂宁观音文化、山水文化、绿色文化等特色文化，以"互联网+"打造智慧城市，在城市建设的各个细节上体现遂宁文化特色，建设包容、向善、友好、文明、绿色的智慧城市。

智慧城市经常与数字城市、感知城市、无线城市、智能城市、生态城市、低碳城市等区域发展概念相交叉，甚至与电子政务、智能交通、智能电网等行业信息化概念发生混杂。对智慧城市概念的解读也经常各有侧重，有的观点认为关键在于技术应用，有的观点认为关键在于网络建设，有的观点认为关键在于人的参与，有的观点认为关键在于智慧效果，一些城市信息化建设的先行城市则强调以人为本和可持续创新。笔者以为，智慧不仅仅是智能。智慧城市绝不仅仅是智能城市的另外一个说法，或者说是信息技术的智能化应用，还包括人的智慧参与、以人为本、可持续发展等内涵。

遂宁要在建设国家海绵城市试点的基础上，利用老旧小区改造等国家政策，完善城市配套功能，以信息化技术提升城市公共服务、道路等建设和城市管理水平。将遂宁建设成为智慧城市，也是转变遂宁城市发展方式、提升城市发展质量的客观要求。通过建设智慧城市，遂宁可以及时传递、整合、交流、使用城市经济、文化、公共资源、管理服务、市民生活、生态环境等各类信息，提高物与物、物与人、人与人的互联互通、全面感知和利用信息的能力，从而能够极大提高政府管理和服务的能力，极大提升人民群众的物质和文化生活水平，从而会让遂宁发展更全面、更协调、更可持续，会让城市生活变得更健康、更和谐、更美好。

（六）以人才保障为根本增强要素保障能力

区域竞争力的核心还是人才的竞争。遂宁要将人才的引进、培养作为重要工作来抓，不断深化人事制度改革，加大人力资源开发力度，迅速提高人才资源配置的市场化程度，建立健全人才的培养、开发、吸引、使用的科学机制。

遂宁一方面要抓好现有人才的培养，包括抓好学前教育，小学、初中、高中等基础教育，扩展职业教育、高等教育质量，作为人才培养的根本工作和基础工作；另一方面要抓好人才的引进和交流，搭建人才引进和交流平台，制定人才引进计划和举措，创造拴心留人的人才环境，建立和完善符合规则的来去自由、待遇合理的人才流动机制，主动吸纳、及时重用的人才引进机制，目标明确、综合激励的人才培养机制，公平竞争、优胜劣汰的人才使用机制，绩效优先、体现价值的人才分配机制，功能齐全、技术先进的人才市场服务体制。

（七）以科技创新为核心实施全面创新驱动

实施科技创新是树立和落实创新发展理念的关键，创新科学技术并将科技转化为生产技术、生产力从而促进产品质量提升是国家实施供给侧结构性改革的主要抓手。当前，随着泛在互联网、云计算、物联网等技术的迅猛发展，新一轮信息化革命已经到来。遂宁要促进新一代互联网、云计算、智能传感、通信、遥感、卫星定位、地理信息系统等技术的结合，促进产业和业态的创新转型，激发战略性新兴产业的应运而生，进而为经济发展注入新动力。

因此，遂宁要继续以科技创新为重点，大力实施创新驱动战略，积极搭建创新创业平台，加大财政资金的引导和撬动作用，激发民间资金的投入。同时，要改革完善创新体制机制，实施行政体制改革，清除创新创业的体制机制障碍，强化创新创业服务，营造宽松的创新创业环境。此外，遂宁还要深化改革，运用PPP等混合所有制模式招商引资，以城乡建设用地增减挂钩机制来保障发展中的建设用地需求。

参考文献

［1］本书编写组．党的十九届五中全会《建议》学习辅导百问［M］．北京：党建读物出版社，学习出版社，2020.

［2］高志刚．基于组合评价的中国区域竞争力分类研究［J］．经济问题探索，2006（1）：28-32.

［3］格里申，特卡乔夫．俄罗斯主题公园发展现状及中俄互建主题公园的建议［J］．西伯利亚研究，2018（1）：46-47.

［4］国鸿氢能等6家头部企业签约重庆，全力打造中国西部"氢谷"［EB/OL］．新华网，http：//www.xinhua net.com/local/2021－03/22/c＿11272 41657.htm，2021-03-22.

［5］何天祥．区域优势理论的评述及其对西部开发的启示［J］．长沙铁道学院学报（社会科学版），2004（3）：75-79.

［6］胡长升．节点崛起：遂宁在成渝经济腹地中的产业选择［M］．重庆：西南师范大学出版社，2011.

［7］乐晴智库．氢能产业链深度解析［EB/OL］．https：//baijiahao.baidu.com/s？id=1696329258096545893&wfr=spider&for=pc，2021-04-07.

［8］李华伟．文化和旅游融合的国际经验启示［J］．洛阳师范学院学报，2019（7）：18-32.

［9］李嘉图．政治经济学及赋税原理［M］．郭大力，王亚南，译．南京：译林出版社，2011.

［10］李建建，叶琪．国内外有关区域竞争力评价指标体系的研究综述［J］．综合竞争力，2010（1）：81-88.

［11］李小建．经济地理学［M］．北京：高等教育出版社，2006.

［12］梁现瑞，李欣忆．新成渝 新定位 新期盼：解读《成渝城市群发展规划》［N］．四川日报，2016-05-05（005）.

［13］林毅夫．新结构经济学［M］．北京：北京大学出版社，2018.

［14］刘群，张红林，官思发，李言瑞．发展氢能产业的调研与思考［J］．高科技与产业化，2020（10）：59-63．

［15］刘星．区域文化品牌建设的路径研究［J］．贵州师范学院学报，2019（2）：25-30．

［16］彭苏萍．氢能产业链急需自主技术突破［J］．中国石油企业，2021（3）：13．

［17］邱蔻华．管理决策熵学及其应用［M］．北京：中国电力出版社，2011．

［18］沈满洪，张兵兵．交易费用理论综述［J］．浙江大学学报（人文社会科学版），2013（2）：46-60．

［19］宋虎．区域经济视角下行政壁垒形成的博弈分析［J］．科技创业，2009（4）：6-7．

［20］王彩娜．氢能产业将在"十四五"迎来机遇期［EB/OL］．http：//www.cet.com.cn/wzsy/ycxw/2752424.shtml，2021-01-08．

［21］习近平．中国共产党第十九届中央委员会第五次全会会议公报［R］．2020．

［22］杨伟容．文化资本与主题公园融合发展路径研究［J］．江南论坛，2020（7）：30-32．

［23］杨小凯，张定胜，张永生．发展经济学：超边际与边际分析［M］．北京：社会科学文献出版社，2003．

［24］姚雪松，黄雯，杨阳．粤港澳大湾区城市间互补协同发展面临的问题及对策［J］．特区经济，2020（4）：26-29．

［25］曾琼．成渝科技资源及协同创新策略思考［J］．中国科技资源导刊，2020（7）：87-93．

［26］张长令．国外氢能产业导向、进展及我国氢能产业发展的思考［J］．中国发展观察，2020（Z1）：116-119．

［27］张纪．基于要素禀赋理论的产品内分工动因研究［J］．世界经济研究，2013（5）：5-11．

［28］张梓涵，冉荟琴．遂宁市全面融入成渝地区双城经济圈的对策建议：以新结构经济学为视角［J］．商业经济，2021（4）：30-33．

［29］Falcone T W, Wilson T L. A Proactive Culture of Support：Establishing a Regional Comparative Advantage in a Semi-rural Area［J］．Competitiveness Review：An International Business Journal Incorporating Journal of Global Competitiveness，2008，18（3）：241 - 256．

［30］ Soete L L G. A General Test of Technological Gap Trade Theory ［J］. Weltwirtschaftliches Archiv, 1981, 117（4）: 638-660.

［31］ Porter M E. Clusters and the New Economics of Competition ［J］. Harvard Business Review, 1998, 76（6）: 76-89.

附 录

附表　宜宾长江公园首城指标体系

目标层	准则层	指标	序号	指标层	单位	性质	基准
长江公园首城	人	基础指标	1	人均可支配收入与人均GDP之比	%	正向	
			2	民生支出占一般公共预算支出比重	%	正向	
			3	城镇就业率	%	正向	
			4	平均预期寿命	岁	正向	
			5	养老金保障覆盖率	%	正向	
			6	医疗保障覆盖率	%	正向	
			7	千人拥有卫生机构床位数	个	正向	6.83
			8	人均体育设施用地面积	平方米	正向	0.6
			9	社区综合服务设施覆盖率	%	正向	
			10	生活垃圾无害化处理率	%	正向	
			11	生活污水集中处理率	%	正向	
	城	基础指标	12	公园免费开放率	%	正向	95
			13	城市道路绿化普及率	%	正向	95
		核心指标	14	人均二氧化碳排放量	吨	逆向	2.4①
			15	人均一次能源消耗	吨标准煤	逆向	2.8②
			16	城市非化石能源占一次性能源比重	%	正向	20③
			17	绿道系统建设长度	千米	正向	

---

① 人均二氧化碳排放基准接近"低于2 MOU"的国际城市承诺，当前欧盟平均值为4.9吨。

② 亚洲最好的是中国香港地区的人均一次能源基准水平。目前在欧盟最好的是丹麦，每年人均4.4吨标准煤。

③ 非化石能源占一次性能源比重基准设定为中国2030年目标的20%，法国、瑞典已经接近40%。

续表

目标层	准则层	指标	序号	指标层	单位	性质	基准
长江公园首城	城	核心指标	18	公交出行分担率	出行量/人	正向	
			19	城市规划中新建建筑中的绿色建筑比例	%	正向	100①
			20	居住建筑单位面积能耗	千克标准煤/平方米	逆向	30.7
			21	公共建筑单位面积能耗	千克标准煤/平方米	逆向	34.26
	境	基础指标	22	建成区绿化覆盖率	%	正向	35%
			23	本地植物指数		正向	0.8
			24	综合物种指数		正向	0.6
			25	森林覆盖率	%	正向	
		核心指标	26	人均城市固体废物	吨	逆向	0.31②
			27	空气质量优良天数比例	%	正向	100③
			28	PM2.5 浓度	微克/立方米	逆向	10④
			29	人均日生活用水量	升	逆向	60⑤
			30	人均日生活用电量	千瓦·时	逆向	
			31	环境支出占城市预算的比例	%	正向	3%⑥
			32	人均公共绿地面积	平方米	正向	100⑦
			33	地表水达到或者优于Ⅲ类水体比例		正向	
	业	基础指标	34	能源强度	吨标准煤/万元	逆向	0.23⑧
			35	碳强度	千克/万元	逆向	0.32⑨
		核心指标	36	服务业增加值占 GDP 比重	%	正向	
			37	单位 GDP 能耗降低率		正向	
			38	清洁能源消费比重	%	正向	
			39	R&D 经费投入强度	%	正向	

---

① 绿色建筑在城市规划中所占比例的基准是 100%，这是中国多个城市的目标。
② 城市生活垃圾人均基准设定在新加坡水平——亚洲最佳绿色城市指数。
③ 空气质量优良天数基准设定为达到中国国家二级空气质量标准。
④ PM2.5 的基准是世界卫生组织（WHO）设定的标准。
⑤ WHO 指南将用水基准设定在足够的水位。
⑥ 环境支出预算基准设定为 3%的国家目标。
⑦ 人均公共绿地基准值设定为香港水平，其位居亚洲绿色城市指数之首。
⑧ 能源强度基准设定为日本水平，日本是节能高效的高价值经济体。
⑨ 碳强度基准设定为欧盟水平，最佳低碳地区法国、丹麦、中国香港和新加坡的碳强度是 0.16 千克/万元。

目标层	准则层	指标	序号	指标层	单位	性质	基准
长江公园首城	业	核心指标	40	"三新"经济增加值占GDP比重	%	正向	
			41	规模以上高新技术工业企业产值增速	%	正向	
			42	每万人有效发明专利拥有量	件	正向	
	文	基础指标	43	教育支出占一般公共预算支出比重	%	正向	
			44	文化支出占一般公共预算支出比重	%	正向	
		核心指标	45	公共文化设施覆盖率	%	正向	
			46	居民人均教育文化占生活消费支出的比重	%	正向	
			47	高中及以上学生占比	%	正向	
			48	酒茶业增加值占GDP比重	%	正向	

注：部分指标为逆向指标，评价前需进行同趋化处理。

宜宾市长江公园首城评价指标解释如下：

（1）人均可支配收入与人均GDP之比：用以反映经济发展成果惠及民生的程度，是从收入分配角度衡量民生改善的指标。

（2）民生支出占一般公共预算支出比重：反映政府保障和改善民生、提高人民福利的资金投入力度。

（3）城镇就业率：城镇就业率＝｛城镇从业人数/（城镇从业人数+城镇失业人数）｝×100％，这一指标反映了城镇劳动力资源的利用程度，即一定时期内城镇的从业人数在城镇可能参加社会劳动的人数中所占的比重。

（4）平均预期寿命：指在当前的经济、卫生水平下，新出生人口平均预期可存活的年数。该指标能够反映一个地区社会医疗水平及生活质量的高低情况，是衡量居民健康水平的重要指标。

（5）养老金保障覆盖率：基本养老保险参保职工人数/从业人员数×100％，反映了一个地区社会保障的范围及程度。

（6）医疗保障覆盖率：已参加基本医疗保险的人数/应参加基本医疗保险的人数×100％，反映了一个地区医疗保障的范围及程度。

（7）千人拥有卫生机构床位数：（区域内卫生机构床位数/区域人口总数）×1000。

（8）人均体育设施用地面积：区域内体育设施用地面积/区域人口总数。

（9）社区综合服务设施覆盖率：反映地区综合设施的覆盖情况。社区综合服务设施覆盖率=社区综合服务设施数/村、居委会数量。

（10）生活垃圾无害化处理率：反映一个地区对生活垃圾的无害化处理能力。生活垃圾无害化处理率=报告期生活垃圾无害化处理量/生活垃圾产生总量。

（11）生活污水集中处理率：指经过污水处理厂处理且达到排放标准的生活污水量占生活污水排放总量的百分比。

（12）公园免费开放率：免费开放的公园数量/总公园数量。

（13）城市道路绿化普及率：城市建成区内道路两旁种植有行道树的道路长度（千米）/城市建成区内道路总长度（千米）×100%。

（14）人均二氧化碳排放量：城市年二氧化碳总排放量与年末人口总数之比。

（15）人均一次能源消耗：城市年一次能源消耗量与年末人口总数之比。一次能源是指自然界中以原有形式存在的、未经加工转换的能量资源，又称天然能源。

（16）城市非化石能源占一次性能源比重：非化石能源指非煤炭、石油、天然气等经长时间地质变化形成，只供一次性使用的能源类型外的能源。

（17）绿道系统建设长度：指建设的城市三级慢行系统里程数，反映美丽宜居公园城市的建设进程。

（18）公交出行分担率：指城市居民选择公共交通出行方式的出行量占总出行量的比例，反映绿色生活方式的普及化程度。

（19）城市规划中新建建筑中的绿色建筑比例：城市绿色建筑占新建建筑的比例。

（20）居住建筑单位面积能耗：单位居住建筑面积上所消耗的能量。这是衡量一个工程节能效益的指标，也是国家考核节能减排的重要指标。

（21）公共建筑单位面积能耗：单位公共建筑面积上所消耗的能量。这是衡量一个工程节能效益的指标，也是国家考核节能减排的重要指标。

（22）建成区绿化覆盖率：城市建成区的绿化覆盖面积占建成区的百分比。绿化覆盖面积是指城市中乔木、灌木、草坪等所有植被的垂直投影面积。

（23）本地植物指数：根据植被的光谱特性，将卫星可见光和近红外波段进行组合，形成了各种植被指数。植被指数是对地表植被状况的简单、有效和经验的度量。

（24）综合物种指数：此概念指标选择地区代表性的动植物（鸟类、鱼类、植物三种）作为衡量城市物种多样性的标准。综合物种指数为单向物种指数的平均值。单向物种指数=城市建成区内该类物种数/市域范围内该类物种总数。

（25）森林覆盖率：指以行政区域为单位的森林面积占区域土地总面积的百分比，反映一个地区的生态情况及绿色发展水平。

（26）人均城市固体废物：城市固体废物主要包括生活垃圾、污泥、废弃电器电子产品和医疗废物等。

（27）空气质量优良天数比例：指区域内空气质量优良以上的监测天数占全年监测总天数的比例，是评价城市环境和空气质量的重要指标。

（28）PM2.5 浓度：环境空气中空气动力学当量直径小于或等于 2.5 微米的颗粒物的浓度。这些颗粒物能较长时间悬浮于空气中，其在空气中的浓度越高，就代表空气污染越严重。

（29）人均日生活用水量：报告期生活用水总量／（报告期用水人数×报告期日历天数）×1000。

（30）人均日生活用电量：报告期生活用电总量／（报告期用电人数×报告期日历天数）。

（31）环境支出占城市预算的比例：反映政府部门对环境重视程度。

（32）人均公共绿地面积：反映城市居民生活环境和生活质量的重要指标。城市中每个居民平均占有公共绿地的面积，包括向公众开放的市级、区级、居住区级的公园、小游园、街道广场绿地，以及植物园、动物园、特种公园等。

（33）地表水达到或者优于Ⅲ类水体比例：指根据国控河流型断面和湖库型断面水质状况，计算得出的断面达到或好于Ⅲ类水质的比例，是衡量地区地表水水质改善情况的重要指标。

（34）能源强度：指能源消耗与经济产出之比，是表现地区能源综合利用效率较常用的指标之一，体现了能源利用的经济效益。

（35）碳强度：指的是单位 GDP 的二氧化碳排放量。

（36）服务业增加值占 GDP 比重：指一定时期内地区生产总值中服务业增加值的比重，是反映产业结构升级优化的重要指标。

（37）单位 GDP 能耗降低率：指报告期内单位 GDP 能耗的降低速度，反映经济发展中能源利用效率的变化。单位 GDP 能耗降低率＝（报告期单位 GDP 能耗量−基期单位 GDP 能耗量）／基期单位 GDP 能耗量×100%。

（38）清洁能源消费比重：主要反映能源绿色消费水平，是衡量能源消费方式转变的重要指标。清洁能源消费比重＝清洁能源消费量/总能源消费量×100%。

（39）R&D 经费投入强度：指全社会研究与试验发展（R&D）经费支出与 GDP 之比，是衡量一个地区科技活动规模和科技投入水平的重要指标，也是反映自主创新能力和创新型城市建设进程的重要内容。

（40）"三新"经济增加值占 GDP 比重："三新"经济（以新产业、新业态、新商业模式为核心内容的经济活动的集合）增加值占 GDP 的比重，反映了新经济新动能发展情况。

（41）规模以上高新技术工业企业产值增速：指规模以上高新技术工业企业实现的产值增长速度，是反映规模以上高新技术工业企业生产情况的重要指标。

（42）每万人有效发明专利拥有量：指一定时期内每万人中发明并有效拥有专利的数量，是反映自主知识产权和自主创新的指标。

（43）教育支出占一般公共预算支出比重：反映政府部门对教育资源的配置程度。

（44）文化支出占一般公共预算支出比重：反映政府部门对文化资源的配置程度。

（45）公共文化设施覆盖率：指以行政区域为单位的公共文化设施面积占区域土地总面积的百分比，反映地区文化设施的覆盖情况。

（46）居民人均教育文化占生活消费支出的比重：反映居民消费升级的情况，是从消费角度衡量居民对教育文化的重视程度。

（47）高中及以上学生占比：反映地区的教育水平。

（48）酒茶业增加值占 GDP 比重：反映酒文化和茶文化这类特色文化产业为地区带来的经济价值。